Irmi Seidl, Angelika Zahrnt (Hg.)
Postwachstumsgesellschaft. Konzepte für die Zukunft

Ökologie und Wirtschaftsforschung

Band 87

Postwachstumsgesellschaft

Konzepte für die Zukunft

Herausgegeben von

Irmi Seidl und Angelika Zahrnt

Metropolis-Verlag
Marburg 2010

Bibliografische Information der Deutschen Nationalbibliothek
Die Deutsche Nationalbibliothek verzeichnet diese Publikation in der Deutschen Nationalbibliografie; detaillierte bibliografische Daten sind im Internet über http://dnb.d-nb.de abrufbar.

Metropolis-Verlag für Ökonomie, Gesellschaft und Politik GmbH
http://www.metropolis-verlag.de
Copyright: Metropolis-Verlag, Marburg 2010
Alle Rechte vorbehalten
ISBN 978-3-89518-811-4

Inhalt

Vorwort und Dank der Herausgeberinnen

Trotz zahlreicher wachstumskritischer Stimmen halten Politik, Wirtschaft und Gesellschaft an ihrer Wachstumsorientierung fest. Mit Verweis auf Wirtschaftswachstum und Arbeitsplätze wird die Umwelt hintangestellt. Klimawandel und Zerstörung der Natur gehen weiter, trotz aller wissenschaftlichen Erkenntnisse und politischen Bekenntnisse. Der Glaube an die Grenzenlosigkeit menschlicher Expansion und Bedürfnisse und das Vertrauen in die technische Machbarkeit blockieren die Einsicht, dass die natürlichen Ressourcen endlich und die Ökosysteme verletzlich sind und immer mehr Konsum kaum glücklicher macht. Das Ziel des Wirtschaftswachstums ist fest verankert – in der Politik, in der Wissenschaft, insbesondere in der Ökonomie, in den Medien, in der Öffentlichkeit, bei den Einzelnen. „Weiter, besser, mehr" ist das Motto. Wir sind eine Wachstumsgesellschaft.

Doch unbegrenztes Wachstum in einer endlichen Welt ist nicht möglich. Es ist für die hochindustrialisierten Länder überfällig, ihren Ressourcenverbrauch zu reduzieren, damit künftige Generationen sowie die Menschen in Entwicklungs- und Schwellenländern eine Chance auf Überleben und ein gutes Leben haben. Nachhaltige Entwicklung ist das Leitbild für das 21. Jahrhundert. Dafür braucht es in den Industrieländern einen Kurswechsel – hin zu einer Postwachstumsgesellschaft.

Mit dem Begriff Postwachstumsgesellschaft wollen wir hervorheben, dass es nicht nur um einen ökonomischen, sondern ebenso um technischen, kulturellen und gesellschaftlichen Wandel geht. Der gesellschaftliche Wandel steht im Mittelpunkt dieses Buches.

In den Zeiten des Wirtschaftswachstums wurden gesellschaftliche Systeme geschaffen, die mit diesem Wachstum engstens verbunden sind. Sie treiben einerseits das Wirtschaftswachstum an und sind andererseits darauf angewiesen, dass die Wirtschaft wächst. Diese Systeme bilden strukturelle Widerstände für eine Änderung des Wachstumskurses. Deshalb ist es wichtig, sich mit ihnen auseinanderzusetzen, wenn man sich aus diesen Zwängen befreien will. Auch wenn es schwierig ist: Gesellschaftliche Systeme lassen sich ändern – Naturgesetze nicht.

Der Abschied von der Wachstumsgesellschaft dürfte leichter fallen, wenn man realisiert, dass viele Versprechungen, die mit dem Wirtschaftswachstum einhergehen, nicht oder nicht mehr eingehalten werden. Wachstum als vielseitiger Problemlöser – für Vollbeschäftigung, sozialen Ausgleich, Lebensqualität – hat in den Industrieländern ausgedient. Außerdem verlangsamt sich in den hochindustrialisierten Staaten das Wachstum ohnehin. Die neuen Hoffnungen, Wachstum als „grünes Wachstum" vom Problem zur Lösung zu machen, werden langfristig nicht tragen.

Dieses Buch nimmt die Wachstumskritik auf und geht über sie hinaus. Es zeigt die systemischen Zwänge auf, die uns am Wachstumspfad festhalten lassen, und stellt alternative Entwicklungsmöglichkeiten für eine Gesellschaft vor, die nicht auf Wachstum angewiesen ist – für eine Gesellschaft, in der es sich ohne Wachstum gut leben lässt. Es will zu einer Diskussion darüber einladen, wie die Zwänge überwunden und neue Perspektiven gewonnen werden können: Perspektiven für eine Postwachstumsgesellschaft.

Wir bedanken uns herzlich bei den Menschen, die uns bei diesem Buch und der Annäherung an eine Postwachstumsgesellschaft unterstützt haben, bei:

– den Autorinnen und Autoren, die sich mit ihren Beiträgen auf das unbekannte Terrain Postwachstumsgesellschaft vorgewagt haben und zusätzlich viel Geduld und Arbeit für den intensiven Austausch mit uns als Herausgeberinnen aufgebracht haben;

– dem ehemaligen Bundespräsidenten Horst Köhler für sein schon lange währendes Interesse an der Fragestellung und sein Geleitwort;

– den Interviewpartnern und -partnerinnen aus Frankreich, Großbritannien, Österreich und den USA, die uns einen Einblick aus ihren Ländern in prägnanter Form beigesteuert haben, sowie dem Übersetzer der englischen Texte, Dominik Zahrnt;

– denjenigen, die das Projekt finanziell ermöglicht haben: Klaus Wiegandt und der Stiftung für Verantwortung, Werner Zapf und der Zapf-Stiftung, der Stiftungsgemeinschaft anstiftung & ertomis, der Stiftung Fraueninitiative sowie den Universitäten Kassel und Oldenburg, die einen sehr produktiven Autorenworkshop zu Arbeitsbeginn ermöglicht haben;

– dem Lektor Marcel Hänggi für die gute Zusammenarbeit, die sprachliche Präzision und das inhaltliche Mitdenken und Nachhaken;

– dem Verleger Hubert Hoffmann für die angenehme und unkomplizierte Zusammenarbeit;

– den Mitgliedern des Neckargemünder Gesprächskreises Frauen und Ökologie und den Mitgliedern des BUND-Arbeitskreises Wirtschaft und Finanzen, die unsere Buchidee bestärkt und diese mit uns diskutiert haben;

– dem Institut für ökologische Wirtschaftsforschung (IÖW) und seinem Geschäftsführer Thomas Korbun für die konstruktive Zusammenarbeit bei der Öffentlichkeitsarbeit, der Vereinigung für ökologische Wirtschaftsforschung (VÖW) für die ideelle Unterstützung und bei beiden, IÖW und VÖW, sowie bei Christoph Gran für die ersten und angedachten weiteren Aktivitäten zur Verbreitung des Themas;

– jenen Personen, die uns inhaltlich – in verschiedenen Phasen des Buchprojektes in Gesprächen und Korrespondenz – beraten haben: Adelheid Biesecker, Hans Christoph Binswanger, Ursula Brunner, Norbert Franck, Christoph Gran, Martin Held, Jobst Kraus, Rudi Kurz, Heike Leitschuh, Susanne Menzel, Dominik Zahrnt und insbesondere Hans Nutzinger und Uwe Schneidewind.

Bedanken möchten wir uns auch bei denen, die durch die zeitintensive Arbeit an dem Buch betroffen waren: Irmi Seidl bei ihrer Arbeitgeberin, der Eidgenössischen Forschungsanstalt WSL, und ihren Kolleginnen und Kollegen für die ermöglichte zeitliche Flexibilität, und Angelika Zahrnt bei Christoph Zahrnt für die Nachsicht und Akzeptanz, dass die praktische Umsetzung der Entschleunigung auf die Post-Buch-Zeit vertagt wurde. Aber da steht ja erst noch einmal die intensive Diskussion in Forschung und Öffentlichkeit an – und darauf freuen sich die Herausgeberinnen

Irmi Seidl und Angelika Zahrnt

Geleitwort

von Bundespräsident a.D. Horst Köhler

„Wer in einer begrenzten Welt an unbegrenztes exponentielles Wachstum glaubt, ist entweder ein Idiot oder ein Ökonom", soll Kenneth Boulding, einer der Gründerväter der ökologischen Ökonomik, gesagt haben. Das ist nicht ganz richtig.

Zum einen gab und gibt es auch unter Ökonomen durchaus Zweifel daran, dass eine endlose Steigerung der Produktion und des Konsums von Gütern und Dienstleistungen möglich und wünschbar ist. Zum anderen ist das Prinzip Wachstum beileibe nicht allein für Ökonomen, sondern für so gut wie alle Bewohner der industrialisierten Welt zu einer Selbstverständlichkeit geworden. Der Mensch passt seine Erwartungen nun einmal rasch den sich wandelnden Gegebenheiten an – und die brachten, vor allem in den Jahrzehnten nach dem Zweiten Weltkrieg, ein rasantes Wachstum der Wirtschaft und zugleich auch des materiellen Lebensstandards. Ausgeblendet blieb allerdings, dass dieses Wachstum auch den wachsenden Verbrauch von endlichen Rohstoffen und die Freisetzung von Schadstoffen bedeutet und damit letztlich mit einer wachsenden Zerstörung unserer begrenzten Welt einhergeht.

Der eingangs zitierte Satz ist dennoch bedenkenswert. Er benennt ein Dilemma: So wenig sich die Menschen im 19. Jahrhundert den materiellen Lebensstandard von heute vorstellen konnten, so schwierig ist es für uns Heutige, uns auszumalen, wie unsere Gesellschaft und ihre Institutionen ohne das Verheißungsprinzip Wachstum funktionieren könnten.

Und darum wünsche ich diesem Buch viele Leserinnen und Leser und eine breite öffentliche Diskussion über seine Themen. Denn wenn wir wollen, dass auch kommenden Generationen ein lebenswertes Leben auf unserem Planeten möglich ist, müssen wir das bisher so Selbstverständliche hinterfragen und den Blick auf Alternativen richten. Wir müssen Abschied nehmen von einer Wirtschaft, deren Wachstum auf Kosten von Lebenschancen anderer Menschen und unser aller Lebensgrundlagen geht, und zu einer sozialen und ökologischen Marktwirtschaft finden, die das Richtige wachsen lässt, nämlich das Wohlergehen der Menschen und ihrer Lebensumwelt.

Schon Mitte des 19. Jahrhunderts hatte der englische Philosoph und Ökonom John Stuart Mill in seinem Plädoyer für eine nicht allein quantitativ bemessene Wirtschaft betont: „Der Spielraum für alle geistige Kultur, für alle sittlichen und gesellschaftlichen Fortschritte würde noch ebenso groß sein, es wäre noch ebenso viel Raum da für die Verschönerung der Lebenshaltung und auch viel mehr Wahrscheinlichkeit für deren Fortschritte, wenn die Gemüter nicht mehr so ausschließlich durch die Sucht, nur wirtschaftlich vorwärts zu kommen, in Anspruch genommen wären." Vielleicht werden sich kommende Generationen mit Verwunderung an eine relativ kurze Phase in der Geschichte der Menschheit erinnern, in der ständiges Wirtschaftswachstum für möglich und nötig gehalten wurde. Wenn es aber um menschlichen Erfindungsreichtum geht, sollten wir weiterhin unbeirrt an das Prinzip Wachstum glauben.

Horst Köhler

Einblick

Anliegen des Buches und Übersicht

Irmi Seidl und Angelika Zahrnt

Diesem Buch liegt die Annahme zugrunde, dass in Industrieländern die wachstumsabhängigen und wachstumsfördernden Bereiche und Institutionen in Gesellschaft und Wirtschaft stark umgestaltet werden müssen, damit Politik, Gesellschaft und Wirtschaft das Ziel des ständigen Wirtschaftswachstums aufgeben können. Für eine solche Umgestaltung aber scheint es an umsetzbaren Konzepten zu fehlen – ebenso wie an Erfahrungen mit notwendigen Umgestaltungsprozessen. Damit Wirtschaftswachstum nicht länger eine Notwendigkeit und ein Fundament zentraler Gesellschaftsbereiche bleibt, ergibt sich folgende Aufgabe: Es sind Konzepte zu formulieren und (Praxis-)Erfahrungen zu bündeln und weiter zu entwickeln, die die bisher wachstumsabhängigen Bereiche, Strukturen und Institutionen unserer Gesellschaft und Wirtschaft so gestalten können, dass sie ihre Funktionen weiterhin erfüllen, aber nicht mehr existenziell auf Wirtschaftswachstum angewiesen sind.

Dieses Buch will Ansätze, Diskussionen, Vorschläge und Erfahrungen für eine Gesellschaft ohne Wachstumszwang aufzeigen. Es geht nicht um neue theoretische Ansätze zu Wirtschaftswachstum oder eine weitere Differenzierung der allgemeinen Kritik daran, sondern um die Abhängigkeit zentraler Gesellschaftsbereiche vom Wachstum und um Pfade, die die Entwicklung zu einer Postwachstumsgesellschaft ermöglichen. So kann die tief verankerte Abhängigkeit von Wirtschaftswachstum in unserer Gesellschaft bewusst gemacht und eine Diskussion darüber angeregt werden. Weiter will dieses Buch Impulse für die Erforschung, Entwicklung und Praxis wachstumsunabhängiger Strukturen geben.

Die Fragen, die dieses Buches beantworten will, lauten:

- Zu welchen Fragen und Themenkreisen muss ein westliches Industrieland[1] Antworten und Lösungen finden, wenn es ohne ständiges Wirtschaftswachstum auskommen will, und wie könnten solche Antworten und Lösungen aussehen?
- Welche Gesellschaftsbereiche und Institutionen müssen wie umgestaltet werden?
- Welche Freiräume werden damit gewonnen?

Wie eine Postwachstumsgesellschaft letztlich aussehen wird, kann nicht im Voraus genau beschrieben werden – dies zu wollen, wäre deterministisch und expertokratisch, eine „Anmaßung von Wissen" (Hayek). Das hier vertretene Verständnis von Entwicklung ist mit dem Verständnis von nachhaltiger Entwicklung vergleichbar, das Entwicklungspfade aufzeigt und neue Orientierungen ermöglichen will.

Aufbau und Inhalt des Buches

Die nächsten zwei Beiträge führen in das Thema Wirtschaftswachstum ein. Es werden zunächst die Argumente für die starke Ausrichtung an Wirtschaftswachstum dargelegt und es wird überprüft, ob sie der Realität standhalten. Daraus ergibt sich ein Plädoyer, über Perspektiven einer Postwachstumsgesellschaft nachzudenken. Es wird kurz auf die Entwicklung von Wirtschaftswachstum in den letzten Jahrzehnten eingegangen; das Konzept des Bruttoinlandsprodukts als Maßstab für Wachstum und Wohlstand und die Kritik daran werden dargestellt. Schließlich werden die Charakteristika einer Postwachstumsgesellschaft formuliert. In einem Beitrag zur Wachstumsgeschichte wird der Blick gerichtet auf Zyklen von Wachstum und Niedergang und den Umgang mit Wachstum in den letzten Jahrhunderten, insbesondere in den Wirtschaftswissenschaften.

---

[1] Wirtschaftswachstum in Schwellen- und Entwicklungsländern bleibt in diesem Buch ausgeklammert. Dafür wären andere Fachkenntnisse nötig, als wir sie hier versammeln. Eine Abkehr von der Wachstumsorientierung bei uns dürfte indes die Wirtschaftspolitik dieser Länder beeinflussen, weil die hiesige ökonomische Entwicklung Entwicklungsvorstellungen in diesen Ländern prägt.

Der Hauptteil des Buches ist nach zentralen Gesellschaftsbereichen und Institutionen gegliedert, die auf Wirtschaftswachstum angewiesen sind und/oder dieses antreiben. Die Auswahl der Gesellschaftsbereiche erfolgte nach eigener Einschätzung auf der Grundlage einer Analyse der Wachstumsbereiche. Sie erhebt nicht den Anspruch einer wissenschaftlich-systematischen Fundierung.[2]

Dieses Buch ist als Sammelband konzipiert, denn für einen differenzierten Blick auf Perspektiven einer Postwachstumsgesellschaft ist der Beitrag von Fachpersonen nötig. Die beitragenden Autoren und Autorinnen wurden gebeten aufzuzeigen, welche Änderungen in dem von ihnen fokussierten Thema für eine Postwachstumsgesellschaft nötig sind. Folgende Themen wurden ausgewählt:

Alterssicherung: Die beiden gängigen Alterssicherungsverfahren – das Umlage- und das Kapitaldeckungsverfahren – gehen von Wirtschaftswachstum aus. Wachsender Finanzierungsbedarf entsteht durch die demografische Herausforderung: einer älter werdenden Gesellschaft und höherer individueller Lebenserwartung. Wächst die Wirtschaft nicht, drohen Leistungskürzungen und/oder es wird eine höhere Finanzierung über allgemeine Steuermittel nötig.

Gesundheitswesen: Der Gesundheitssektor ist einer der wenigen verbliebenen, verlässlichen Wachstumssektoren mit Wachstumsraten, die höher sind als die des Bruttoinlandsprodukts. Deutlich steigende Gesundheitsausgaben sind aufgrund von Zivilisationskrankheiten, medizinisch-technischem Fortschritt und demografischem Wandel auch weiterhin zu erwarten. An Wachstum interessiert sind auch die am Gesundheitswesen beteiligten Sektoren (Pharmaindustrie, Medizinaltechnik, Ärzteschaft etc.). Ausbleibendes Wirtschaftswachstum würde vor allem das Beitragsaufkommen reduzieren, wodurch Einschnitte im Leistungskatalog, eine wei-

---

[2] Nicht ausgewählt wurden – obwohl von dem einen oder der anderen sicher als wichtig angesehen – die Fragen um den Zins und um die Einführung eines Grundeinkommens. Zu beidem gibt es eine breite und kontroverse Debatte. Weiter ist die Erwerbslosenversicherung bei den Themen zur sozialen Sicherung nicht aufgenommen, da es sich hierbei um ein Risiko handelt, das in viel stärkerem Maße als Alter und Krankheit von der Konstruktion der gesellschaftlichen Systeme abhängt, vor allem von der Organisation des Arbeitsmarkts oder auch der Definition von Arbeit – dieser Themenbereich wird in den Buchbeiträgen diskutiert.

tere Erhöhung der Beiträge und/oder eine weiter gehende Unterstützung des Gesundheitssystems aus allgemeinen Steuermitteln folgen müssen.

Bildung: Bildung wird zunehmend als Investition zugunsten von Wirtschaftswachstum betrachtet. Das politische Ziel der „Wissensgesellschaft" lässt weiteres Wachstum der Ausgaben der öffentlichen Hand erwarten. Damit werden zugleich Bildungsinhalte bestimmt. Die gleichzeitige Marktorientierung macht bislang marktferne Erziehungsarbeit zu marktvermittelten Bildungsaufgaben (Hausaufgaben- und Kleinkindbetreuung etc.). Bildung steht also im Dienste der Wachstumsgesellschaft – eine Abkehr macht ein Überdenken der Bildungsziele und -inhalte sowie der Gestalt des Bildungswesens nötig.

Arbeitsmarkt: Ein zentrales Argument für Wirtschaftswachstum ist die Sicherung von ausreichend Erwerbsarbeitsplätzen. Allerdings ist schon ein Wirtschaftswachstum von geschätzten 1,1 bis 2,4 Prozent nötig, um die bestehenden Arbeitsplätze zu erhalten. Der Erhalt der Arbeitsplätze ist wichtig für die Steuereinnahmen, die Abgaben für die Sozialversicherung, die Entlastung der Erwerbslosenversicherung und die Kaufkraft – und damit wiederum für die Steuereinnahmen.

Konsum: Konsum ist ein wichtiger Treiber von Wirtschaftswachstum, wie die derzeitigen Klagen über eine ungenügende Binnennachfrage in vielen westlichen Ländern und auch in China zeigen. Gleichzeitig ist Wirtschaftswachstum die zentrale Grundlage der modernen Konsumgesellschaft, die sich durch regelmäßig neue und zusätzliche Produkte und Dienstleistungen auszeichnet. Eine Abkehr vom Paradigma des Wirtschaftswachstums bedingt eine Änderung der modernen Konsumgesellschaft.

Verteilungsgerechtigkeit: Verteilungsgerechtigkeit bzw. -ungleichheit gelten – je nach politischer Einstellung – als wichtige Antriebskräfte für Wirtschaftswachstum. Wirtschaftswachstum verspricht, die Verteilungsgerechtigkeit zu sichern bzw. zu erhöhen. Zwar gelingt dies in den Industriestaaten immer weniger, doch insgesamt hat Wirtschaftswachstum zumindest in der Vergangenheit zu höherem Lebensstandard der breiten Massen geführt. Bei einem Sinken der Wachstumsraten bzw. einem Rückgang des Bruttoinlandsprodukts stellt sich die Verteilungsfrage verstärkt.

Steuersystem: Das Steuersystem der westlichen Industrieländer geht von international wenig vernetzten, wachsenden Ökonomien aus und hat verschiedene Wachstumsanreize eingebaut. Gleichzeitig belastet es v.a. den Produktionsfaktor Arbeit, während Ressourcen und Energie steuerlich wenig belastet sind. Damit bietet das Steuersystem einen förderlichen Rahmen für Wirtschaftswachstum sowie für eine ineffiziente, verschwenderische Nutzung von Energie und Ressourcen. Weiter begünstigt es die Steigerung der Arbeitsproduktivität, was Erwerbsarbeit freisetzt, die dann mit Wirtschaftswachstum wieder eingebunden werden soll.

Ressourceneffizienz: „Grünes Wirtschaftswachstum" – also Wachstum ohne zunehmenden Energie- und Ressourcenverbrauch dank deutlicher Steigerung der Energie- und Ressourceneffizienz – ist ein großer Hoffnungsträger für die gleichzeitige Bewältigung der Wirtschafts- wie auch der Umwelt- und Ressourcenkrise. Doch das bisherige weitgehende Ausbleiben von absoluter Entkopplung u.a. wegen Reboundeffekten sowie die allgemeine Sättigung der Nachfrage in westlichen Industrieländern lassen am Potenzial grünen Wachstums zweifeln.

Unternehmensverfassung: Unternehmensformen und ihr rechtlicher Kontext beeinflussen die Wachstumsorientierung. Insbesondere Aktiengesellschaften stehen unter Wachstumszwang; zusätzlich ermöglicht die Ausgestaltung des Aktienrechts starkes Wachstum (z.B. durch Beteiligung an anderen Kapitalgesellschaften). Kleinere und mittlere Unternehmen und solche ohne Profitorientierung unterliegen in der Regel einem deutlich geringeren Wachstumszwang. Änderungen der Unternehmensverfassung bzw. die Förderung nicht wachstumsorientierter Unternehmensformen mindern den unternehmerischen Wachstumszwang. Unternehmenswachstum wird begünstigt durch die Externalisierung von ökologischen und sozialen Kosten.

Finanzmärkte und Bankenwesen: Die Geld- und Kreditschöpfung durch die Banken sowie der Zins sind zentrale Wachstumstreiber. Hinzu kommt, dass sich Banken – namentlich die großen – in den letzten zwei Jahrzehnten deutlich von ihren ursprünglichen, realwirtschaftsbezogenen Aufgaben entfernt haben und Geld- und Kreditschöpfung für Spekulation und eigene Profite eingesetzt haben. Diese Situation hat Wirtschaftswachstum vorangetrieben und u.a. die jüngste Finanzkrise ausgelöst.

Staatsfinanzen: Die hohe bisherige Staatsverschuldung und die aktuelle Neuverschuldung durch die Finanz- und Wirtschaftskrise sind häufig vorgetragene Argumente für Wirtschaftswachstum. Weil allerdings die hohen Wirtschaftswachstumsraten der letzten Jahrzehnte nicht zu Schuldenabbau geführt haben, sondern in den meisten Industrieländern mit wachsender Verschuldung einhergingen, ist Skepsis angebracht, ob diesmal mit Wirtschaftswachstum eine Reduktion der (Neu-)Verschuldung gelingen kann. Zu diesem Thema konnten wir keine Fachperson für einen Beitrag gewinnen. Das entsprechende Kapitel der Herausgeberinnen beschränkt sich deshalb auf einen Überblick über die aktuelle Diskussion zu Staatsfinanzen und Wirtschaftswachstum.

Demokratie, Bürgerschaft, Partizipation: Eine Abkehr vom Paradigma des Wirtschaftswachstums muss gesellschaftlich getragen sein, um gelingen zu können. Welche Verteilungsgerechtigkeit angestrebt wird, ist auszuhandeln; Lebensstile und Konsummuster, die nicht weiter auf Wachstum setzen, sind zu entwickeln und zu verankern. Auch das Verhältnis öffentlicher und privater Güter und die Art der bereitzustellenden öffentlichen Güter sind neu zu bestimmen. Daran ist die gesamte Gesellschaft zu beteiligen.

Den Beiträgen zu den genannten Bereichen folgen Interviews mit Forschenden aus Frankreich, Großbritannien, Österreich und den USA zum Stand der Wachstumsdebatte in ihren Ländern.

Im Ausblick werden dann zunächst die Verbindungslinien zwischen den einzelnen Themenbereichen herausgearbeitet und die weitere gesellschaftliche Debatte angesprochen. Dem folgt ein Kapitel zu Forschungsfragen, die sich aus den einzelnen Beiträgen und darüber hinaus ergeben. Damit ist die Hoffnung und Aufforderung verbunden, dass Wissenschaftlerinnen und Wissenschaftler sie aufgreifen, weiter entwickeln und bearbeiten. Schließlich bieten Thesen zu den einzelnen Themenbereichen Kristallisationspunkte für die gesellschaftliche Diskussion.

Mit diesem Buchkonzept hoffen wir, die Herausgeberinnen, Aufmerksamkeit für die breite und tiefgehende gesellschaftliche Verankerung des Wachstumsparadigmas zu wecken und Ansatzpunkte für die Veränderung gesellschaftlicher Systeme aufzuzeigen.

Argumente für einen Abschied vom Paradigma des Wirtschaftswachstums

Irmi Seidl und Angelika Zahrnt

Seit den frühen 1970er Jahren gibt es eine umfangreiche und fundierte Kritik an der einseitigen Ausrichtung westlicher Länder auf Wirtschaftswachstum.[1] Doch die Kritik verringert bisher in keiner Weise die vorherrschende Wachstumsorientierung in Politik und Wirtschaft. Vielmehr haben angesichts der jüngsten Finanz- und Wirtschaftskrise Wachstumspakete, Maßnahmen zur Belebung der Wirtschaft, Wachstumsbeschleunigungsgesetze etc. Konjunktur. Zugleich findet gegenwärtig eine neue kritische Debatte über Wirtschaftswachstum statt[2], teils aufbauend auf früheren Debatten, teils mit neuen Argumenten. Derzeit zu beobachten sind außerdem Beiträge in den Massenmedien, die ein Unbehagen breiter Bevölkerungskreise mit dem Ziel des ständigen Wirtschaftswachstums und eine Skepsis gegenüber ökonomischen Begründungen dafür ausdrücken.

Eine mögliche Erklärung für das Festhalten von Politik und Wirtschaft am Wirtschaftswachstum liegt darin, dass zentrale Gesellschafts-, Politik- und Wirtschaftsbereiche sowie Institutionen in der Art, wie sie heute gestaltet sind, existenziell auf ständiges Wachstum angewiesen sind. Und gibt es erst einmal Institutionen, die auf Wachstum bauen, gibt es auch Interessen, die politisch auf dessen Erhalt hinwirken.

Dieses Buch will aufzeigen, wie vom ständigen Wirtschaftswachstum abhängige Bereiche in Wirtschaft, Politik und Gesellschaft so gestaltet

---

[1] Beispielhaft einige Publikationen: Meadows et al. 1972, Daly 1974, Hirsch 1976, Binswanger et al. 1978, 1983.

[2] Beispielhaft einige aktuelle Publikationen: Gasche/Guggenbühl 2004, Binswanger et al. 2005, Binswanger 2006, 2009, Meadows et al. 2006, Victor 2008, Forum Wissenschaft & Umwelt 2009, Hinterberger et al. 2009, Jackson 2009, Miegel 2010, Sonderheft des *Journal of Cleaner Production* 2010.

resp. umgestaltet werden können, dass diese und damit auch Politik und Gesellschaft nicht weiter auf ständiges Wirtschaftswachstum angewiesen sind. Gelingt eine solche Umgestaltung, kann das Streben nach Wirtschaftswachstum als zentrales politisches Ziel aufgegeben werden und ein Übergang zu einer Postwachstumsgesellschaft stattfinden.

Box 1:

Wirtschaftswachstum: Definition, Messung, Entstehung und Bedeutung

Allgemein bedeutet „Wirtschaftswachstum" die Zunahme der monetär erfassten Wirtschaftsleistung einer Volkswirtschaft. Messgröße ist die Veränderungsrate des inflationsbereinigten Bruttoinlandsproduktes (BIP). Dieses misst für einen bestimmten Zeitraum die wirtschaftliche Leistung einer Volkswirtschaft, nämlich den Wert der im Inland hergestellten Waren und Dienstleistungen (Wertschöpfung), soweit diese nicht als Vorleistungen verwendet und sie auf dem Markt gehandelt werden. Das Wachstum der Wertschöpfung erfolgt durch Umsatzwachstum in Unternehmen und zunehmende Wertschöpfung durch die öffentliche Hand und andere wertschöpfende (profitorientierte und nicht-profitorientierte) Institutionen. Die Entwicklung des BIP seit 1900, gemessen in Dollar pro Kopf, ist in Grafik 1 (S. 26) abgebildet, die prozentualen Wachstumsraten pro Kopf von 1991-2008 sind in Grafik 2 (S. 27) dargestellt. Eine prozentuale Betrachtung verstellt den Blick darauf, dass bei hohem BIP selbst geringe Zuwachsraten beträchtliche absolute Zuwächse bedeuten.

Die Höhe des Wirtschaftswachstums ist von verschiedenen Faktoren beeinflusst: von der nationalen und internationalen wirtschaftlichen Lage, von der Wirtschaftsverfassung (Steuersystem, Wettbewerbsrecht etc.), vom Bildungsniveau, vom Arbeitsmarkt etc. Die Förderung des Wachstums und günstige Bedingungen dafür sind seit dem zweiten Weltkrieg ein zentrales Ziel der Wirtschaftspolitik und zahlreicher weiterer Politiken (z.B. Regional-, Infrastruktur-, Industrie-, Forschungs-, Steuer-, Arbeitsmarktpolitik).

Auf Unternehmensebene besteht, wie Binswanger (2006) aufzeigt, ein Wachstumszwang, weil Eigenkapital und Fremdkapital verzinst werden müssen, was nur mit Unternehmensgewinnen möglich ist. Ein gesamtwirtschaftlicher Gewinnüberschuss kann nur entstehen, wenn ständig Geld zufließt, was dank Geld- bzw. Kreditschöpfung durch die Banken möglich ist. Damit wird Wachstum und somit die Kapitalverzinsung ermöglicht. Je nach Unternehmensverfassung gesellt sich zu diesem „Wachstumszwang" ein „Wachstumsdrang" – beispielsweise in Aktiengesellschaften durch die Erwartung steigender Aktienwerte seitens der Anteilseigner. Wachstumsdrang entsteht auch durch unternehmerische Profitmaximierung, Wettbewerb, technischen Fortschritt und nicht zuletzt durch die Wachstumsförderung seitens der Politik.

Box 2:

Nachhaltige Entwicklung

Der Begriff „Nachhaltigkeit" taucht erstmals in einem sächsischen Lehrbuch der Forstwirtschaft im frühen 18. Jahrhundert auf. Danach darf mit Rücksicht auf künftige Generationen in einer Periode nicht mehr Holz geschlagen werden, als in der gleichen Periode nachwächst. Zum politischen Begriff wurde die Nachhaltigkeit 1987 durch den Bericht der Weltkommission zu Umwelt und Entwicklung (WCED). Dort heißt es: „Nachhaltige Entwicklung ist eine Entwicklung, welche weltweit die heutigen Bedürfnisse zu decken vermag, ohne für künftige Generationen die Möglichkeit zu schmälern, ihre eigenen Bedürfnisse zu decken."[1] Zum Verhältnis von Wachstum wird dort ausgeführt: „Nachhaltige Entwicklung erfordert klar ökonomisches Wachstum dort, wo elementare Bedürfnisse nicht erfüllt werden. Anderswo kann es mit ökonomischem Wachstum übereinstimmen, vorausgesetzt die Art des Wachstums berücksichtigt die allgemeinen Prinzipien der Nachhaltigkeit und das Prinzip, andere nicht auszubeuten."[2]

Auf dieser Grundlage wurden inzwischen eine Vielzahl weiterer Definitionen und Konzepte entwickelt. Diese differieren vor allem im Hinblick darauf, in welchem Verhältnis die drei Dimensionen der Nachhaltigkeit Ökonomie, Ökologie und Soziales zueinander stehen und gewichtet werden. Bei dem Konzept des „Umweltraums" oder der „Leitplanken" sind die ökologischen Grenzen der Belastbarkeit prioritär zu beachten. Beim Drei-Säulen-Konzept bzw. Nachhaltigkeitsdreieck gelten die drei Dimensionen als gleichrangig.

Zur Umsetzung von Nachhaltigkeit, vor allem auch für Nachhaltigkeitsstrategien – von der nationalen Ebene bis zur Kommune oder zum Unternehmen – muss das Konzept durch Ziele und entsprechende Maßnahmen operationalisiert werden. Hierfür sind inzwischen Zielkataloge und Indikatoren entwickelt worden, bei denen das Bruttoinlandsprodukt (BIP) als lediglich ein Indikator für wirtschaftliche Entwicklung steht. Dies hat die prioritäre Stellung des Wirtschaftswachstums allerdings in der praktischen Politik nicht verändert. Bei der Formulierung der Nachhaltigkeitsindikatoren treffen sich die gegenwärtigen Bemühungen aus der Kritik am Bruttoinlandsprodukt, diesen Indikator um andere Indikatoren zu ergänzen.

[1] WCED (1987), S. 43; unter Bedürfnissen werden die Elementarbedürfnisse verstanden, siehe ebd.

[2] Ebd., S. 44.

1 Ein kurzer Rückblick auf eine kurze Wachstumsgeschichte

Wirtschaftswachstum wurde nach dem Ende des Zweiten Weltkrieges zu einem wichtigen Ziel aller Industrieländer, sowohl der kapitalistischen wie der kommunistischen, etwas später dann auch der sogenannten Entwicklungsländer. Die starke Wachstumsorientierung nach dem Zweiten Weltkrieg ist nachvollziehbar: Fabriken, Infrastruktur und Wohnungen mussten wieder aufgebaut und die wirtschaftlichen Probleme der Vorkriegszeit sollten endgültig überwunden werden.

In der Bundesrepublik Deutschland hat das neu entwickelte politisch-gesellschaftliche Konzept der Sozialen Marktwirtschaft dem Wirtschaftswachstum der Nachkriegsjahrzehnte einen Ordnungsrahmen gegeben, der Exzesse kapitalistischer Wachstumsdynamik begrenzt hat und alle am Wohlstandsgewinn teilhaben ließ. In Westeuropa entwickelten sich ähnliche Wirtschaftsordnungen mit mehr oder weniger stark ausgebildetem sozial-politischen Rahmen.

Grafik 1: Entwicklung des BIP seit Beginn des 20. Jahrhunderts

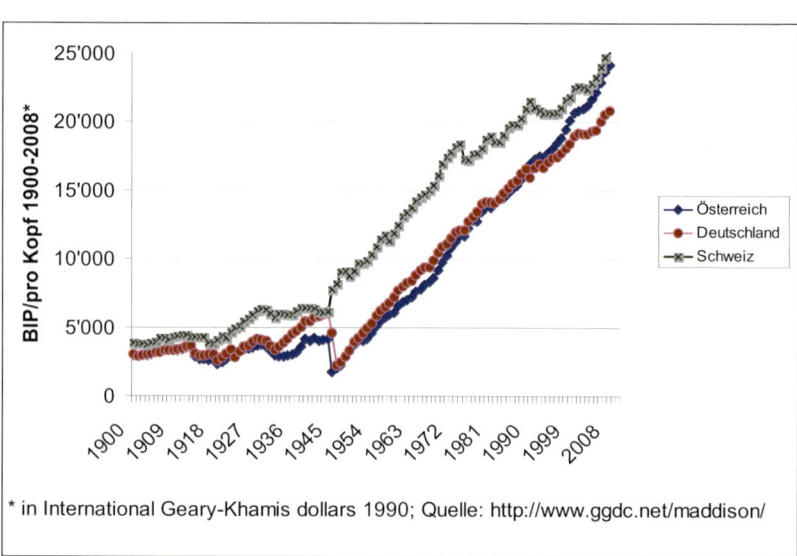

* in International Geary-Khamis dollars 1990; Quelle: http://www.ggdc.net/maddison/

Mit dem Wirtschaftswachstum nahmen auch der Energie- und Ressourcenverbrauch, die Abfallproduktion und weitere Eingriffe in natürliche Lebensräume deutlich zu. So wie das Wirtschaftswachstum nach dem Zweiten Weltkrieg stark anstieg (siehe Grafik 1 und 2), so zeigen auch der Verbrauch von Energie und Ressourcen sowie die Schädigung und Zerstörung natürlicher Systeme stark steigende, meist exponentielle Verläufe (vgl. Pfister 1994, New Scientist 2008, Krausmann et al. 2009).

Grafik 2: Wachstum des BIP pro Kopf 1991-2008

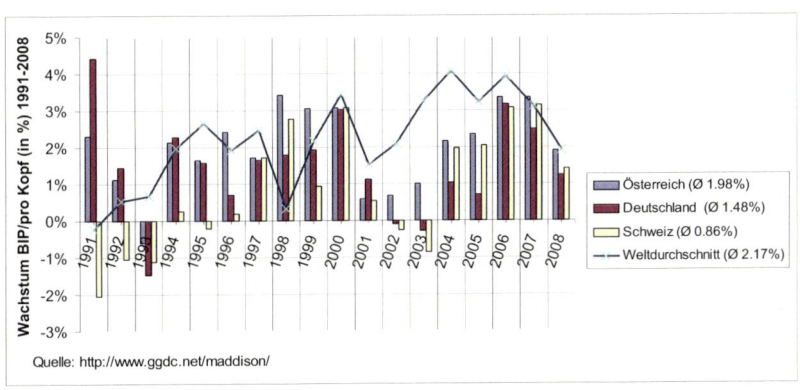

In den 1960er Jahren begann die gesellschaftliche Thematisierung der negativen Auswirkungen der modernen, expandierenden Industriegesellschaft. 1962 wies Rachel Carson mit ihrem Buch „Silent Spring" auf die ökologischen Auswirkungen von Pestiziden hin, in Deutschland machte Willy Brandt die Forderung nach einem „Blauen Himmel über der Ruhr" zu einem Wahlkampfslogan. Doch der Wachstumsglaube war ungebrochen: Nach einer unerwarteten Rezession 1966 verabschiedete 1967 das deutsche Parlament das sogenannte Stabilitäts- und Wachstumsgesetz. Zugleich wurden aber auch die kritischen Stimmen hörbarer: 1972 löste das Buch „Die Grenzen des Wachstums" (Meadows et al. 1972) eine internationale Debatte aus; verschiedene Politiker (in Deutschland z.B. Eppler, Gruhl) hinterfragten das unbeschränkte Wirtschaftswachstum angesichts schädlicher Umweltfolgen und forderten eine stärkere Beachtung der Lebensqualität. Schließlich machten die Ölpreiskrisen von 1973/74 und 1979/80 Wachstumsgrenzen spürbar. Die Wachstumsschwäche ab den 1970er Jahren begünstigte einen Wechsel in der wirtschaftspoliti-schen Beratung und dann in der Politik: vom wachstumsorientierten Key-nesianismus hin zum wachstumsorientierten Neoliberalismus; zunächst in den USA und Großbritannien, dann zunehmend in ganz Westeuropa. Am Ende des Kalten Krieges 1989/90 hatte Wachstumskritik in Politik und Gesellschaft erneut keinen Platz. Im Gegenteil: Die neuen Mög-lichkeiten von Handel, Absatzmärkten und Produktionsstandorten und der Ausbau von Infrastrukturen und Produktionsanlagen (vor allem in den ehemals sozialistischen Ländern) schufen neue wirtschaftliche Im-pulse und Möglichkeiten. Der Zusammenbruch der wirtschaftlichen Struk-turen in den osteuropäischen Ländern und das gesellschaftliche Vakuum mündeten in eine Übernahme der westlichen Wachstumsorientierung. Dies wurde – in Ost wie West – begleitet und verstärkt durch einen Auf-bruch zur wirtschaftlichen Globalisierung mit ihren drei Pfeilern Privati-sierung, Deregulierung und Liberalisierung.

Zu dieser Zeit trat das neue Leitbild der „nachhaltigen Entwicklung"[3] mit dem Bericht der Brundtlandkommission (WCED 1987) auf die glo-bale politische Bühne; es wurde 1992 auf der UN-Konferenz von Rio de Janeiro zu Umwelt und Entwicklung zum politischen Schlüsselbegriff. Mit nachhaltiger Entwicklung sollten die Zerstörung von Umwelt und Na-tur beendet und die weltweite Armut beseitigt, weltweite und generatio-nenübergreifende Gerechtigkeit erreicht und ökonomische, ökologische und soziale Ziele harmonisch miteinander verbunden werden. Zur Konkre-tisierung verabschiedete die Konferenz die Agenda 21 als Handlungs-programm für Staaten und gesellschaftliche Gruppen und verabschiedete globale Vereinbarungen zu Klimaschutz, Biodiversität und Wüstenbil-dung. Im Jahr 2000 folgte die Formulierung der UN-Millenniumsziele.

Trotz vieler Anstrengungen für eine nachhaltige Entwicklung seit An-fang der 1990er Jahre, die von der internationalen bis zur lokalen Ebene reichen, trotz Nachhaltigkeitsstrategien und vielen Umwelt- und Ent-wicklungsprojekten ist die ökologische und soziale Gesamtbilanz ernüch-ternd. Die wesentliche Ursache dafür ist, dass Wirtschaftswachstum in der praktischen Politik weiterhin dominiert und im Konfliktfall Vorrang hat. Nachhaltige Entwicklung wird als nachhaltiges Wachstum vereinnahmt.

---

[3] Siehe Box 2 in diesem Beitrag.

Box 3:
Kritik am BIP als Wohlstandsindikator

Das Bruttoinlandsprodukt (siehe Box 1) bzw. seine Wachstumsrate gilt weithin gleichzeitig als Maßstab von wirtschaftlicher Leistung und gesellschaftlichem Wohlstand. Allerdings wirken sich nicht alle Kategorien gemessener Wirtschaftsleistung förderlich auf Wohlfahrt aus: Auch Unfälle, Ausgaben für Zivilisationskrankheiten, Umweltkatastrophen, Versicherungsleistungen etc. steigern das BIP. Umgekehrt gehen wohlfahrtsschmälernde Entwicklungen wie Luftverschmutzung, Lärm, Zerstörung der Biodiversität, Bodenversiegelung, Verlust der Bodenfruchtbarkeit, Reduzierung von Beständen an Mineral- und Erdöllager *nicht* negativ ins BIP ein. Viele wohlfahrtssteigernde Aktivitäten wiederum sind im BIP nicht abgebildet wie Hausarbeit, Schwarzarbeit, Ehrenamt. Weiter: Wenn Aktivitäten vom informellen in den marktvermittelten Bereich gehen, steigern sie das BIP, ohne notwendigerweise die Wohlfahrt zu erhöhen.

Die Mängel am BIP als Wohlstandsindikator sind seit Langem bekannt. Seit rund 20 Jahren gibt es Vorschläge für einen realistischeren Wohlfahrtsmaßstab. Dabei sind drei verschiedene Ansätze zu identifizieren:

1) In die Berechnung des BIP werden Aspekte, die den Wohlstand beeinflussen, einbezogen. Dies sind z.B. Einkommensverteilung, Hausarbeit und Ehrenamt, Gesundheit und Sicherheit, Bildung, Luft- und Umweltverschmutzung, Rückgang des Bestandes von Ressourcen, Kosten der globalen Erwärmung (z.B. Index of Sustainable Economic Welfare[1], Genuine Progress Indicator[2], Nationaler Wohlfahrtsindex[3]).

2) Dem BIP oder einem erweiterten BIP werden verschiedene nicht monetär gemessene Indikatoren zur Seite gestellt, die Auskunft über Zustand und Entwicklung von Klima, Ressourcen, Biodiversität, Verteilungsgerechtigkeit, bürgerschaftlichem Engagement usw. geben. Dies empfiehlt die vom französischen Präsidenten N. Sarkozy eingesetzte „Commission on the Measurement of Economic Performance and Social Progress".[4]

3) Einzelne oder gebündelte soziale und ökologische Indikatoren sollen statt des (erweiterten) BIP eine andere Perspektive auf Wohlstand und den Zustand der Erde geben (z.B. Happy Planet Index[5], ökologischer Fußabdruck[6], Human Development Index[7], Bhutans Gross National Happiness[8]).

[1] Daly/Cobb 1989.
[2] www.rprogress.org/sustainability_indicators/genuine_progress_indicator.htm
[3] Diefenbacher/Zieschank 2009.
[4] www.stiglitz-sen-fitoussi.fr/documents/rapport_anglais.pdf
[5] www.happyplanetindex.org
[6] www.footprintnetwork.org
[7] http://hdr.undp.org
[8] www.grossnationalhappiness.com

2 Begründungen für eine Abkehr vom Paradigma des Wirtschaftswachstums

Folgende Überlegungen und Fakten bestätigen die bisherige Kritik am Wirtschaftswachstum und seinen Versprechungen. Sie verweisen auf die Dringlichkeit, den Pfad des wirtschaftlichen Wachstums zu verlassen, und sie zeigen, dass es unmöglich ist, ein solches dauerhaft zu realisieren.

2.1 Wirtschaftswachstum verursacht ökologische Probleme und verhindert ihre Lösung

Das Wirtschaftswachstum der letzten Jahrzehnte hat zur Übernutzung des ökologischen Systems und vieler Ressourcenbestände geführt. Dabei wäre vielmehr der Ressourcenverbrauch deutlich zu senken, nicht nur zu stabilisieren.[4] Doch bislang zeigt die Entwicklung in die andere Richtung: Durchaus ehrgeizige Umwelt- und Nachhaltigkeitsziele scheitern oft auch am vorrangigen Ziel des Wirtschaftswachstums.

Zahlreiche Untersuchungen zeigen, dass sich die Hoffnung nicht realisiert hat, ein wachsendes Bruttoinlandsprodukt (BIP, siehe Box 1) könne dank Effizienzstrategien von zunehmendem Ressourcenverbrauch und Umweltbelastung absolut entkoppelt werden (z.b. Lieb 2002, Binswanger et al. 2005, Krausmann et al. 2009). Zwar hat in vielen Ländern und bei einzelnen Umweltproblemen eine relative Entkopplung (geringerer Ressourceneinsatz pro Einheit des BIP) stattgefunden, diese wurde aber meist durch Wachstums- und sogenannte Reboundeffekte überkompensiert. Ein direkter Reboundeffekt liegt dann vor, wenn die gesteigerte Energie- oder Ressourceneffizienz bewirkt, dass dasselbe Produkt oder dieselbe Dienstleistung stärker nachgefragt wird, sodass die möglichen Einsparpotenziale nicht oder nur teilweise realisiert werden.[5]

---

[4] Beispielsweise ist gemäß IPPC eine weltweite Reduktion der CO_2-Emissionen bis 2050 um 50-85% gegenüber dem Jahr 2000 nötig, soll der globale mittlere Temperaturanstieg auf 2,0 bis 2,4°C gegenüber dem vorindustriellen Wert begrenzt werden (IPCC 2007). Die EU hat vor der UN-Klimakonferenz in Kopenhagen 2009 das Ziel formuliert, ihre Emissionen bis 2050 um 80-95% gegenüber 1990 zu reduzieren.

[5] Zum Beispiel weil Energiesparlampen länger angeschaltet bleiben, mit sparsameren Autos mehr gefahren wird. Wird nach der Effizienzsteigerung insgesamt gar mehr verbraucht als zuvor (Reboundeffekt > 100 Prozent), spricht man von Backfire. Für weitere Literatur siehe z.b. Hänggi (2009), Madelener/Alcott (2009).

Mit der jüngsten Wirtschafts- und Finanzkrise ist in Politik und Wirtschaft eine neue Art von Wachstum, nämlich „Green Growth", der „New Green Deal" und „grüne" Innovationspolitik zum Hoffnungsträger geworden – gerade auch in umweltbewussten Kreisen. Auf diese neue Weise sollen die immer weniger erfüllbaren Verheißungen von Wirtschaftswachstum realisiert werden: Arbeitsplätze, Einkommen, Steuern und Abgaben sowie ökonomische Wettbewerbsvorteile – zunehmend im „grünen" Sektor –, die auch im Export genutzt werden können. Doch es ist fraglich, ob diese Strategien mittel- und langfristig zu einer absoluten Entkoppelung führen; die bisher identifizierten Reboundeffekte sind beträchtlich. Deshalb ist es zu riskant, alleine auf Wachstum und technischen Fortschritt zu setzen.

2.2 Hoffnungen auf vielseitigen Problemlöser nicht erfüllt

Die Hoffnungen auf Wirtschaftswachstum als vielseitigen gesellschaftlichen Problemlöser haben sich in den Industrieländern seit den 1970er Jahren nicht mehr erfüllt.[6]

Wirtschaftswachstum und Wohlstand: Lange Zeit galt die Annahme, mit Wirtschaftswachstum nähmen auch Wohlstand, Wohlergehen, Zufriedenheit und Glück zu (s. auch Box 3). Dieser Zusammenhang besteht in der Tat bis zu einer gewissen Schwelle, die ungefähr bei der Hälfte des Pro-Kopf-Einkommens heutiger reicher Industrieländer liegt. Darüber hinaus verbessert Wirtschaftswachstum nicht oder kaum mehr die Lebenszufriedenheit, wie zahlreiche Studien zu Wohlstandsindikatoren sowie die ökonomische Glücksforschung zeigen (für eine Darstellung dieser Thematik siehe z.B. Jackson 2009). Wilkinson und Pickett (2009) konnten aufzeigen, dass es in Industrieländern vor allem Verteilungsgerechtigkeit ist, die Lebensqualität positiv beeinflusst. Andere Autoren und Autorinnen empfehlen für eine weitere Wohlstandserhöhung die Förderung

---

[6] In Schwellen- und Entwicklungsländern hat das Wirtschaftswachstum der letzten Jahrzehnte die soziale Situation zwar vielfach verbessert, gleichzeitig aber wurde die soziale Ungleichheit vertieft. Die zunehmenden Umwelt- und Knappheitsprobleme, aber auch die wachsenden sozialen Verwerfungen in diesen Ländern zeigen, dass die Strategie des nachholenden Wirtschaftswachstums, die sich an den Wohlstandsmodellen westlicher Industrieländer orientiert, in diesen Ländern nicht zu einer gesellschaftlich stabilen Entwicklung führt.

von Qualitäten wie ‚genügend freie Zeit' und Zeitsouveränität, soziale Beziehungen, Gesundheit usw.

Wirtschaftswachstum und Beschäftigung: Wirtschaftswachstum trägt kaum mehr zum hohen Beschäftigungsniveau bei. Seit den beiden Erdölpreiskrisen in den 1970ern steigt die Erwerbslosigkeit in den meisten Industrieländern in Schüben trotz zunächst noch teilweise ansehnlichen Wachstumsraten. Dabei wären vergleichsweise hohe Wachstumsraten nötig, um nur schon den Erhalt der Beschäftigung sicherzustellen[7], denn zunehmende Arbeitsproduktivität v.a. infolge des technischen Fortschritts setzt Arbeitsplätze frei.

Sozialer Ausgleich: Mit Wirtschaftswachstum war die Hoffnung auf eine konfliktfreie Verringerung sozialer Ungleichheiten verbunden: Wenn der Kuchen immer größer wird, können diejenigen, die zu wenig haben, ein größeres Stück bekommen, ohne anderen etwas wegnehmen zu müssen. Aber Wirtschaftswachstum verringert nicht (mehr) die sozialen Ungleichheiten von Einkommen und Vermögen. Diese Ungleichheiten haben vielmehr seit den 1990er zugenommen (z.B. Ecoplan 2004, DIW 2008 und 2009, OECD 2009). Armut und ungleiche Bildungschancen sind weiter und zunehmend ein Problem.

Abbau der Staatsverschuldung: Seit Jahrzehnten und insbesondere in der aktuellen Krise wird Wirtschaftswachstum propagiert und angestrebt, um mit den dadurch höheren Steuereinnahmen die anwachsende Staatsverschuldung zu bewältigen. Diese Erwartung ist schon lange unrealistisch (Reinhart/Rogoff 2010); aktuell dürfte sie – angesichts stark ansteigender Staatsverschuldung aufgrund der Finanz- und Wirtschaftskrise – vollends illusorisch sein.

---

[7] In der Schweiz wird das dafür nötige BIP-Wachstum aktuell auf 1,8% geschätzt (Credit Suisse, 24.2.2009). Gemäß Schätzungen lag die „Beschäftigungsschwelle" in Deutschland zwischen 1990-2000 zwischen 1,1 und 2,4% (Schirwitz 2005).

2.3 Übergang zur Postwachstumsgesellschaft vorgezeichnet

Sättigungstendenzen: Aktive Wachstumspolitik stößt auf gesättigte Märkte, was sich an kontinuierlich rückläufigen Wachstumsraten seit den 1960er Jahren zeigt.[8] Keynes sah die Phase des gesättigten Investitionsbedarfes und der gesättigten Nachfrage bereits Anfang der 1940er Jahre voraus[9]. Aktuell gibt es Wachstumspotenzial fast nur noch in Schwellen- und Entwicklungsländern. Doch auch in diesen Ländern wird es mittel- und langfristig Sättigung geben. Im Zuge ihrer wirtschaftlichen Entwicklung werden diese Länder zunehmend die globalen Exportmärkte der Industrieländer konkurrieren und somit letzteren Marktanteile wegnehmen.

Abhängigkeit des wachstumsbasierten Systems von staatlichen Impulsen: In der gegenwärtigen Wirtschafts- und Finanzkrise werden, um wieder Wachstum zu erreichen, von der Krise betroffene Branchen wie der Automobil- oder Bausektor durch spezielle wirtschaftspolitische Maßnahmen unterstützt und Exportinitiativen staatlich gefördert. Diese Maßnahmen sind ordnungspolitisch, gesamtwirtschaftlich und langfristig fragwürdig. Sie zeigen das Unvermögen der Politik, mit Einbrüchen der Wirtschaftsleistung rational und langfristig vorausschauend umzugehen und so Krisen zu vermeiden.

Demografische Entwicklung: Auch die demografische Entwicklung in den europäischen Industrieländern ist bei der Gestaltung der Wirtschaftsentwicklung zu berücksichtigen: Selbst bei Zuwanderung, längeren Arbeits- und kürzeren Ausbildungszeiten wird es langfristig zu einer Abnahme des Arbeitskräftepotenzials in vielen westlichen Ländern kommen. Eine Erhöhung der Arbeitsproduktivität in einem Ausmaß, dass trotzdem eine Steigerung der Wirtschaftsleistung erreicht wird, ist nicht wahrscheinlich. Die Politik kommt also auch vor diesem Hintergrund

---

[8] Dabei ist ein Teil des BIP-Wachstums ohnehin Scheinwachstum. Dafür sprechen folgender Tatbestände: a) Ökonomisierung von Tätigkeiten, d.h. Wechsel vom informellen in den formellen Sektor (z.B. Rückgang der Selbstversorgung, care economy, commons); b) Schaffung von neuen Bedürfnissen für den Absatz neuer Güter; c) Scheininnovationen und geplanter Verschleiß (planned obsolescence).

[9] Siehe dazu den Beitrag von N. Reuter in diesem Band.

nicht um die Aufgabe herum, Stagnation und Abnahme des Volumens der wirtschaftlichen Tätigkeit zu gestalten und sich mit ihren Konsequenzen auseinanderzusetzen.

3 Fazit

Es stellt sich also ernsthaft die Frage, weshalb Politik und Wirtschaft weiterhin am ständigen Wirtschaftswachstum festhalten, sprechen doch die Logik der Begrenztheit der Erde, die sicht- und spürbar negativen sozialen und ökologischen Auswirkungen sowie die nicht erfüllte Hoffnung auf Entkoppelungen dagegen.

Es scheint tiefer liegende Systemzwänge zu geben, die Wirtschaft und Politik an der Hoffnung auf ständiges Wirtschaftswachstum als Ziel festhalten lassen. Um diese Zwänge und vor allem um Wege zu ihrer Überwindung soll es in diesem Buch gehen.

Box 4:
Was kennzeichnet eine Postwachstumsgesellschaft?

Eine Postwachstumsgesellschaft ist nicht existenziell auf Wirtschaftswachstum angewiesen, Wirtschaftswachstum ist kein Imperativ und Selbstzweck und nicht weiter dominierendes Paradigma von Wirtschaft, Politik und Gesellschaft. Eine Postwachstumsgesellschaft zeichnet sich dreifach aus:

1) Es findet keine Politik zur Erhöhung des Wirtschaftswachstums statt;
2) Wachstumsabhängige und wachstumsreibende Bereiche, Institutionen und Strukturen werden umgebaut, sodass sie von Wirtschaftswachstum unabhängig sind;
3) Das Wachstum von Energie- und Ressourcenverbrauch inkl. Fläche und Biodiversität wird gestoppt und der Verbrauch entsprechend den Nachhaltigkeitszielen zurückgefahren.

In einer Postwachstumsgesellschaft, insbesondere während der Transformation, werden einzelne Bereiche wachsen, andere werden schrumpfen, so wie dies bei jeder Entwicklung und bei jedem Strukturwandel der Fall ist. Insgesamt aber ist eine Postwachstumsgesellschaft unabhängig von Wirtschaftswachstum, sie verfügt über einen volkswirtschaftlichen Ordnungsrahmen, der diese Unabhängigkeit sichert und eine entsprechende Gestaltung von Wachstums- wie Schrumpfungsprozessen ermöglicht.

Literatur

Binswanger, H.C., Giessberger, W., Ginsburg, T. (Hrsg.) (1978): Wege aus der Wohlstandsfalle. Der NAWU-Report: Strategien gegen Arbeitslosigkeit und Umweltzerstörung, Frankfurt am Main

Binswanger, H.C., Frisch, H., Nutzinger, H.G., Schefold, B., Scherhorn, G., Simonis, Udo E., Strümpel, B. (1983): Arbeit ohne Umweltzerstörung. Strategien für eine neue Wirtschaftspolitik, Frankfurt am Main

Binswanger, H.C. (2006): Die Wachstumsspirale. Geld, Energie und Imagination in der Dynamik des Marktprozesses, Marburg

Binswanger, H.C. (2009): Vorwärts zur Mäßigung. Perspektiven einer nachhaltigen Wirtschaft, Hamburg

Binswanger, M., Beltrani, G., Jochem, A., Schelske, O. (2005): Wachstum und Umweltbelastung: Findet eine Entkopplung statt? Umwelt-Materialien Nr. 198. Bundesamt für Umwelt, Wald und Landschaft, Bern

Credit Suisse (2009): Research News, 24. Februar 2009

Daly, H.E. (1974): The economics of the steady state, in: American Economic Review Vol. 64, Bd. 2, S. 15-21

Daly, H., Cobb, J. (1989): For the Common Good, Boston

Diefenbacher, H., Zieschank, R. (2009): Wohlfahrtsmessung in Deutschland. Ein Vorschlag für einen nationalen Wohlfahrtsindex, Umweltbundesamt, Dessau-Roßlau

DIW (2008): Schrumpfende Mittelschicht – Anzeichen einer dauerhaften Polarisierung der verfügbaren Einkommen? Wochenbericht Nr. 10, 101-108

DIW (2009): Gestiegene Vermögensungleichheit in Deutschland, Wochenbericht Nr. 4, 54-67

Ecoplan (2004): Verteilung des Wohlstands in der Schweiz, herausgegeben von der Eidgenössischen Steuerverwaltung, Bern

Forum Wissenschaft & Umwelt (2009): Nachhaltiges Wachstum? Wien

Gasche, U.P., Guggenbühl, H. (2004): Das Geschwätz vom Wachstum. Zürich

Hänggi, M. (2009): Energieeffizienz mit Haken. Der sogenannte Rebound-Effekt macht Effizienzmaßnahmen durch Mehrverbrauch zunichte, in: umwelt aktuell, Nr. 2, 8f.

Hinterberger, F., Hutterer, H., Omann, I., Freytag, E. (Hrsg.) (2009): Welches Wachstum ist nachhaltig? Ein Argumentarium, Wien

Hirsch, F. (1976): Social limits to growth, Cambridge MA.

IPCC (2007): Climate Change 2007: Synthesis Report, Summary for Policymakers, online: www.ipcc.ch/publications_and_data/publications_and_data_reports.htm

Jackson, T. (2009): Prosperity without Growth, Economics for a Finite Planet, London

Journal of Cleaner Production (2010): Growth, Recession or Degrowth for Sustainability and Equity?, Nr. 18 (Sonderheft)

Krausmann, F., Gingrich, S., Eisenmenger, N., Erb, K.-H., Haberl, H., Fischer-Kowalski, M. (2009): Growth in global materials use, GDP and population during the 20th century, Ecological Economics Vol. 68, Nr. 10, 2696-2705

Lieb, C.M. (2002): The Environmental Kuznets Curve – A Survey of the Empirical Evidence and of Possible Causes, Discussion Paper 391, Universität Heidelberg

Madelener, R., Alcott, B. (2009): Energy rebound and economic growth: A review of the issues and research needs, in: Energy Policy Vol. 34, Nr. 3, 370-376

Meadows, D.H., Meadows, D., Randers, J., Behrens, W.W. (1972): Die Grenzen des Wachstums, Stuttgart

Meadows, D.H., Randers, J., Meadows, D.L. (2006): Grenzen des Wachstums – Das 30-Jahre-Update: Signal zum Kurswechsel, Stuttgart

Miegel, Meinhard (2010): Exit. Wohlstand ohne Wachstum, Berlin

New Scientist, Special report (2008): The facts about overconsumption, online: www.newscientist.com/articleimages/dn14950/1-special-report-the-facts-about-overconsumption.html

OECD (2009): Mehr Ungleichheit trotz Wachstum? Einkommensverteilung und Armut in OECD-Ländern, Paris

Pfister, C. (1994): Das 1950er Syndrom. Die Epochenschwelle der Mensch-Umwelt-Beziehung zwischen Industriegesellschaft und Konsumgesellschaft, in: GAIA Band 3, Nr. 2, 71-90

Pickett, K., Wilkinson, R., (2009): Gleichheit ist Glück. Warum gerechte Gesellschaften für alle besser sind, Berlin

Reinhart, C.M., Rogoff, K.S. (2010): Dieses Mal ist alles anders. Acht Jahrhunderte Finanzkrisen, München

Schirwitz, B. (2005): Wirtschaftswachstum und Beschäftigung – die Beschäftigungsschwelle, in: ifo Dresden berichtet, Nr. 3

Victor, P.A. (2008): Managing without Growth. Slower by Design, Not Disaster, Cheltenham

WCED (World Commission on Environment and Development) (1987): Our common future, New York/Oxford,
online: www.un-documents.net/ocf-02.htm

Wachstum oder Niedergang: ein Grundgesetz der Geschichte?

Joachim Radkau

Denkt man über eine Gesellschaft ohne wachsenden Ressourcenverbrauch nach, kann man sich dem Thema auf zweierlei Art annähern: auf kantianische oder auf hegelianische. Im Geiste des kategorischen Imperativs Immanuel Kants – der apodiktischen Forderung, das eigene Handeln an verallgemeinerbaren Normen auszurichten – kann man fordern, die Wirtschaft unverzüglich so zu organisieren, dass sie ohne Wachstum auskommt. Diese Forderung lässt sich mit klarer Logik begründen, denn nicht nur ökologisch, sondern schon rein mathematisch ist Wachstum als Dauerzustand absurd. Diese Logik erscheint derart zwingend, dass man von der Politik fordern könnte, den Wachstumspfad hier und jetzt zu verlassen – ohne Kompromisse und ohne Aufschub.

Die Erfahrung zeigt jedoch klar, dass dies nicht geschieht. Fast vierzig Jahre nach den *Grenzen des Wachstums* (Meadows et al. 1972), nachdem Bekenntnisse zur Nachhaltigkeit von Politikern und Wirschaftlern wie ein Mantra wiederholt wurden, fällt der deutschen Regierung angesichts der Krise der Wachstumswirtschaft nichts Besseres ein als ein Wachstumsbeschleunigungsgesetz! Natürlich hat das seinen Grund: Ohne Wachstum fürchtet man einen immer tieferen Sturz in die Krise.

Aber gibt es in der Geschichte nur die Alternative Wachstum oder Niedergang? Ist es die ewige Tragik der *conditio humana*, dass der Mensch von seinem innersten Wesen her stets danach strebt, die gesetzten Grenzen zu überschreiten, um dann früher oder später zu scheitern? Oder sind es bestimmte Geschichts- und Menschenbilder, die diese Zwangsvorstellung suggerieren, und gibt es auch andere Lesarten der Geschichte? Im Blick darauf erscheint es geraten, sich unserem Thema auf hegelianische Art anzunähern: welthistorische Prozesse daraufhin zu analysieren, ob sie nicht auch Elemente der Vernunft, der Homöostase, des Fließgleichgewichts und der Koevolution von menschlicher Gesellschaft und natürlichen Ressourcen enthalten – Entwicklungspfade, die aus der Wachstumsgesellschaft herausführen.

1 Grenzen und Grenzenlosigkeit in der Wirtschaftsgeschichte

Das Postulat des nachhaltigen Umgangs mit den Wäldern stammt aus dem Berg- und Hüttenwesen des 17. und 18. Jahrhunderts: von den größten Holzverbrauchern jener Zeit. In der alten Bauernwirtschaft war eine elementare Nachhaltigkeit – die Erhaltung der Lebensgrundlage für Kinder und Kindeskinder – als Norm so selbstverständlich, dass es nicht einmal einen Begriff dafür gab; zum Begriff und zum Politikum wird sie erst dort, wo sie überhaupt nicht mehr selbstverständlich ist.

Ähnlich verhält es sich mit „Wachstum" als einer Metapher: Solange „Wachstum" kein trügerisches Eigenleben entwickelt hatte, sondern man bei diesem Wort noch an das organische Wachstum dachte, hätte es einen Welt-Bestseller über die Grenzen des Wachstums nicht geben können: Im „hölzernen Zeitalter", als das Holz der nahezu alleinige Brennstoff und der wichtigste Bau- und Werkstoff war, verstanden sich die „Grenzen des Wachstums" von selbst. Wenn sich in einer deutschen Stadt Gewerbe, die „mit großem Feuer arbeiten", mehr und mehr akkumulierten, wäre es keinem Ratsherr in den Sinn gekommen, dies als Erfolg kommunaler Wachstumspolitik zu feiern; vielmehr wurde es den Stadträten allenthalben im Anblick großer Holzfresser mulmig zumute, und man verbannte diese in ferne Wälder, sobald die „Hausnotdurft" an Holz ernstlich bedroht war (Radkau 1997). Fast automatisch war jedes Wachstum großer Holzverbraucher von Warnungen vor Holznot begleitet. Da der Kontrast zwischen dem langsamen Wachstum der Bäume und der Schnelligkeit, mit der das Holz im Feuer verbrennt, allzeit aufreizend war und die Entwaldung im Umkreis der Städte besonders in die Augen fiel, wurde die Situation der Holzversorgung oftmals sogar für kritischer gehalten, als sie war.

Die Flut der Warnungen vor Holznot wurde früher oftmals – zuerst von Werner Sombart[1] – als Anzeichen für den drohenden ökologischen Selbstmord einer allein auf regenerative Ressourcen angewiesenen Gesellschaft gesehen; sie kann jedoch geradezu als Gegenindiz gelten: als Anzeichen dafür, dass man sich der Grenzen der natürlichen Grundlagen des eigenen Daseins wohlbewusst war und es nicht an einflussreichen Instanzen fehlte, die dieses Bewusstsein wachhielten und daraus praktische Konsequenzen zogen. Das Streben nach „Ersparnis des Holzes" durchzieht wie ein roter Faden die gesamte Innovationsgeschichte der frühen Neuzeit bis ins 19. Jahrhundert hinein, besonders das Bauwesen (Radkau 2007, 93-108, 126ff., 150-162, 198). Die Schönheit der alten Städte entsprang der Orientierung auf qualitatives Wachstum – und die Hässlichkeit der neuen Industriestädte dem ungehemmten quantitativen Wachstum. Wachstum ist eben nicht gleich Wachstum!

Gewiss wird eine Abkehr vom Wachstumspfad nicht ohne Verzicht möglich sein. Ist es aus historischer Sicht absurd zu erwarten, die Menschen würden verzichten wollen? Nicht zwingend. Die alte Zeit der einfachen Bedürfnisse ist keine nostalgische Legende. Die Einsicht, dass die Zufriedenheit mit dem, was man hat und was man ist, das sicherste Glück beschert, war nicht nur eine alte, von Buddha bis zu Schopenhauer reichende Philosophenweisheit, sondern auch eine Alltagsweisheit der kleinen Leute. 1863 warf Lassalle, der Gründer der deutschen Arbeiterbewegung, den Arbeitern ihre „verdammte Bedürfnislosigkeit" vor: „So lange ihr nur ein Stück schlechte Wurst habt und ein Glas Bier, (…) wisst ihr gar nicht, dass euch etwas fehlt!" (Lassalle 1972, 84). Und er fährt fort: „Fragen Sie alle Nationalökonomen: Welches ist das größte Unglück für ein Volk? Wenn es keine Bedürfnisse hat."

Das ist merkwürdig: An welche Ökonomen mag er gedacht haben? Die keynesianische Lehre, die aus der Nachfrage den Motor der Wirtschaft macht, lag noch in ferner Zukunft. Dafür gab es die Lehre von Thomas Malthus, dem ersten britischen Professor für politische Ökonomie, dass der Großteil der Menschheit sich in seinem blinden Trieb zur

---

[1] Auseinandersetzung mit dieser Sombart-These bei Radkau (1983, 513-543). Später vollzog Sombart eine drastische Kehrtwende: „Alles in allem, wir sind nun auch reif für eine stationäre Wirtschaft und schicken die ‚dynamische' Wirtschaft des Kapitalismus dahin, woher sie gekommen ist: zum Teufel." Sombart (1934, 318f.). Sombart suchte sich mit diesem Buch der NS-Regierung anzubiedern – vergeblich; denn diese war wachstumsversessener als je eine deutsche Regierung davor!

Vermehrung bei begrenzten Ressourcen unweigerlich immer wieder in Krisen manövriere – Hungersnöte, Seuchen, Kriege –, die durch ein großes Sterben das Gleichgewicht mit den Ressourcen wiederherstellten. Heute wissen wir, dass die fortschreitende Bevölkerungsvermehrung kein unabänderliches Gesetz der Geschichte ist. Das gilt nicht erst seit dem „Pillenknick", sondern schon für viel frühere Zeiten: Schon damals müssen – so der Bevölkerungswissenschaftler Herwig Birg – „sehr starke, das Populationswachstum begrenzende Faktoren wirksam gewesen sein, sonst hätte die Menschheit längst den auf dem Planeten vorhandenen Lebensraum ausgeschöpft." (Birg 1996, 14).

Trotz Malthus: Für die ökonomische Klassik war und blieb die Begrenztheit der Ressourcen im Prinzip kein Problem, zumindest kein theoretisches, ganz im Gegenteil: Der Marktmechanismus funktioniert nur bei Begrenztheit der Ressourcen. Im Schlaraffenland, wo die Menschen unersättlich zulangen können, wie sie wollen, braucht man keine Ökonomen. Und doch schleicht sich schon früh und dann immer mehr die fixe Idee ein, dass es ohne Wachstum nicht gut geht. Adam Smith operiert dabei mit dem sozialpolitischen Argument, „dass das Los der ärmeren Arbeiter und damit der Masse der Bevölkerung offenbar dann am leichtesten und besten ist, wenn die Gesellschaft auf dem Wege zu weiterem Wohlstand ist und nicht schon den Zenit des Reichtums erreicht hat. (…) Ihr Los ist hart in einer stationären und erbärmlich in einer schrumpfenden Wirtschaft." (Smith 1978, 70). „Offenbar" – also erfahrungsgemäß, nicht aus einer Logik der Theorie! Für eine Gesellschaft, die noch keine Sozialpolitik kannte, traf die Bemerkung sicherlich zu.

Oder ein Jahrhundert darauf W. Stanley Jevons: Theoretisch hätte er die Begrenztheit der natürlichen Ressourcen zum produktiven Antrieb der Selbstorganisation der Wirtschaft machen können. In seiner Schrift *The Coal Question* (1865) hat er als erster unter den großen Ökonomen öffentlich über die Begrenztheit der fossilen Ressourcen nachgedacht – ohne jedoch zu einem irgendwie ermutigenden Ergebnis zu gelangen. Stattdessen stellt er seinem Buch das erwähnte Smith-Zitat als Motto voran. Er kam nicht um die betrübliche Einsicht herum: Wenn die Kohle erschöpft ist, ist es mit Britanniens Glorie vorbei. „Es ist physikalisch unmöglich, dass wir unsere Stellung dauerhaft behaupten. Wir haben die folgenschwere Wahl zu treffen zwischen kurzer Größe und länger dauernder Mittelmäßigkeit." (Jevons 2008, 236f.). Die Sprache lässt keinen Zweifel daran, welchem Weg Jevons den Vorzug gab.

Der freie Markt, ob klassisch oder neoklassisch interpretiert, reagiert eben wenig auf die Begrenztheit unterirdischer, nicht-regenerativer Ressourcen. Diese Begrenztheit ist unanschaulich und bleibt die längste Zeit ein bloß theoretisches Wissen ohne praktische Relevanz. Anschaulich und allzeit spürbar ist nur die Begrenztheit erneuerbarer Ressourcen – woraus sich die bemerkenswerte Folgerung ergibt, dass der Marktmechanismus nur bei regenerativen Ressourcen imstande ist, eine Balance zwischen der Wirtschaft und ihren natürlichen Grundlagen zu gewährleisten. Die Entwicklung alternativer Technologien braucht jedoch Zeit und die Pendelausschläge des Marktes genügen nicht, um diesen Prozess rechtzeitig zum Ziel zu führen.

Max Weber geht am Schluss seiner *Protestantischen Ethik* wie selbstverständlich davon aus, dass der Kapitalismus spätestens dann untergehen werde, wenn „der letzte Zentner fossilen Brennstoffs verglüht ist". (Weber 1993, 20). Liest man diese Stelle im Kontext, gewinnt man nicht den Eindruck, dass Weber diese Aussicht sehr bedauere. An anderer Stelle erwähnt er wie eine bekannte Tatsache: „der Mensch will ‚von Natur' nicht Geld und mehr Geld verdienen, sondern einfach leben, so wie er zu leben gewohnt ist und soviel erwerben, wie dazu erforderlich ist." Dass er es gleichwohl für möglich hält, dass der Kapitalismus bis zum vorletzten Zentner Kohle blindlings weitermache wie bisher, verrät ein nicht gerade schmeichelhaftes Bild von dieser Art von Rationalität!

Ein ökonomischer Klassiker – aber kein liberaler – hat schon früh mit schneidender Schärfe die These verfochten, dass das grenzenlose Wachstum bis zum Untergang das Gesetz des Kapitalismus sei: Karl Marx. „Akkumuliert! Akkumuliert! Das ist Moses und die Propheten!" schreibt er im *Kapital* (MEW, 621). Wieso ist das Kapital zu diesem krebsartigen Wachstum verurteilt? Gab es in der Geschichte nicht zahllose Beispiele dafür – angefangen mit den Fuggern des 16. Jahrhunderts –, dass Unternehmer, die es zu Reichtum gebracht haben, sich auf einem Landgut zur Ruhe setzten? Aber Marx interessiert sich nicht für das Menschlich-Allzumenschliche in den Unternehmern; aus seiner Sicht geht die Tendenz dahin, dass der Unternehmer wie ein Automat im Interesse des Kapitals agiert. Kein zur Balance pendelnder Marktmechanismus, sondern das Kapital beherrscht in seiner Sicht das Wirtschaftsleben. Und das Kapital ist *per definitionem* eine „Mehrwert heckende" Größe; Akkumulation bis ins Unendliche ist sein inneres Gesetz.

Eine zwingende Logik besitzt das nicht unbedingt; denn gerade wenn man nicht psychologisch, sondern strukturell argumentiert, könnte man systembedingte Grenzen des Wachstums annehmen, da Wachstum die Komplexität erhöht und die Steuerung erschwert (Radkau 1994, 50-106). Erst in der zweiten Hälfte des 20. Jahrhunderts, als es mit dem Marxismus bergab ging, hat der Kapitalismus mitsamt seinen Vordenkern alles getan, um Marx doch noch recht zu geben. Unter den Theoretikern tat dies am allermeisten Walt W. Rostow mit seinen *Stages of Economic Growth: A Noncommunist Manifesto* (1960). Vom theoretischen Niveau her gesehen, ist das Buch ein Rückfall in ein primitives mechanistisches Denken: Wenn man die Investitionsrate über vier Prozent hinaus erhöht, setzt ihm zufolge – Flugzeug-Metapher! – ein *Take-off* zu einem sich selbst tragenden Dauerwachstum ein. Besonders in der Entwicklungshilfe wurde die Theorie populär, obwohl sie dort nie funktionierte.[2]

Aber zurück ins 19. Jahrhundert. Da gibt es unter den ökonomischen Klassikern eine berühmte Ausnahme: John Stuart Mill. Weder glaubt er an einen Zwang zu ewigem Wachstum, noch ist die Begrenztheit des Wachstums für ihn das Schlangenhaupt der Medusa, vor dem er angstvoll den Blick verhüllt. Er als einziger konfrontiert sich gelassen mit der Einsicht, der sich schon aus rein mathematischer Logik kein denkender Mensch entziehen kann: dass das Wachstum stets nur eine vorübergehende Phase, kein Dauerzustand sein kann. Und er schaudert vor dem über kurz oder lang eintretenden „stationären Zustand" nicht zurück, sondern führt im Gegenteil aus, dass dieser die Chance zu einem glücklicheren Leben biete: „Ich gestehe, dass mich nicht das Lebensideal der Leute bezaubert, die glauben, dass der Normalzustand menschlicher Wesen in dem fortwährenden Kampfe gegeneinander besteht, dass das Stoßen, Drängen, Einander-auf-die-Fersen-Treten, das heute das Kennzeichen unserer gesellschaftlichen Zustände ist, das wünschenswerteste Los der Menschen und etwas anderes sei, als die unerfreulichen äußeren Merkmale eines einzelnen Abschnittes des gewerblichen Fortschritts." (Mill 1979, 17f.).

Mill, der letzte große Klassiker der Ökonomie, hat schon fast alles zum Thema gesagt. Ganz realistisch erkennt er, dass Wachstum in aller Regel von Wettlauf und Kampf begleitet ist und schon Wachstumschancen eine hektische Gier stimulieren.

---

[2] Nur zum Take-off des Vietnamkrieges hat Rostow beigetragen; über seine verhängnisvolle Rolle vgl. Milne (2008).

2 Wachstumszwänge im modernen ökonomischen Denken

Weshalb herrscht im Mainstream der Ökonomie nach wie vor die Überzeugung, dass unsere Wirtschaft Wachstum braucht, obwohl wir in den letzten Jahren gründliche Lektionen bekommen haben, dass dem Höhenflug unweigerlich die Krise folgt wie dem Rausch der Katzenjammer? Die wichtigsten gängigen Argumentationslinien lassen sich in folgenden vier Punkten zusammenfassen:

1. Sozialpolitisch wird argumentiert, ein Teil der Armen würde von dem größeren Kuchen am Ende auch ein größeres Stückchen abbekommen. Doch faktisch vergrößert das Wachstum in aller Regel die Kluft zwischen Arm und Reich – und auch die Kluft zwischen den Gesetzen der Wirtschaft und denen der Lebensweisheit. David Landes, der den Aufstieg der führenden Industriestaaten so faszinierend wie kein anderer Wirtschaftshistoriker geschildert hat, gelangt zu der Schätzung, dass das industrielle Wachstum den Abstand zwischen den reichsten und den ärmsten Ländern der Welt von 5 zu 1 auf 400 zu 1 erhöht habe (Landes 1999, 16).

2. Aus *psychologischen* Gründen brauche die Wirtschaft – selbst wenn das *reale* Wachstum auf die Dauer eine Illusion ist – doch die *Hoffnung* auf Wachstum. Das Wirtschaftsleben sei so unsicher, dass sich die Unternehmer ohne eine deutliche Aussicht auf Wachstum mit Investitionen zurückhielten. Das ist bereits – ganz simpel und banal zusammengefasst – die Essenz der Lehre von Keynes. Zwischen den Zeilen enthält der Keynesianismus freilich eine Doppelmoral: Die Wirtschaftspolitik muss es irgendwie zustande bringen, der Wirtschaft eine Aussicht auf Wachstum vorzuspiegeln, auch wenn es ein dauerhaftes Wachstum nicht gibt. Wenn die Europäische Zentralbank gegenwärtig trotz aller Bekenntnisse zur Währungsstabilität eine dauernde jährliche Inflationsrate von 1,9% einplant, ist das angewandter Keynes: Man muss potenziellen Investoren zumindest Wachstumsphantasien vorspiegeln, auch wenn es in Wahrheit kein dauerndes Wachstum gibt. Doch wirken derartige Rezepte nur so lange, wie die Öffentlichkeit den Trick nicht durchschaut. Im Übrigen fordert Keynes in Krisenzeiten eine massive staatliche Intervention. In seiner Lehre ist es gleich, ob diese durch Pyramidenbau, Aufrüstung, Infrastruktur-Investitionen oder aktuell durch die Verschrottung von

Autos geschieht. Wäre es dann nicht am sinnvollsten – wenn man schon in der keynesianischen Tradition bleibt –, die Staatsintervention durch wirksame Förderung erneuerbarer Energien und ressourcensparender Technologien zu vollziehen, statt trotz Wachstumsbeschleunigungsgesetz die Subventionierung von Biomasse- und Solarheizungen zu kappen?[3]

3. Aus *technologischen* Gründen brauche die Wirtschaft Wachstum; denn der technische Fortschritt tendiere dahin, fortwährend Arbeitskräfte freizusetzen und nur durch wirtschaftliches Wachstum werde mithin eine Massenarbeitslosigkeit verhindert. Emil Lederers unter dem Eindruck der Weltwirtschaftskrise formulierte These von der technologisch bedingten Arbeitslosigkeit (Lederer 1981) war während der jahrzehntelangen Nachkriegskonjunktur in die Mottenkiste der Wirtschaftstheorien geworfen worden; durch die elektronische Revolution der letzten Jahrzehnte hat sie jedoch erneut eine fatale Suggestivkraft erlangt. Lange Zeit hat man geglaubt, das Wesen des technischen Fortschritts bestehe in der „Steigerung der Kraft" und die industrielle Moderne stehe unter dem Gesetz des permanent wachsenden Energieverbrauchs. Selbst ein so kritischer Kopf wie Kurt Pritzkoleit zeigte sich 1950 darüber erschrocken, dass in der jungen Bundesrepublik drei Prozent weniger Primärenergie verbraucht wurden als in der DDR: für ihn damals ein böses Zeichen, dass der Osten dabei sei, den Westen zu überholen (Radkau 2008, 362, 304). Es ist lehrreich, sich an einstige Einbildungen zu erinnern, um sich dessen bewusst zu werden, in welchem Maße selbst absurde Zwangsvorstellungen unser Denken zu beherrschen vermögen!

4. Aus Gründen des *Konkurrenzkampfes* gebe es für das einzelne Unternehmen wie auch für die Wirtschaft einer gesamten Nation nur die Alternative Wachstum oder Niedergang. Denn wenn sich ein wirtschaftendes Subjekt mit seinem Status quo bescheide, werde es ihm nicht gelingen, selbst diesen Status quo zu halten, da die Konkurrenz den Bescheidenen an die Wand dränge. Man muss zugeben, dass es

---

[3] Im Mai 2010 beschloss der deutsche Bundesfinanzminister Wolfgang Schäuble, das Förderprogramm für mehr Öko-Energien beim Heizen aus Kostengründen auf Eis zu legen (http://www.zeit.de/politik/deutschland/2010-05/schaeuble-stopp-foerderprogramm, Zugriff: 15.6.2010).

in der Wirtschaftsgeschichte nicht an Fallbeispielen fehlt, die zu dieser These passen. Aber gerade nach dem neuesten Crash gibt es noch mehr Gegenbeispiele, dass gerade die, die sich mit einstelligen Gewinnmargen zufriedengaben und vor allem das Vertrauen eines übersichtlichen Kundenkreises zu erhalten suchten, am besten dastanden. Hätte es für die unersättlichen Jongleure keinerlei Staatshilfe gegeben, wäre dieser Sachverhalt noch viel krasser zutage getreten. Einst bestand die Essenz jener „sozialen Marktwirtschaft", zu der sich die bundesdeutsche Wirtschaftspolitik bekannte, wesentlich darin, marktbeherrschende Machtzusammenballungen in der Wirtschaft zu verhindern. In gewissem Sinne ist ein „Back to the roots" heute an der Zeit!

3 Trügerischer Optimismus bei Auswegen aus dem Wachstumsdilemma

Auch jene Theorien, die auf die Grenzen des ressourcenverbrauchenden Wachstums reagierten, haben bereits ihre Geschichte; es ist teilweise eine Geschichte der Illusionen und Halbwahrheiten. Lange Zeit erblickten viele Ökonominnen und Ökonomen das Heil in der zunehmenden Erweiterung des „tertiären Sektors", des Dienstleistungssektors, auf Kosten der beiden ersten ressourcenschluckenden Sektoren. Jean Fourastié, auf den diese Theorie zurückgeht, publizierte diese zuerst 1949 unter dem Titel „Die große Hoffnung des 20. Jahrhunderts". Auch wenn sich der Dienstleistungssektor erheblich ausdehnte, haben sich die Hoffnungen, dass wir dadurch zu einer deutlichen Senkung des Ressourcenverbrauchs kämen, nicht realisiert. Aus Erfahrung gibt es Grund zur Vorsicht gegenüber solchen Heilsgeschichten, vor allem, wenn diese als Gesetz der Geschichte ausgegeben werden.

Noch eine andere Theorie erweckte den Eindruck, als löse sich das Problem des ressourcenverbrauchenden Wachstums von selbst: die Theorie von der zunehmenden Entmaterialisierung der Wirtschaft. Aber empirisch hat sich gezeigt, dass die bisherigen Steigerungen der Materialeffizienz zwar den Materialverbrauch pro Wertschöpfungseinheit senken konnten, diese Einsparung aber durch das Wachstum der Wertschöpfung insgesamt überkompensiert wurde. Auch die Versprechungen, beispielsweise durch die Miniaturisierung der Kommunikationstechnik

Ressourcenprobleme zu verringern, haben sich durch die Vielfalt neuer Geräte und die enorme Nachfrage – oft nach den sehr seltenen Rohstoffen – nicht erfüllt. Im Übrigen bedeutet sinkender Ressourcenverbrauch in alten Industriestaaten oftmals nichts weiter, als dass ressourcenintensive Industrien in andere Länder verlagert werden.

Aber auch die technischen Fortschritte, die wachsende Energieeffizienz bewirken, führen mitnichten automatisch aus der Wachstumswirtschaft hinaus, wie gerade die Erfahrungen der letzten Jahrzehnte lehren. Der Automobilhistoriker Kurt Möser zeigt, dass sich vermeintliche Fortschritte hin zum „Öko-Auto" als Scheinerfolge erwiesen haben: „Die meisten technischen Tricks, um Motoren sparsamer zu machen, lassen sich genauso gut auch zur Leistungssteigerung einsetzen" – und genau dies ist oft genug geschehen (Möser 2002, 287). Auch Verbraucher und Verbraucherinnen tragen mit ihrem Verhalten dazu bei, dass die technischen Einsparerfolge zunichtegemacht werden, wenn mehr neue effiziente Produkte gekauft und/oder diese intensiver genutzt werden (Reboundeffekte).

4 Ausblick

Alles in allem gibt die bisherige Geschichte wenig Grund zu der Hoffnung, dass die Wirtschaft das Wachstumsdilemma von selber löst. Die Politik ist gefordert, die Weichen zu stellen, damit Wirtschaft und Gesellschaft sich vom Wachstumsparadigma lösen und zu einem Kurs der Nachhaltigkeit gelangen können. Man darf allerdings nicht glauben, dass mit der Patentformel „nachhaltige Entwicklung" des Uno-Umweltgipfels von Rio de Janeiro im Jahr 1992 – damals nicht viel mehr als eine Kompromissformel zwischen Erster und Dritter Welt – schon viel erreicht sei! Innerhalb der Forstwissenschaft hat der Begriff „Nachhaltigkeit" schon eine jahrhundertelange, der Öffentlichkeit verborgene Problemgeschichte (Peters 1984); und wenn man ihn auf die gesamte Weltwirtschaft bezieht, wird seine Vieldeutigkeit multipliziert.

Deshalb ist es wichtig, Nachhaltigkeit nicht als glatte Harmonieformel zahnlos zu machen. Stattdessen müssen die Probleme und Auseinandersetzungen, die mit einer Politik der Langfristigkeit, des Ausgleichs zwischen Generationen und Nationen und der Respektierung ökologischer Grenzen verbunden sind, klar benannt und öffentlich diskutiert werden.

Bei alledem ist kein Ausstieg aus der gesamten bisherigen Geschichte gefordert, vielmehr bietet es sich gerade in der Bundesrepublik an, auf Einsichten der Gründerjahre zurückzugreifen:

Schon Ludwig Erhard erkannte, dass es für die Menschen am besten wäre, wenn das Wachstum der Güterproduktion künftig durch andere Arten des Wachstums ersetzt würde. In *Wohlstand für alle* schreibt er: „Wir werden sogar mit Sicherheit dahin gelangen, dass zu Recht die Frage gestellt wird, ob es noch immer nützlich und richtig ist, mehr Güter, mehr materiellen Wohlstand zu erzeugen, oder ob es nicht sinnvoller ist, unter Verzichtleistung auf diesen ‚Fortschritt' mehr Freizeit, mehr Besinnung, mehr Muße und mehr Erholung zu gewinnen." Eine derartige Umsteuerung des Wachstums auf immaterielle Werte werde eine *„Korrektur der Wirtschaftspolitik"* (kursiv im Original) *erfordern.* Keiner solle dann so dogmatisch verbohrt sein, „allein in der fortdauernden Expansion, d. h. im Materiellen, noch länger das Heil erblicken zu wollen." (Erhard 1957/1964, 232). Aber in den 1960er Jahren, als *I Can Get No Satisfaction* ein Kultsong war, waren das unzeitgemäße Betrachtungen, und Erhards Aufrufe zum Maßhalten wurden in den Medien und Kabaretts mit brüllender Heiterkeit quittiert.

Auch Versuche der Weiterentwicklung zur ökologisch-sozialen Marktwirtschaft sind bislang stecken geblieben. Carl Friedrich von Weizsäcker bekannte sich 1977 zu der Überzeugung: „Wir wären alle glücklicher", wenn wir unsere Kultur so verändern würden, dass „wir mit weniger Energie auskommen würden." Dann setzte er jedoch hinzu: „Aber wir werden es nicht tun; denn wir wollen unglücklich sein!" (58. Bergedorfer Gesprächskreis 1977, 51). Gewiss war das als Provokation gemeint!

In einer Zeit, da die globale Umweltpolitik stockt, ist es nützlich, sich an die historische Erfahrung zu erinnern, dass Neues oft durch vorpreschende Pionierregionen entsteht. Nicht abstrakte Beschlüsse, sondern anschauliche Modellregionen machen Neues attraktiv und vertrauenerweckend. Bei der Umstellung auf erneuerbare Energien gibt es ohnehin keine globalen Patentrezepte, sondern nur regional angepasste Lösungen. Vielleicht tut es gut, nicht zu gebannt auf Gipfelkonferenzen zu starren: Einiges spricht dafür, dass die Postwachstumsgesellschaft aus kleinen Welten heraus wachsen wird.

Literatur

58. Bergedorfer Gesprächskreis (1977): Energiekrise – Europa im Belagerungszustand?, S. 51, http://www.koerber-stiftung.de/fileadmin/bg/PDFs/ bnd_58_de.pdf (Zugriff 30.5.2010)

Birg, H. (1996): Die Weltbevölkerung. Dynamik und Gefahren, München

Erhard, L. (1957/1964): Wohlstand für alle, Düsseldorf

Jevons, W. S. (2008): The Coal Question (urspr. 1866), Milton Keynes

Landes, D. (1999): Wohlstand und Armut der Nationen, Berlin

Lassalle, F. (1972): Arbeiterlesebuch und Studientexte, hrsg. von Schäfer, W., Reinbek

Lederer, E. (1981): Technischer Fortschritt und Arbeitslosigkeit. Eine Untersuchung der Hindernisse des ökonomischen Wachstums (urspr. 1938), Frankfurt am Main

Meadows, D., Meadows, D.L., Randers, J., Behrens, W.W. III (1972). Die Grenzen des Wachstums, Stuttgart

MEW Bd. 23, S. 621 (= Das Kapital Bd. 1, 22. Kapitel, Abschnitt III)

Mill, J. St. (1979): Über den stationären Zustand (urspr. 1848), in: Siebert, H. (Hrsg.): Umwelt und wirtschaftliche Entwicklung, Darmstadt

Milne, D. (2008): America's Rasputin. Walt Rostow and the Vietnam War, New York

Möser, K. (2002): Geschichte des Autos, Frankfurt am Main

Peters, W. (1984): Die Nachhaltigkeit als Grundsatz der Forstwirtschaft. Ihre Verankerung in der Gesetzgebung und ihre Bedeutung in der Praxis. Die Verhältnisse in der Bundesrepublik Deutschland im Vergleich mit einigen Industrie- und Entwicklungsländern, Diss. Hamburg

Radkau, J. (1983): Holzverknappung und Krisenbewußtsein im 18. Jahrhundert, in: Geschichte und Gesellschaft, 9. Jg., 513-543

Radkau, J. (1994): Zum ewigen Wachstum verdammt? Jugend und Alter großer technischer Systeme, in: Braun, I., Joerges, B. (Hrsg.): Technik ohne Grenzen, Frankfurt am Main, 50-106

Radkau, J. (1997): Das Rätsel der städtischen Brennholzversorgung im „hölzernen Zeitalter", in: Schott, D. (Hrsg.): Energie und Stadt in Europa. Von der vorindustriellen „Holznot" bis zur Ölkrise der 1970er Jahre, Stuttgart (VSWG-Beiheft 135), 43-75

Radkau, J. (2007): Holz. Wie ein Naturstoff Geschichte schreibt, München

Radkau, J. (2008): Technik in Deutschland. Vom 18. Jahrhundert bis heute, Frankfurt am Main

Smith, A. (1978): Der Wohlstand der Nationen (urspr. 1776), München

Sombart, W. (1934): Deutscher Sozialismus, Berlin

Weber, M. (1993): Die protestantische Ethik und der „Geist" des Kapitalismus (urspr. 1905), hrsg. von Lichtblau, K. und Weiß, J., Bodenheim

Gesellschaftsbereiche

Alterssicherungssysteme: Doppelte Herausforderung von demografischer Alterung und Postwachstum

François Höpflinger

Zusammenfassung

Die doppelte demografische Alterung der Gesellschaft – tiefes Geburtenniveau und verlängerte Lebenserwartung im Alter – stellt die Alterssicherungssysteme vor große Herausforderungen. Demografisch betroffen sind vor allem umlage-finanzierte Rentensysteme, da sich das Verhältnis von erwerbstätiger zu Renten beziehender Bevölkerung verschlechtert. Aber auch kapitalgedeckte Vorsorge-systeme sind von der demografischen Entwicklung berührt, da konsumiertes Alterskapital wirtschaftlich erarbeitet werden muss. Bisher wurden die drohen-den Ungleichgewichte der Alterssicherung durch überoptimistische Wachstums-szenarien übertüncht. In einer Postwachstumsgesellschaft lässt sich der sozial-politische Generationenvertrag nur durch Modelle eines „produktiven Alterns" im Gleichgewicht halten.

1 Problemstellung

Europäische Länder erfuhren und erfahren einen Prozess der doppelten demografischen Alterung: Einerseits verschiebt sich die Altersstruktur der Bevölkerung, da aufgrund eines geringen Geburtenniveaus die nach-kommenden Generationen zahlenmäßig geringer sind als vorangegan-gene Generationen („demografische Alterung von unten"). Deutschland und die Schweiz haben seit Beginn der 1970er Jahre ein Geburtenniveau, das tiefer liegt, als zur Bestandserhaltung der Bevölkerung notwendig wäre. Die Altersquotienten im Sinne des Verhältnisses von erwerbstätiger Bevölkerung zur Rentenbevölkerung werden sich deutlich erhöhen. Für Deutschland wird zwischen 2000 und 2050 eine Erhöhung des Altersquotienten (Verhältnis der über 65-Jährigen zu den 20- bis 24-Jährigen) von 26% auf 54% erwartet, für die Schweiz ein Anstieg von 25% auf 43% (Bonoli et al. 2007). Aktuell und in naher Zukunft wird vor allem das Altern geburtenstarker Nachkriegsjahrgänge die Zahl und den Anteil an Altersrentnern und Altersrentnerinnen ansteigen lassen. Nach ihrer Pensionierung hinterlassen die geburtenstarken Jahrgänge auf dem Arbeitsmarkt eine bedeutsame Lücke, die nachkommende Generationen nicht zu schließen vermögen (Schimany 2003).

Andererseits lässt sich seit den 1970er Jahren eine verstärkte „demografische Alterung von oben" feststellen, die daher rührt, dass die Lebenserwartung älterer bzw. pensionierter Frauen und Männer deutlich gestiegen ist. Die Zahl hochaltriger Menschen ist in Deutschland und der Schweiz deutlich gestiegen, und sie wird weiter rasch steigen. Die demografische Zukunft Europas ist nicht nur durch mehr pensionierte Menschen gekennzeichnet, sondern auch durch mehr pensionierte Frauen und Männer, die sehr lange leben (Rott 2004). Es müssen also nicht nur mehr Renten ausgezahlt werden, sondern die Renten müssen auch länger ausgezahlt werden.

Damit stellen sich in allen europäischen Ländern grundlegende Fragen einer Neugestaltung der Rentensysteme unter Bedingungen einer rasch ansteigenden doppelten demografischen Alterung der Bevölkerung. Politisch wurde und wird das Thema häufig durch optimistische Wachstumsszenarien entschärft. Je höher das angenommene zukünftige Wirtschafts- und Lohnwachstum ist, desto weiter entfernt ist der Zeitpunkt, ab dem unfinanzierbare Rentenansprüche deutlich werden. Wirtschaftliches Wachstum gilt als Zauberlösung zur Rettung des sozialpolitischen Generationenvertrags zwischen Jung und Alt wie auch zur Finanzierung hoher Renten bei kapitalgedeckten Alterssicherungssystemen.

2 Umlagefinanzierte Systeme der Alterssicherung

Umlagefinanzierte Systeme der Altersvorsorge (die jetzt erwerbstätige Bevölkerung zahlt im Sinne eines impliziten Generationenvertrags für die ehemalige Erwerbsbevölkerung) sind stark von demografischen Entwicklungen betroffen, speziell, wenn sie primär durch Lohnbeiträge finanziert werden. Um finanzielle Ungleichgewichte angesichts von weniger Erwerbstätigen und mehr (und länger lebenden) Rentnerinnen und Rentnern zu vermeiden, gibt es grundsätzlich drei systemimmanente Reformmöglichkeiten:

1. Die Lohnbeiträge der Erwerbstätigen werden erhöht, was angesichts hoher Lohnnebenkosten in Deutschland wie der Schweiz wirtschaftspolitisch auf Widerstände stößt. Gleichzeitig bedeutet dies eine weitere sozialpolitische Belastung jüngerer Generationen (die darauf etwa durch Abwanderung in steuergünstigere Länder reagieren können, namentlich dann, wenn es demografiebedingt europaweit zu einem Mangel an qualifizierten jungen Arbeitskräften kommt). Eine breitere Abstützung der Rentenfinanzierung vermag eine intergenerationelle Entlastung zu erreichen, etwa wenn Altersrenten durch allgemeine Steuermittel, Mehrwertsteuern oder Erbschaftssteuern mitfinanziert werden.

2. Die Rentenleistungen werden direkt oder indirekt gekürzt, etwa durch Verzicht auf Anpassungen an Teuerung oder Lohnniveau. Allerdings besteht bei massiven Rentenkürzungen die Gefahr, dass – wie in den USA oder England – Armut im Alter erneut zu einem häufigen Problem wird. Rentenkürzungen können zudem zu höheren Sozialhilfekosten und anderen bedarfsorientierten Ausgaben der Existenzsicherung beitragen. Da eine wirtschaftliche Schlechterstellung älterer Menschen die behinderungsfreie Lebenserwartung reduziert, kann dies indirekt auch mit erhöhten Gesundheits- und Pflegekosten verbunden sein.

3. Das Rentenalter wird erhöht. Diese Strategie erweist sich vor allem in Ländern als dringlich, die in den letzten Jahrzehnten einen starken Trend zu vorzeitigen Pensionierungen erlebt haben. Eine formelle Erhöhung des Rentenalters ist wirtschaftlich wie sozialpolitisch allerdings nur sinnvoll, wenn auch das faktische Pensionierungsalter angehoben wird (ansonsten werden Einsparungen bei den Altersrenten weitgehend durch erhöhte Kosten bei Arbeitslosengeldern, Invalidenrenten oder der Sozialhilfe aufgehoben). Bisherige internationale Erfahrungen belegen, dass eine verlängerte Erwerbstätigkeit eine ganze Reihe von Begleitmaßnahmen erfordert, etwa verstärkt altersneutrale Lohn- und Lohnnebenkosten, Verhinderung von Altersdiskriminierun-

gen auf dem Arbeitsmarkt, eine permanente Aus- und Weiterbildung in späteren Erwerbsjahren, neue Karrieremodelle 50+ sowie – namentlich in körperlich anstrengenden Berufen – altersangepasste Arbeitsplätze und eine ausgebaute betriebliche Gesundheitsförderung (Hugentobler 2005, Zölch et al. 2009).

Eine relative Entlastung erfahren umlagefinanzierte Rentensysteme auch durch erhöhte wirtschaftliche Produktivität und ein hohes Lohnniveau. Ein über Lohnbeiträge finanziertes Rentensystem ist auch bei starker demografischer Alterung finanzierbar, wenn das Lohnniveau der nachkommenden Generationen ansteigt. Annahmen zum zukünftigen Wirtschaftswachstum erweisen sich bei Szenarien zur Finanzierung der Rentensysteme als weitaus bedeutsamer als demografische Einflussfaktoren. Eine Konzentration der Wirtschaft auf hochproduktive Hochlohnarbeit kann – theoretisch – alle Rentenprobleme lösen. Produktivitätserhöhungen – via Automatisierung oder mehr qualifizierten Arbeitskräften – können auch bei schrumpfender Arbeitsbevölkerung entlastend wirken. Eine hochproduktive Arbeitswelt ist allerdings nur möglich bei entsprechend hohen Bildungsinvestitionen, und deshalb dürften gerade in einer Postwachstumsgesellschaft Bildungsinvestitionen sowohl für junge Menschen als auch für ältere Arbeitskräfte 50+ und Rentenfinanzierung eng verknüpft sein. In einer gering oder nicht mehr wachsenden Gesellschaft basiert, vereinfacht formuliert, der sozialpolitische Generationen- und Rentenvertrag der Zukunft verstärkt auf lebenslanger Bildung.

Eine hochproduktive Arbeitswelt ist gleichzeitig eine anforderungs- und stressreiche Arbeitswelt. Damit steigt das Risiko von Burnout sowie beruflicher Ausgliederung wenig gebildeter bzw. als wenig produktiv erachteter Gruppen von Arbeitnehmenden. Eine hochproduktive, aber demografisch alternde Gesellschaft ist entsprechend mit viel Ungleichheiten verknüpft, was auch einschließt, dass allgemeine Rentenaltersregelungen immer problematischer werden (weil manche Menschen nicht bis 65 oder 67 arbeiten können, wogegen andere Personen durchaus bis 70 oder 75 tätig sein wollen). Dies bedeutet: Sozial, technisch und wirtschaftlich dynamische, aber demografisch alternde Gesellschaften sind durch eine starke und eher zunehmende lebensbezogene Heterogenität gekennzeichnet.

Eine international vergleichende Studie zur Entwicklung umlagefinanzierter öffentlicher Rentensysteme gelangte schon Mitte der 1990er

Jahre zu drei zentralen Folgerungen (Gonnot et al. 1995): Erstens ist eine rein demografische Lösung des Problems (mehr Geburten und verstärkte Einwanderung) nicht möglich. Zweitens sind wegen der doppelten demografischen Alterung erhöhte Rentenauszahlungen in den nächsten Jahrzehnten so gut wie unvermeidbar. Drittens erweisen sich Einzelmaßnahmen als ungenügend, um die Alterssicherung langfristig zu garantieren. In allen Ländern ist ein ganzes Bündel von Reformen notwendig. Zusätzlich wird deutlich, dass in vielen europäischen Ländern das Rentenproblem der Zukunft politisch durch problematische Wachstumsannahmen bzw. eigentliche Wachstumsillusionen „verdeckt" wird, weil ohne Wachstumsannahmen die Dringlichkeit von (teilweise unpopulären) Reformen klar sichtbar wird.

3 Kapitalgedeckte Systeme der Alterssicherung

Eine Ergänzung bzw. Alternative zu umlagefinanzierten Systemen der Alterssicherung sind kapitalgedeckte Systeme, sei es in Form steuerbegünstigten privaten Sparens, sei es in Form einer obligatorischen beruflichen Vorsorge (wie dies in der Schweiz für Arbeitnehmende seit 1985 durch ein berufliches Vorsorgegesetz geregelt ist). Der Ausbau der beruflichen Vorsorge hat in der Schweiz dazu geführt, dass die gesamten Vermögenswerte der Rentenfonds im Jahr 2007 mehr als 120% des damaligen Bruttoinlandsprodukts ausmachten, gegenüber einem Wert von leicht mehr als 4% in Deutschland (Bonoli et al. 2007). Die Finanzkrise hat diesen Kapitalwert vorübergehend reduziert und die Risiken eines kapitalgedeckten Systems verdeutlicht.

Kapitalgedeckte Verfahren sind – zumindest theoretisch – weniger von Prozessen einer demografischen Alterung von unten (Geburtenrückgang) betroffen, da jede Person bzw. jeder Geburtsjahrgang für sich Kapital anspart. Betroffen sind diese Systeme allerdings von einer demografischen Alterung von oben, da eine erhöhte Lebenserwartung der Altersrentner und Altersrentnerinnen die Auszahlungszeit verlängert.

Indirekt ist auch bei Kapitaldeckung die zahlenmäßige Entwicklung der nachkommenden Erwerbsbevölkerung bedeutsam, da angespartes Alterskapital nur ausgezahlt werden kann, wenn die Wirtschaft genügend Produkte und Dienstleistungen bereitstellt. Durch ein kapitalgedecktes System der Alterssicherung wird zwar zeitweise volkswirtschaftliche

Kapitalbildung gefördert, aber wenn geburtenstarke Jahrgänge ins Rentenalter kommen, muss das angehäufte Alterskapital „abgebaut" bzw. kapitalisiert werden. Eine demografisch alternde Gesellschaft verfügt gewissermaßen dann über einen hohen Kapitalstock, wenn er volkswirtschaftlich am wenigsten benötigt wird. In einer demografisch gealterten Wirtschaft kann Arbeit und nicht Kapital zu einem knappen Produktionsfaktor werden (Zimmermann/Bubb 2002). Demografische Alterung im Sinne von weniger Erwerbstätigen und mehr Altersrentnerinnen und Altersrentnern kann auch bei kapitalgedeckten Systemen zu einer erhöhten Belastung der jüngeren Generationen beitragen (die beispielsweise hohe Mietkosten zu tragen haben, damit genügend Renten ausgezahlt werden können). Umgekehrt kann bei schrumpfender Zahl von Erwerbstätigen eine Verteuerung der von Altersrentnern benötigten Dienst- und Pflegeleistungen auftreten, wodurch sich angespartes Alterskapital rasch entwerten kann, wie schon Analysen aus den späten 1980er Jahren thematisierten (Felderer 1987). In jedem Fall ist auch ein auf Kapitaldeckung beruhendes Vorsorgesystem von demografischen Einflussfaktoren abhängig (Börsch-Supan 2000).

Theoretisch – und teilweise faktisch – kann ein kapitalgedecktes System die interne demografische Alterung (mehr Rentnerinnen und Rentner, weniger Erwerbstätige) dadurch kompensieren, dass die Pensionskassen gezielt in demografisch verjüngte Länder (Schwellenländer u.a.) investieren. Ein Transfer von Sparkapital von reichen, demografisch alten Gesellschaften zu ärmeren, demografisch jüngeren Gesellschaften kann sinnvoll sein, wenn dieses Kapital produktiv für wirtschaftliche Entwicklungen eingesetzt wird. Wirtschaftsethisch problematisch wird es, wenn junge und ärmere Bevölkerungen sozusagen die Renten reicher alter Europäer zu finanzieren haben.

Beim Systemvergleich ist zusätzlich zu beachten, dass ein Kapitaldeckungsverfahren komplizierter und im Hinblick auf die demografischen Effekte weniger transparent ist als ein Umlageverfahren. So spielen bei der Sicherung der Vorsorgeleistungen die Kapitalmärkte (und die damit verbundenen Risiken) eine zentrale Rolle. Neben den Beitragszahlungen während der Erwerbsjahre ist – aufgrund von Zinseszins-Effekten – die Höhe der realen Kapitalverzinsung eine entscheidende Größe. Die meisten Menschen sind sich kaum bewusst, dass bei Pensionskassen und Sparplänen die Kapitalerträge den größten Anteil am (versprochenen) Alterskapital ausmachen. In der Schweiz erzeugen beim gegenwärtigen

Verhältnis zwischen Beitrags- und Rentenzahlungen die Kapitalerträge den Löwenanteil des endgültigen Alterskapitals der beruflichen Vorsorge (je nach Durchschnittsverzinsung 60 bis 80%) (Zimmermann/Budd 2002). In kapitalgedeckten Vorsorgesystemen entsteht – um die Höhe der Einzahlungen bzw. die Länge der Beitragsjahre politisch akzeptabel zu gestalten – somit ein starker Druck zu möglichst hohen Kapitalrenditen, was einschließt, dass häufig von hohen bis unrealistischen wirtschaftlichen Wachstumsraten ausgegangen wurde und wird.

Eine Nebenwirkung kapitalgedeckter Systeme der Altersvorsorge, die individuelle Kapitalakkumulation gegenüber sozialpolitisch ausgleichenden Umlagesystemen bevorzugen, sind erhöhte wirtschaftliche Ungleichheiten im Alter – einerseits, weil bestimmte Gruppen von Erwerbstätigen keine oder nur geringe berufliche Rentenansprüche erwerben, andererseits, weil Personen mit langjährig hohen Arbeitseinkommen privat wie beruflich enorme Kapitalien akkumulieren (und wohlstandsbedingt auch länger Renten beziehen). Kapitalgedeckte Vorsorgesysteme verlängern nicht nur wirtschaftliche Ungleichheiten ins Alter, sie verstärken sie zusätzlich.

Auf der anderen Seite – um auch positive Wirkungen anzusprechen – bieten kapitalfinanzierte Vorsorgesysteme Chancen zur Durchsetzung einer nachhaltigen wirtschaftlichen Entwicklung: Aufgrund des langen Anlagehorizonts (lange Beitragsjahre, lange Auszahlungsjahre) könnte eine kapitalgedeckte Altersvorsorge ein zentrales Instrument zur Förderung nachhaltiger Entwicklungen darstellen. Bisher ist dies aufgrund der enormen finanziellen Hektik der letzten Jahrzehnte noch wenig der Fall, aber es mehren sich die Hinweise, dass mehr Pensionskassen darüber nachdenken, wie nachhaltig investiert werden kann. So gewinnen etwa demografisch ausgerichtete Fonds, welche die langfristigen demografischen Entwicklungen und die damit verbundenen Nachfrageeffekte einbeziehen, aber auch Fonds, die in nachhaltige Produktionen und Technologien investieren, ein vermehrtes Interesse.

Eine zentrale Schlussfolgerung der bisherigen Ausführungen liegt darin, dass auch ein Rentensystem gemäß Kapitaldeckungsverfahren demografische Risiken aufweist, kombiniert mit finanzpolitischen Risiken, die vor allem bei geringem Wirtschaftswachstum deutlich werden.

4 Die Lösung: „Produktives Alter"?

Aktuelle Systeme der Alterssicherung sind in dem Sinne nicht nachhaltig, als sie auf Kosten nachkommender Generationen gehen, vor allem, wenn getroffene Annahmen über ein regelmäßiges Wirtschaftswachstum nicht eintreffen. Zur sozialpolitischen Entlastung der nachkommenden Generationen in einer Postwachstumsgesellschaft gibt es nur eine nicht wachstumsorientierte Strategie: die Ausdehnung der formellen und informellen Lebensarbeitszeit nach oben (auch im Sinne einer Stärkung eines „produktiven Alters").

In den letzten Jahren wurde deshalb die Forderung nach einer Ausdehnung der Lebensarbeitszeit immer häufiger formuliert und unterstützt. Hinter dieser – sozialpolitisch umstrittenen und bei einem Großteil der Bevölkerung unbeliebten – Forderung stehen verschiedene Argumentationslinien: Einerseits stehen Befürchtungen um Ungleichgewichte des sozialpolitischen Generationenvertrags in einer demografisch alternden Gesellschaft im Zentrum. Andererseits weisen gerontologische Kompetenzmodelle auf vorhandene Kompetenzen und Ressourcen älterer Menschen hin. Modellvorstellungen eines „aktiven" oder sogar „produktiven Alters" postulieren ein hohes Aktivitätsniveau in späteren Lebensphasen als eine bedeutsame Voraussetzung für ein glückliches und erfülltes Altern. Empirische Beobachtungen, wonach neuere Generationen auch im höheren Lebensalter häufiger gesund, aktiv, initiativ und innovativ sind als frühere Generationen, stärken die Vorstellung, dass – wenn nicht heute, aber doch in Zukunft – mehr Frauen und Männer für Formen von Alters(teilzeit)arbeit bereit und motiviert sein werden.

Allerdings beschränken sich viele Diskurse zur Ausdehnung der Lebensarbeitszeit nur auf eine Ausweitung der monetären Arbeitsleistungen. Informelle außerfamiliale und familiale Arbeiten (Betreuungs- und Pflegeleistungen, Nachbarschaftshilfe, Haus- und Familienarbeit usw.) bleiben in diesen Diskussionen so gut wie unberücksichtigt. Dadurch wird vergessen, dass – wenn Arbeit umfassend definiert wird – die Ausdehnung von Arbeitsleistungen bis ins hohe Lebensalter vielfach schon Realität ist. Viele pensionierte Frauen und Männer engagieren sich familial, sei es in der Pflege behinderter Angehöriger, sei es bei der Betreuung von Enkelkindern. Dazu kommen außerfamiliale Tätigkeiten in der Nachbarschaftshilfe oder in der Freiwilligenarbeit (Höpflinger 2007).

Der Sozialethiker Hans Ruh (1995; 2003) hat auf der Grundlage sozialethischer Gesellschaftsüberlegungen schon in den frühen 1990er Jahren eine neue Aufgliederung der menschlichen Tätigkeitszeit postuliert, unter anderem, um die Zweiteilung zwischen Freizeit und Arbeitszeit aufzulösen. Nach Hans Ruh erscheint es sinnvoll bzw. notwendig, die menschlichen Tätigkeiten unter fünf Aspekten neu zu konzipieren:

1. monetarisierte Arbeitszeit, wobei Hans Ruh für die Zukunft die Halbtagsstelle als Norm für Mann und Frau fordert. Eine reduzierte Arbeitszeit könnte durch eine Verlängerung der Erwerbsdauer kompensiert werden, wie dies beispielsweise Modelle einer Altersteilzeitarbeit vorsehen;

2. Freizeit und Ich-Zeit als frei verfügbare Lebenszeit, die der Erholung von anderen Aktivitäten oder zur Ausübung außerberuflicher Interessen dient. Die Ich-Zeit ist auch gedacht als Zeit für sich selbst, für seinen Körper, seine Seele und seinen Geist;

3. Reproduktionszeit im Sinn von Aktivitäten für die Entwicklung, Betreuung, Erziehung und Pflege zukünftiger Generationen. Bei diesen intergenerativen Aktivitäten können sich nicht nur Eltern, sondern allgemein auch ältere Menschen beteiligen (Kleinkinderbetreuung durch Großeltern, soziales Engagement für nachkommende Generationen usw.);

4. Eigenarbeit im Sinn von produktiven Tätigkeiten, die von Menschen für sich oder ihre Angehörige erbracht werden. Dazu gehören Haushaltsarbeiten und die Haushaltsproduktion im traditionellen Rahmen, wobei hier primär die Forderung einer geschlechtsspezifisch ausgewogenen Mitwirkung von Frauen und Männern bei solchen Hausarbeiten im Zentrum steht;

5. Sozialzeit als Engagement für Dritte, wobei neben einer informell ausgeübten Sozialzeit (Nachbarschaftshilfe usw.) auch die Einrichtung einer obligatorischen Sozialzeit zur Diskussion steht. Freiwillige und ehrenamtliche Tätigkeiten werden auch von Frauen und Männern im Rentenalter ausgeübt, aber zukünftig kann es sein, dass – soweit dies gesundheitsbedingt möglich ist – auch pensionierte Menschen für Gemeinschaftsdienste verpflichtet werden (vgl. Kappeler 2009).

Neue Zeitmodelle, die für jede Lebensphase untereinander austauschbare Tätigkeitsformen vorsehen, führen dazu, dass die Grenzen zwischen bezahlter Arbeitszeit, diversen Formen unbezahlter Arbeitstätigkeiten und freier Zeit fließend werden. Damit ergibt sich eine erhöhte Flexibilisierung zwischen Erwerbs- und Rentenalter. In einer demografisch alternden Gesellschaft wird es wahrscheinlich nicht möglich sein, über monetarisierte Arbeit alle Dienstleistungen bereitzustellen und zu finanzieren, die unsere Gesellschaft braucht. Eine Ausdehnung der Sozialzeit wird notwendig sein, um die Pflege alter Menschen sowie aber auch die Betreuung nachkommender Generationen zu gewährleisten. Entsprechend finden sich aktuell etwa zunehmend Überlegungen zur Einführung eines Systems von Zeitgutschriften für die Begleitung, Betreuung und/oder Pflege älterer Menschen (Oesch/Künzi 2008).

Neue Modelle der Lebensarbeitszeit wie auch neue Formen unbezahlter sozialer Arbeit, Eigenarbeit und Selbständigkeitserhalt im Alter sind wichtige Elemente eines neuen Generationenvertrags, der auch die gesellschaftlichen Leistungen älterer Generationen unterstützt und fördert. Der rentenbezogene (monetäre) Generationenvertrag muss – gerade in einer Postwachstumsgesellschaft – durch einen sozial-solidarischen (nicht-monetären) Generationenvertrag ergänzt werden.

Literatur

Bonoli, G., Bertozzi, F., Wichmann, S. (2007): Anpassung der Rentensysteme in der OECD. Reformmodelle für die Schweiz, Lausanne

Börsch-Supan, A. (2000): Was für die Kapitaldeckung und was für das Umlageverfahren spricht. Beiträge zur angewandten Wirtschaftsforschung, Mannheim

Felderer, B. (Hrsg.) (1987): Kapitaldeckungsverfahren versus Umlageverfahren: Demographische Entwicklung und Finanzierung von Altersversicherung und Familienlastenausgleich, Berlin

Gonnot, J.-P., Prinz, C., Keilman, N. (1995): Adjustments of Public Pensions Schemes in Twelve Industrialized Countries. Possible answers to population ageing, in: European Journal of Population Nr. 11, 371-398

Höpflinger, F. (2007): Ausdehnung der Lebensarbeitszeit und die Stellung älterer Arbeitskräfte. Perspektiven aus Sicht einer differenziellen Alternsforschung, in: Pasero, U., Backes, G.M., Schroeter, K.R. (Hrsg.): Altern in Gesellschaft. Ageing – Diversity – Inclusion, Wiesbaden, 307-343

Hugentobler, V. (2005): Arbeitsmarktstrategien in europäischen Ländern – angesichts der demografischen Alterung, in: Clemens, W., Höpflinger, F., Winkler, R. (Hrsg.): Arbeit in späteren Lebensphasen. Sackgassen, Perspektiven, Visionen, Bern, 69-92

Kappeler, Y. (2009): Gemeinschaftsdienste als Ergänzung zu Lohndiensten, in: Binswanger, H.C. (Hrsg.): Vorwärts zur Mäßigung. Perspektiven einer nachhaltigen Wirtschaft, Hamburg, 196-201

Oesch, T., Künzi, K. (2008): Zeitgutschriften für die Begleitung, Betreuung und/oder Pflege älterer Menschen. Literaturübersicht und Einschätzungen von Experten aus der Praxis, Bern

Rott, C. (2004): Demografie des hohen und sehr hohen Alters, in: Kruse, A., Martin, M. (Hrsg.): Enzyklopädie der Gerontologie. Alternsprozesse in multidisziplinärer Sicht, Bern/Göttingen, 51-65

Ruh, H. (1995): Anders, aber besser. Die Arbeit neu erfinden – für eine solidarische und überlebensfähige Welt, Frauenfeld

Ruh, H. (2003): Braucht es einen neuen Generationenvertrag?, in: Caritas (Hrsg.): Sozialalmanach 2004. Die demographische Herausforderung, Luzern, 191-198

Schimany, P. (2003): Die Alterung der Gesellschaft. Ursachen und Folgen des demographischen Umbruchs, Frankfurt/New York

Zimmermann, H., Bubb, A. (2002): Das Risiko der Vorsorge. Die zweite Säule unter dem Druck der alternden Gesellschaft, Zürich

Zölch, M., Mücke, A., Graf, A., Schilling, A. (2009): Fit für den demografischen Wandel? Ergebnisse, Instrumente, Ansätze guter Praxis, Bern

Gesundheitswesen als kosteneffizientes Solidarsystem mit Eigenverantwortung

Hans-Peter Studer

Zusammenfassung

Als einer der wenigen verbliebenen und wichtigen Wachstumsmärkte stellt das Gesundheitswesen im Hinblick auf eine Postwachstumsgesellschaft eine enorme Herausforderung dar. Die Gesundheitsausgaben auf ein kosteneffizientes Maß zurückzufahren und den Wachstumstrend zu brechen ist auf vielerlei Weise möglich: durch geeignete (finanzielle) Anreize für die beteiligten Akteure, durch einen Bewusstseinswandel hinsichtlich des Umgangs mit Gesundheit, Krankheit und Tod, durch die Ergänzung der Schulmedizin mit Komplementärmedizin und durch die Schaffung gesundheitsförderlicher Arbeits- und Lebensbedingungen. Das bedingt – und fördert zugleich – einen grundlegenden gesellschaftlichen Wandel.

1 Das Gesundheitswesen als Wachstumstreiber

In den westlichen Industrieländern gehört das Gesundheitswesen – auch in Krisenzeiten – zu den wenigen Wirtschaftsbereichen mit einem stetigen Wachstum. Entsprechend vergrößert sich der Anteil der Gesundheitsleistungen an den übrigen Wirtschaftsleistungen ständig. In den USA, die diesbezüglich die klare Spitzenposition einnehmen, beträgt der Anteil der Gesundheitskosten am Bruttoinlandsprodukt bereits 16 Prozent.[1] Mit an-

---

[1] Gemäß OECD betrugen die entsprechenden Anteile am BIP in 2007 für die USA 16%, für die Schweiz 10,8%, für Deutschland 10,4% und für Österreich 10,1%.

deren Worten: Dort wird schon jeder sechste Dollar für die Gesundheit, oder treffender: für Krankheiten ausgegeben; dabei ist die gesamtgesellschaftliche Gesundheitsversorgung alles andere als befriedigend.

Die Gründe für das Wachstum der Gesundheitsausgaben sind vielfältig. Mit der steigenden Lebenserwartung der Bevölkerung nehmen die Krankheitsanfälligkeit und in diesem Zusammenhang die Gesundheitskosten zu. Auch der moderne Lebensstil – Stichworte: Sucht, Übergewicht, Bewegungsarmut und Stress – trägt das Seine dazu bei, desgleichen soziale Ungleichgewichte, Ausgrenzung und Erwerbslosigkeit. Der medizintechnische Fortschritt eröffnet zudem laufend neue Diagnose- und Behandlungsmöglichkeiten im Interesse der Gesundheit und Lebensqualität vieler Patientinnen und Patienten. Er hat jedoch nicht nur direkt, sondern auch indirekt seinen oft hohen Preis: Manche der medizintechnischen Errungenschaften inklusive neuer Medikamente bringen bei genauerem Hinsehen nur geringfügige oder gar keine Fortschritte mit sich. Sie erlauben zum Beispiel exaktere Diagnosen, ohne dass aber entsprechende Therapiemöglichkeiten vorhanden sind; oder eine Therapie zur Krebsbehandlung bringt lediglich einen kleinen Zugewinn an Lebensmonaten, kostet jedoch Unsummen. Dennoch werden diese neuen Methoden und Verfahren – oft zusätzlich zu bisherigen Diagnosen und Therapien – in einem Ausmaß eingesetzt, das manchem Patienten nicht wirklich nützt, sondern lediglich die Kosten in die Höhe treibt.

Auch das hat vielfältige Gründe: Sie reichen von den Vorlieben und dem Prestige des betreffenden Arztes / der betreffenden Ärztin oder des Krankenhauses, den hohen und manchmal verzweifelten Erwartungen der Patientinnen und Patienten und ihrer Angehörigen, dem Ziel auch der Zulieferer von Medizintechnik und Medikamenten, Umsätze und Gewinne zu steigern, bis hin zum Bestreben, leere Betten zu füllen, vorhandene Apparaturen auszulasten sowie sich gegen mögliche Schadenersatzklagen abzusichern. Darüber hinaus fällt der Umstand ins Gewicht, dass Leistungserbringer und Patienten meist nicht in einer direkten Geschäftsbeziehung zueinander stehen, sondern dass die Entschädigung der Leistungen über einen zwischengeschalteten Versicherer läuft. Dieser wird zwar vereinzelt überhöhte oder unnötige Leistungen beanstanden,

http://www.irdes.fr/EcoSante/DownLoad/OECDHealthData_FrequentlyRequested Data.xls (Zugriff: 7.6.10).

hat aber im Übrigen wenig dagegen einzuwenden, dass sich auch seine Umsätze erhöhen.

Hinzu kommt, dass die heute vorherrschenden schulmedizinischen Behandlungsmethoden stark symptom-orientiert sind und mit einem beträchtlichen Nebenwirkungspotenzial einhergehen. Zu einem erheblichen Prozentsatz werden deshalb Erkrankungen durch die Medizin selbst zumindest mitverursacht. Zudem führt das bloße Unterdrücken der Symptome dazu, dass nicht nur auf individueller, sondern auch auf gesellschaftlicher Ebene tieferliegende Ursachen wie krank machende Lebensverhältnisse und Arbeitsbedingungen nicht ausreichend angegangen werden (Studer 1996). Im Gegenteil, Druck und Stress werden zusätzlich erhöht, um weiteres wirtschaftliches Wachstum zu generieren, mit welchem sich nicht zuletzt auch die steigenden Gesundheitskosten besser finanzieren lassen.

Mit anderen Worten: So sehr das moderne Gesundheitswesen wichtige und nützliche Errungenschaften mit sich gebracht hat, es droht zu einem „Selbstläufer" und die Medizin zu einer Art reparatur-orientierter Sisyphus-Medizin zu werden. Der Nutzen wird in vielen Fällen fragwürdiger und die Finanzierung immer teurer, und jedenfalls hilft das Gesundheitssystem in seiner heutigen Form nach Kräften mit, das Wachstum der modernen Wettbewerbswirtschaft weiter anzutreiben. Erschwerend kommt hinzu, dass auch wachstumskritische Kreise dem starken Umsatzwachstum im Gesundheitswesen oft nicht sehr kritisch gegenüberstehen – zum einen wohl, weil Gesundheit positiv assoziiert ist, und zum anderen, weil sie sich nicht dem Vorwurf aussetzen möchten, einer Zweiklassenmedizin das Wort zu reden.

Das Gesundheitssystem in eine andere, nachhaltige Richtung zu lenken, d.h. ein kosteneffizientes System zu schaffen und dabei eine möglichst stabile Gesundheit der Menschen anzustreben, ist anspruchsvoll, aber gerade im Hinblick auf eine Postwachstumsgesellschaft sowie auf die voraussehbare demografische Entwicklung unumgänglich. Dabei gilt es zum einen, die vielfältigen diagnostischen und therapeutischen Möglichkeiten so einzusetzen, dass Kosten und Nutzen in einem besseren Verhältnis zueinander stehen. Zum anderen sollten sie einer breiten Bevölkerung weiterhin offen stehen und mit Behandlungsmethoden ergänzt werden, welche die vielfältigen Ursachen von Erkrankungen besser mit in Betracht ziehen und die Eigenverantwortung ebenso wie die Selbstheilungskräfte der Patienten unterstützen.

Damit dies möglich wird, sind sowohl aufseiten der Versicherten als auch der Leistungserbringer die Anreize anders zu setzen und gleichzeitig die Akzente innerhalb des Gesundheitssystems von der Krankheit hin zur Gesundheit zu verlagern. Beides bedingt einen grundlegenden Paradigmenwechsel sowohl im Gesundheitssystem als auch in der Gesellschaft insgesamt.

2 Monetäre Anreize für Versicherte und Leistungserbringer

Gerade weil in einem sozialen Gesundheitssystem die Finanzierung zur Hauptsache über Versicherer und den Staat läuft, ist es wichtig, dass sowohl die Leistungserbringer und als auch die Versicherten und Patienten Anreize erhalten, Gesundheitsleistungen auf ein optimales Maß zu beschränken. Es gilt, Eigenverantwortung und Solidarität auf der Basis möglichst hoher Freiheitsgrade sinnvoll miteinander zu kombinieren.

Patientenseitig stellen Kostenbeteiligungen eine geeignete Möglichkeit dar, den eigenverantwortlichen Umgang mit Gesundheitsleistungen zu fördern. Sie müssen allerdings so ausgestaltet sein, dass sie auch für untere Einkommensschichten tragbar sind. In der Schweiz beispielsweise müssen die Patientinnen und Patienten in der sozialen Krankenversicherung die ersten 300 Franken pro Jahr – die sogenannte Franchise – selber bezahlen und sich darüber hinaus zu 10 Prozent an den Kosten beteiligen, bis zu einem Maximum von derzeit 700 Franken pro Jahr. Freiwillig kann die Franchise auf bis zu 2500 Franken erhöht werden. Das geht mit entsprechenden Prämienreduktionen einher und unterstützt erwiesenermaßen die Eigenverantwortung der Versicherten.

Noch stärker gefördert werden könnte der eigenverantwortliche Umgang sowohl mit Krankheit als auch Gesundheit, wenn die Prämie der Versicherten gesplittet würde. Die eine Hälfte, der Solidaritätsanteil, würde wie bisher in den Risikotopf aller Versicherten fließen, die andere Hälfte jedoch auf ein persönliches, zweckgebundenes Gesundheitskonto des oder der Versicherten.[2] Daraus müsste er oder sie vorerst anfallende Behandlungskosten begleichen. Erst wenn auf dem persönlichen Gesund-

---

[2] Hier wird vom Schweizer Gesundheitssystem ausgegangen, bei dem die Krankenversicherungsprämien alleine von den Versicherten getragen werden. Der hier gemachte Vorschlag gesplitteter Prämien ist auch bei einer gemeinsamen Finanzierung der Versicherungsprämie durch Arbeitnehmer und -geber denkbar.

heitskonto kein Geld mehr vorhanden wäre, käme der Risikotopf aller Versicherten zum Tragen und würde die Behandlungskosten abzüglich einer Kostenselbstbeteiligung decken. Bleibt ein Versicherter während längerer Zeit einigermaßen gesund, wächst der Sparbetrag auf seinem Gesundheitskonto und führt dazu, dass sich der Prämienanteil, den er auf sein eigenes Konto bezahlen muss, schrittweise bis auf Null reduziert (Studer 2003, 9ff.).

Dieses Prämiensplitting-Modell beinhaltet einen doppelten Anreiz: Weil eine Behandlung vorerst vom eigenen Gesundheitskonto bezahlt werden muss, haben die Versicherten ein großes Interesse, nach deren Kosten und Nutzen zu fragen. Darüber hinaus erhalten sie Impulse, ihre Gesundheit aktiv zu fördern, weil sie so persönliches Sparkapital bilden und ihre Prämie reduzieren können. Abgesehen von Gesundheitssparkonten in Singapur existiert dieses Modell erst als Idee; es wurde aber in der Schweiz ansatzweise bereits in die politische Diskussion eingebracht.

Das Gleiche gilt für ein Modell, bei dem Versicherte freiwillig ihren Gesundheitszustand testen lassen können und gleichzeitig eine Gesundheitsberatung erhalten. Erfüllen sie bei mehreren der vier Faktoren „Körpergewicht", „Fitness", „Entspannungsfähigkeit" und „Suchtmittelfreiheit" die vorgegebenen Kriterien, so erhalten sie während zweier Jahre einen Prämienrabatt von beispielsweise 5 bis 15 Prozent. Auch dieses Modell beinhaltet somit einen monetären, direkten Anreiz, die eigene Gesundheit aktiv zu fördern (Studer 2003,12).

Gesundheitskosten lassen sich aber auch dann substanziell einsparen, wenn die Leistungserbringer, allen voran die Ärztinnen und Ärzte, ebenfalls geeignete Anreize erhalten. Wichtig ist jedoch, dass entsprechende Maßnahmen nicht zulasten der Qualität gehen und zudem beim Faktor Gesundheit ansetzen.

Eine grundsätzliche Möglichkeit besteht im Gatekeeping-Prinzip, das heißt in der Vorgabe, dass sich Patientinnen und Patienten im Krankheitsfall zuerst an ihren Hausarzt oder an eine telefonische Auskunftsstelle wenden und hierfür einen Prämienrabatt erhalten. Damit wird verhindert, dass sie unnötig Leistungen von Fachärzten oder Notfallabteilungen an Krankenhäusern in Anspruch nehmen. Noch stärker wirksam ist das Hausarzt-Modell dann, wenn sich Ärztinnen und Ärzte zu einem Netzwerk zusammenschließen und für jeden Patienten, der dieses als Erstanlaufstelle gewählt hat, eine risikoabgestufte Budgetgutschrift, eine sogenannte Capitation, erhalten (Götschi/Weber 2004, Beck/Käser 2007).[3]

Diese individuellen Gutschriften ergeben ein netzwerkbezogenes Gesamtbudget mit dem Ziel, daraus im Verlauf des Jahres sämtliche Leistungen zuzüglich einer Entschädigung für die Netzwerksteuerung und die Teilnahme an Qualitätszirkeln zu decken. Wie die bisherigen Erfahrungen in der Schweiz gezeigt haben, lassen sich so die risikobereinigten[4] Kosten um 20 bis 30 Prozent senken, während die Zufriedenheit der Patientinnen und Patienten gleich bleibt. Anders ausgedrückt: Rund ein Viertel der im konventionellen Versicherungssystem erbrachten Leistungen erweist sich schlicht als überflüssig.

Der Hauptgrund liegt darin, dass die in einem Netzwerk zusammengeschlossenen Ärzte bestrebt sind, statt einer maximalen eine optimale Medizin zu praktizieren, und dass das Anreizsystem – ähnlich wie im alten China – mit dem Faktor Gesundheit und nicht mehr mit dem Faktor Krankheit gekoppelt ist: Auch für die Ärztinnen und Ärzte ist es am vorteilhaftesten, wenn ihre Patientinnen und Patienten möglichst gesund sind oder sich ihr Gesundheitszustand deutlich verbessert, weil dann die jeweilige Budgetgutschrift in der Regel höher ausfällt als die effektiven Kosten.

Wichtig ist bei Capitation-Modellen, der Gefahr einer möglichen Unterversorgung vorzubeugen, indem die individuellen Budgetgutschriften risikogerecht ausgestaltet werden, die Versicherten die Möglichkeit haben, sich an eine Ombudsstelle zu wenden und das Netzwerk gegebenenfalls wieder zu verlassen, Qualitätszirkel für den Erfahrungsaustausch vorgeschrieben und die Ärztenetze qualitätszertifiziert werden.

3 Bewusster Umgang mit Gesundheit, Krankheit und Tod

Allein schon mit gezielten finanziellen Anreizen und damit zusammenhängenden (neuen) Versicherungsmodellen ließen sich in Ländern mit

---

[3] Risikoabgestuft heisst, dass die Budgetgutschrift umso höher ausfällt, je älter zum Beispiel ein Patient ist oder je kostenträchtiger die Erkrankung ist, auf welche aufgrund der verschriebenen Medikamente geschlossen werden kann.

[4] Risikobereinigt heisst, dass dem Umstand Rechnung getragen wurde, dass vorerst eher gesündere und gesundheitsbewusstere Versicherte solche Versicherungsmodelle wählen.

vergleichsweise teuren Gesundheitssystemen die Gesundheitskosten um geschätzte 30 Prozent oder mehr senken – ohne dass damit substanzielle Qualitätseinbußen verbunden wären.

Noch größer wird das Einsparpotenzial dann, wenn dem 3000 Jahre alten Grundsatz von Asklepios von Thessalien „Zuerst das Wort, dann die Pflanze, zuletzt das Messer" (Fintelmann/Weiss 2006, 9) wieder vermehrt Rechnung getragen würde. Heute entfällt in westlichen Gesundheitssystemen der überwiegende Teil der Gesundheitskosten auf einen Bereich, in dem das Messer – sprich: das Skalpell – oder aber hochwirksame synthetische Medikamente mit einem erheblichen Nebenwirkungspotenzial vorherrschen. Für die Gesundheitsförderung im Sinne des Wortes und für die Komplementärmedizin im Sinne der Pflanze stehen demgegenüber nur vergleichsweise geringe Mittel zur Verfügung.

Dies unter dem Aspekt eines weniger wachstumsträchtigen und wachstumsabhängigen Gesundheitssystems ändern zu wollen, liegt auf der Hand. Einen wichtigen Ansatzpunkt hierfür stellt die Bildung dar. In Elternkursen, Schulen und Volkshochschulen, im Rahmen der betrieblichen Gesundheitsförderung sowie an Bildungstagen für Erwerbslose und in Integrationskursen für Ausländerinnen und Ausländer sind in Theorie und Praxis die vielfältigen Möglichkeiten aufzuzeigen, wie die eigene Gesundheit aktiv gefördert werden kann.

„Gesundheit als Entdeckungsreise" könnte hierbei das Motto lauten. Dabei geht es nicht um Gesundheitsförderung mit dem Zeigefinger, sondern darum, die Schüler respektive Teilnehmerinnen zu motivieren, die Verantwortung für ihre eigene Gesundheit zu übernehmen und zu entdecken, wie sehr sie ihre Lebensqualität steigern können, wenn sie bewusst und ohne Fanatismus darauf achten, was ihrer Gesundheit zugutekommt und was weniger. Das beginnt bei einer ausgewogenen Ernährung, geht hin zu regelmäßiger Bewegung, zu genügend Schlaf, zu bewusster Entspannung und endet beim zurückhaltenden Umgang mit Suchtmitteln und synthetischen Medikamenten.

Wichtig ist darüber hinaus zu erkennen, dass auch Krankheiten zum Leben gehören und dass sie sogar – wie im Falle von Fieber – dazu beitragen können, die Gesundheit zu stärken. In einer hoch technisierten, abstrakten Welt den Menschen wieder Sicherheit und Selbstkompetenz im Umgang mit Krankheiten zu vermitteln, sollte ebenfalls Ziel einer umfassend verstandenen Gesundheitspolitik in einer Postwachstumsgesellschaft sein. Im Zentrum stehen dabei Hausmittel und die vielfältigen Möglichkeiten, die eigenen Selbstheilungskräfte zu aktivieren und zu stärken.

Zu einem integralen Gesundheitsbewusstsein gehört zudem auch dazu, Krankheiten als wichtige – und manchmal schwierige – Lernprozesse zu begreifen. Sie führen zwangsläufig hin zu Sinnfragen und ermöglichen jenen, die sich damit auseinandersetzen, ein neues inneres und äußeres Gleichgewicht zu finden und wahrscheinlich bewusster und gezielter mit den Möglichkeiten der modernen Medizin umzugehen.

Weit mehr noch gilt dies für die bewusste Auseinandersetzung mit jenem Geschehen, das uns allen früher oder später bevorsteht, mit Sterben und Tod. „Nur wenn wir wissen, dass wir sterben werden und wie wir damit umgehen, wenn andere sterben, können wir sagen, dass wir leben. Der Tod hat nichts Grauenhaftes. Nichts." Das hat die Journalistin Regina Faerber einst geschrieben, nachdem sie bewusst zwei Jahre als Bestatterin gearbeitet hatte (Faerber 1995). Wer sich mit seiner irdischen Endlichkeit auseinandersetzt, für den gewinnt das Leben neue Dimensionen.

In besonderem Maße gilt dies für alle jene, die sich in die Erkenntnisse der modernen Nahtod-Forschung vertiefen. Sie legen den Schluss nahe, dass unser Bewusstsein das Gehirn übersteigt und auch unabhängig davon vorhanden ist. Damit deuten sie darauf hin, dass der Tod – so wie das frühere Kulturen stets vorausgesetzt haben – lediglich einen Übergang von einer materiellen in eine geistige Existenzform darstellt (van Lommel 2009).

Eine andere Einstellung zu Leben und Tod wird, wenn sie sich in der Bevölkerung verbreitet, ebenfalls dazu beitragen, die Gesundheitsleistungen und die damit verbundenen Kosten zu senken. Und sie wird darüber hinaus wohl auch gesellschaftlich die wachstumsdämpfende Wirkung haben, dass sich mehr und mehr Menschen auf Lebensinhalte besinnen, bei denen sie Glück und Lebensfreude nicht mehr vergeblich in immer noch mehr Konsum suchen.

4 Integrative Medizin

Um die individuelle Neuausrichtung im Umgang mit Gesundheit, Krankheit und Sterben zu unterstützen und zu fördern, ist es von zentraler Bedeutung, die etablierte Schulmedizin mit komplementärmedizinischen Methoden und Behandlungsphilosophien zu ergänzen.

So Großartiges sie zu vollbringen vermag, für sich allein droht die Schulmedizin, sich mit ihrer organ- und körperzentrierten Sichtweise in Details und Teilaspekten einer Erkrankung zu verlieren. Gerade bei den heute vorherrschenden chronischen Krankheiten ist es jedoch eminent wichtig, den Patienten als Ganzes zu sehen und ihn mit seinem Lebensumfeld und den daraus hervorgehenden tieferen Ursachen seiner Erkrankung in die Behandlung mit einzubeziehen.

Hierzu eignet sich die Komplementärmedizin oft besser als die Schulmedizin, und zwar umso mehr, als sie die Patientin oder den Patienten in der Regel als Einheit von Körper, Seele und Geist betrachtet und nebst körperlichen Prozessen auch psycho-soziale Hintergründe und geistig-seelische Zusammenhänge mit in Diagnose und Therapie einbezieht.

Wie eine groß angelegte Studie zur ärztlichen Komplementärmedizin in der Schweiz gezeigt hat, nehmen sich Ärztinnen und Ärzte mit einer komplementärmedizinischen Zusatzausbildung für eine solche umfassende Diagnose und Therapie deutlich mehr Zeit als ihre rein schulmedizinisch tätigen Kollegen. Dennoch und obwohl sie mehr chronisch kranke Patienten behandeln, fallen die Kosten pro Patient bei ihnen nicht höher aus, vor allem weil sie höhere Konsultationskosten durch geringere Medikamentenkosten wettmachen. Mittel- und längerfristig resultieren daraus zudem geringere Folgekosten (Studer/Busato 2010).

Um die Schul- und Komplementärmedizin zu einer integrativen Medizin zusammenzuführen, sind dringend die rechtlichen Voraussetzungen zu schaffen, dass sowohl die ärztliche als auch die nicht-ärztliche Komplementärmedizin mitsamt den entsprechenden Heilmitteln nicht mehr länger benachteiligt, sondern offiziell anerkannt und gefördert wird.

5 Gesundheitsförderliche Arbeits- und Lebensbedingungen

Nebst der individuellen Verhaltensprävention kommt auch der gesellschaftlichen Verhältnisprävention[5] eine erhebliche Bedeutung im Hinblick auf eine zukunftsträchtige Veränderung des Gesundheitssystems zu. Die Lebens- und insbesondere auch die Arbeitsbedingungen sind auf der

---

[5] Man unterscheidet in der Fachsprache zwischen Verhaltensprävention, die sich auf das gesundheitsbewusste Verhalten einer einzelnen Person bezieht, und Verhältnisprävention, welche die gesellschaftliche Förderung gesunder Lebens- und Arbeitsbedingungen zum Ziel hat.

Grundlage neuer rechtlicher Rahmenbedingungen so auszugestalten, dass die Gesundheit der Bürgerinnen und Bürger besser geschützt wird.

Dazu gehören zusätzlich zu konventionellen Schutzmaßnahmen am Arbeitsplatz auch Arbeitszeitbeschränkungen und die Reduktion von Nacht- und Schichtarbeit, ein ausreichender Mutter- und Vaterschafts-urlaub,[6] ebenso wie Maßnahmen zur Verkehrsberuhigung und zur Ver-meidung von Schadstoff- und Lärmimmissionen, der Schutz vor gesund-heitsschädigender Strahlung, die Förderung der sozialen Integration, Ge-walt- und Suchtprävention, die Förderung einer naturnahen Landwirt-schaft und gesunder Lebensmittel sowie der Schutz der Natur als unserer Mitwelt und Lebensgrundlage.

Von zentraler Bedeutung ist aber auch, die sozialen Unterschiede innerhalb einer Gesellschaft durch geeignete wirtschafts- und sozial-politische Maßnahmen zu verringern, weil sich diese Unterschiede nicht zuletzt auch auf die Gesundheit negativ auswirken. Zum einen haben viele Krankheiten mit Armut und Arbeitslosigkeit zu tun, zum anderen mit Überkonsum – auch im medizinischen Bereich – und seinen krank-machenden Folgen. Je mehr es gelingt, die Schere zwischen Reich und Arm wieder zu schließen, desto positiver wird sich das auch auf den Ge-sundheitszustand der Gesellschaft auswirken (Pickett/Wilkinson 2010).

Diesbezüglich sowie in vielen der oben genannten Bereiche werden heute vordergründige wirtschaftliche Interessen allerdings noch zu sehr gewichtet. Es muss deshalb gerade auch unter dem Gesichtspunkt einer nachhaltigen Gesundheitspolitik darum gehen, die heutige Wachstums-wirtschaft und ihre Ursachen grundlegend zu überdenken und zu trans-formieren.

Gleichzeitig sind die Verantwortlichen im Gesundheitswesen und wir alle herausgefordert, uns darauf zu besinnen, was unserer Gesundheit langfristig und tatsächlich – und nicht nur scheinbar und vordergründig – zugutekommt. Die Erkenntnis, dass weniger oft mehr ist und dass sich das Leben in viel größeren Dimensionen abspielt, könnte dann erst recht zum Durchbruch kommen.

---

[6] Diesbezüglich zeigen neuere Forschungen immer klarer, welch große Bedeutung der Zeit im Mutterleib, den Umständen der Geburt sowie den ersten Lebensjahren im Hinblick auf eine harmonische Entwicklung eines Menschen zukommen (Wetting 2010).

Literatur

Beck, K., Käser U. (2007): Neue Capitationberechnung, in: Managed Care, Nr. 1, 28-31

Beck K., Käser U. (2008): Nachhaltigkeit von Kosteneinsparungen in Managed-Care-Modellen, in: Care Management Jg. 1, Nr. 5, 37-40

Faerber R. (1995): Der verdrängte Tod. Über die Unkultur im Umgang mit unseren Toten. Geistige und praktische Hilfe, Genf

Fintelmann, V., Weiss, R.F. (2006): Lehrbuch der Phytotherapie. 11., durchgesehene Auflage, Stuttgart

Götschi A.S, Weber A. (2004): Ein Budget für Ärzte? Alles, was Sie schon immer über Budgetverantwortung wissen wollten, in: Schweizerische Ärztezeitung, Jg. 85, Nr. 47, 2498-2503

Pickett K., Wilkinson R. (2010): Gleichheit ist Glück. Warum gerechte Gesellschaften für alle besser sind, Berlin

Studer H.P. (1996): Gesundheit in der Krise. Fakten und Visionen, 2., aktualisierte Auflage, Rorschach

Studer H.P. (2003): Förderung der Eigenverantwortung in der sozialen Krankenversicherung der Schweiz – eine Bestandesaufnahme, in: ebiforum, 50/2003, 1-13

Studer H.P., Busato A. (2010): Ist ärztliche Komplementärmedizin wirtschaftlich? Die wichtigsten Ergebnisse des Programms Evaluation Komplementärmedizin (PEK), in: Schweizerische Ärztezeitung, Jg. 91, Nr. 18, 707-711

Van Lommel, P. (2009): Endloses Bewusstsein. Neue medizinische Fakten zur Nahtod-Erfahrung, Mannheim

Wetting J. (2010): Frühe Bindungserfahrung beeinflusst Genaktivität. Weitreichende Folgen frühkindlicher Traumatisierung, in: Hessisches Ärzteblatt, 4/2010, 223-229

Bildung fürs Leben

Christine Ax

Zusammenfassung

Wenn es kein Wachstum mehr gibt, wenn keine Zuwächse mehr zu verteilen sind und Knappheiten über die Preise im Alltag ankommen, steht unsere Gesellschaft vor politischen und sozialen Konflikten. Die Leere, die entsteht, wenn Konsum keine zentrale sinnstiftende Instanz der Gesellschaft mehr ist, muss durch Inhalte gefüllt werden, die es ermöglichen, ein sinnvolles, selbstbestimmtes und tätiges Leben zu führen. Dazu muss Bildung stärker die Förderung lebenspraktischer, musischer und handwerklicher Fähigkeiten während des gesamten Lebens einschließen. So wird die Wissensgesellschaft auch eine Könnensgesellschaft. Bildungspolitik kann, neben der Sozial- und Arbeitsmarktpolitik, einen Beitrag zu einer egalitäreren, glücklicheren Gesellschaft leisten – zu einer Gesellschaft, die die Kunst beherrscht, sich innerhalb von Grenzen zu entwickeln. Bildung ist sowohl Voraussetzung für das Gelingen einer Postwachstumsgesellschaft als auch Selbstzweck.

„Wachstum" hat viele Bedeutungen. Kinder zum Beispiel wachsen nicht nur körperlich, sondern auch seelisch. Wachstums- und Entwicklungsprozesse gehen meist Hand in Hand. In der richtigen Umgebung wächst unser geistiges, emotionales, motorisches oder ästhetisches Vermögen ein Leben lang. Manche Fähigkeiten gehen im Alter verloren, andere kommen hinzu oder „wachsen" weiter. Wird der Zuwachs an Wissen und Können von einer Generation an die nächste weitergegeben, wächst kulturelles Vermögen.[1] Nicht nur das materielle Vermögen (Infrastruktur,

---

[1] Der Bregenzer Wald ist hierfür ein besonders schönes Beispiel: Seit dem 17. Jahrhundert wurde dort die Tradition des Holzbaus gepflegt, weiter entwickelt und weitergegeben. Dieses Wissen ist eine Ressource, die heute international beachtete Innovation und wirtschaftliche Entwicklung der Talschaften zeitigt (Ax 2009, 235ff.).

Kulturgüter, Gebrauchsgüter), auch das immaterielle Vermögen einer Gesellschaft kann über einen langen Zeitraum wachsen. Eine solche Differenzierung des Begriffs Wachstum ist für das Thema „Bildung und Postwachstumsgesellschaft" essentiell.

1 Was ist Bildung?

Was die humanistische Pädagogik seit Jahrhunderten beobachtet (Piaschinski 2009), bestätigen heute Biologen und Neurologen: Das Können-Wollen, der Wunsch nach Entwicklung unserer Fähigkeiten und Potenziale liegt uns im Blut. Bildung findet nicht nur und auch nicht überwiegend in Bildungseinrichtungen statt. Bildung ist das Ergebnis von sinnlichen Eindrücken, Erfahrungen, Übungen und Praktiken, die uns von klein auf formen.[2] Die wichtigsten Entscheidungen über Bildungsbiografien fallen in der Kindheit. Wir brauchen eine liebevolle, anregende und stabile Umgebung, um unsere Potenziale und unsere Bildungsfähigkeit in einem umfassenden Sinne auszubilden. Umgekehrt gilt: Angst, Trennungen, Gewalt, Verunsicherungen schaden Kindern und ihren späteren Bildungschancen. In diesem Sinne ist Bildungspolitik auch Sozial- und Familienpolitik.

Gleichzeitig gilt: Menschen sind bis ins hohe Alter bildungsfähig. Staunend beschreiben Neurobiologen die „Plastizität" unseres Gehirns. Lernen und der Zuwachs an Fähigkeiten lösen beim Menschen Hochstimmung und Glücksgefühle aus (Csikszentmihalyi 1992, Hüther 2005). Gelingende Bildung ist ein lebenslanger Prozess, der das Individuum bereichert, aktiviert und befähigt.

Der Begriff der Bildung wirft auch die Frage nach dem Bild auf, an dem sich Bildungseinrichtungen und Bildungspolitik orientieren. Wissens- und Kompetenzvermittlung beruht auf Vorbildern, braucht Vermittelnde und Ziele. In Bildungssystemen findet die Bewertung und selektive Weiterentwicklung von Begabungen und Fähigkeiten statt. Staatliche und private Bildungseinrichtungen und Unternehmen fördern die Kompetenzen, Denk- und Verhaltensweisen, die aus ihrer Perspektive

---

[2] Mit Bildung wird in der Tradition der Erziehungswissenschaften das Person-Werden der Subjekte und deren selbstbestimmte Entfaltung bezeichnet (Brumlik/ Merkens 2007).

besonders nützlich und erfolgverpsrechend sind. Der Begriff der Bildung hat also zwangsläufig einen interessengeleiteten und zweckgerichteten Kern, der seine Berechtigung hat (Piaschinski 2009).

Unsere Gegenwart ist von einem Bildungsverständnis dominiert, das auf die Vermittlung eines Typus von Wissen beruht, der die konkreten sozialen, räumlichen, lebenspraktischen und kulturellen Bezüge zu wenig berücksichtigt. Musische, motorische, handwerkliche, soziale, ästhetische und lebenspraktische Fähigkeiten, die Menschen zu einem ganzheitlichen, glücklichen Leben befähigen und ihren Alltag reich machen, sind unterbewertet und werden nicht ausreichend vermittelt. Die Wissensgesellschaft alleine kann daher keine Antwort auf die Herausforderung einer Postwachstumsgesellschaft sein. Sie braucht als Ergänzung eine „Könnensgesellschaft", die sich an Fähigkeiten der Menschen orientiert und sie umfassend fördert und ermöglicht (Ax 2009).

2 Bildung fürs Leben

Die großen sozialen Unterschiede, die wir heute in Deutschland und der Welt vorfinden, kommen Natur und Gesellschaft teuer zu stehen. Sie forcieren die Jagd nach materiellen Gütern und Statussymbolen (Frank 2005) und halten uns in einer „hedonistischen Tretmühle" (Layard 2005, Wilkinson/Pickett 2009) gefangen. Eine solche Gesellschaft kennt kein „Genug". Sehr große soziale Unterschiede sind weder mit unserem Demokratieverständnis (Bourdieu/Passeron 2007) noch mit dem Leitbild der öko-sozialen Marktwirtschaft vereinbar. Je gerechter und durchlässiger eine Gesellschaft ist, desto mehr ist dem Ziel des „größtmöglichen Glücks für alle" gedient. In einer Postwachstumsgesellschaft mit einem geringeren Stellenwert materieller Güter braucht es deshalb mehr Gleichheit und mehr Wertschätzung für die Vielfalt menschlicher Fähigkeiten und Tätigkeiten.

Wir brauchen nicht nur Konsistenz- und Effizienzstrategien, wir brauchen auch eine Vorstellung von einem dematerialisierten Wohlstand und gutem Leben. Wir brauchen vor allem Kompetenzen, die es uns erlauben, unser Leben jenseits von Konsum und Erwerbsarbeit zu gestalten und zu genießen.

Über welche Mechanismen auch immer Erwerbsarbeit in der Postwachstumsgesellschaft verteilt werden wird – es liegen vom Grundeinkommen bis zur Teilzeit- oder Halbtagsgesellschaft viele Vorschläge auf dem Tisch –, am Ende steht eine „Tätigkeitsgesellschaft", in der das „Ganze der Arbeit" eine größere Bedeutung und Wertigkeit hat. Dazu gehören auch die sorgenden, partizipativen, musisch-künstlerischen, handwerklichen und praktischen Tätigkeiten, Eigenarbeit und alle Formen der Lebenskunst.

Solange wichtige Teile unserer Gesellschaft in der Illusion verharren, dass der Status quo in Bezug auf Konsum, Ressourcen- und Energieverbrauch sich auch in Zukunft so fortsetzen lasse, kann der Übergang in die Postwachstumsgesellschaft nicht gelingen. Wir brauchen mehr Einsicht in die Notwendigkeit dieses Wandels. Wir brauchen die Sympathie, die Kreativität und Mitarbeit aller Teile der Gesellschaft. Bildung für Nachhaltigkeit übernimmt in diesem Sinne eine Schlüsselrolle: Vom Kindergarten über die Schulen, in Forschung und Lehre und in den Medien ist „Überlebenswissen" und eine neue Überlebenskunst gefragt.

3 Bildung für alle

Die Diskussion um die Ergebnisse der Pisa-Studien[3] und um die Bildungsreform kommt schon seit den 1960er Jahren immer wieder zu deutlichen Ergebnissen. Herkunft und soziale Unterschiede sind entscheidend für deutsche Bildungswege und sozialen Aufstieg. Wir sind „Weltmeister in sozialer Selektion".[4]

Bildungskarrieren und ihr Scheitern werden von Generation zu Generation „vererbt". Begabungen und persönliche Leistungen entscheiden wenig darüber, wer es nach oben schafft. Familiärer Hintergrund, persönliche Netzwerke und das Geschlecht spielen noch immer eine große Rolle. Solange Geld und soziale Netzwerke es den Eliten ermöglichen, unter sich zu bleiben und sich aus sich selber zu rekrutieren, wird sich daran nichts ändern. Es geht der Bildungspolitik bei ihrem Versuch,

---

[3] Es sei hier daran erinnert, dass seit der Veröffentlichung der Pisa-Studie in Deutschland eine Diskussion stattfindet, die 1965 nach Erscheinen des Buches „Die deutsche Bildungskatastrophe. Analyse und Dokumentation" von Georg Picht schon einmal geführt wurde.

[4] GEW-Vorstandsmitglied Andreas Keller über die Ergebnisse der 19. Sozialerhebung des Deutschen Studentenwerks am 20. April 2010, in: Die Welt, 23. April 2010.

Chancengleichheit zu erreichen, wie dem Hasen mit dem Igel: Sie kann den Wettlauf nicht gewinnen; die Kräfte, die ihr entgegenwirken, sind immer schon vorher im Ziel. Wer soziale Unterschiede abbauen und soziale Mobilität durchsetzen möchte, kann nicht alleine auf Bildungspolitik setzen. Vor allem Arbeitsmarkt- und Sozialpolitik sind gefordert. Bildung für die Zukunft heißt also auch: Wir müssen den Schleier des Begabungsmythos lüften. Bildung kann soziale Unterschiede nicht ignorieren oder ungeschehen machen. Wir wissen: Nur wer von klein auf ein anregendes Umfeld hat und gefordert wird, wer frühzeitig die Techniken lernt, die sie oder ihn befähigen, „etwas aus sich zu machen" (Bourdieu/ Passeron 2007, 105), hat Aussicht auf einen glücklichen Bildungsweg. Um diesen Weg allen Kindern zu eröffnen, braucht Deutschland heute massive Investitionen in den Vor- und Grundschulbereich und in Ganztagsschulen. Wir brauchen die ganze Bandbreite von Bildungsangeboten, um alle Begabungen aller jungen Menschen gleichwertig zu fördern.

4 Bildung für die Postwachstumsgesellschaft

Bildung spielt eine Schlüsselrolle in der Postwachstumsgesellschaft und im Übergang zu dieser, denn:

1. Bildung und Ausbildung statten uns mit der Art von Wissen und Können aus, die wir brauchen, um uns und die Welt mit Gütern und Dienstleistungen zu versorgen, die uns reich machen, ohne andere Menschen und die Natur arm zu machen;

2. Bildung als intrinsisch motivierter Selbstbildungs-Prozess erlaubt es uns, unsere Potenziale zu entfalten und zu leben. Nicht von ungefähr bedeutet „glücken" auch „gelingen";

3. musische, soziale und handwerkliche Kompetenzen sind besonders geeignet, Menschen auf eine Art und Weise reich zu machen, die in jeder Hinsicht nachhaltiger ist als die Aussicht auf Konsum (Ax 1997, 1998);

4. Bildung fördert die Teilhabe an gesellschaftlichen Prozessen und Partizipation.

Gründzüge einer Bildung für die Postwachstumsgesellschaft könnten also sein:

– Förderung der Bildungsfähigkeit aller Kinder von klein auf als wichtigste gemeinsame Aufgabe von Familie, sozialem Umfeld, Gesellschaft, Sozial- und Bildungspolitik. Konkret heißt das, dass massive Investitionen in den Vorschul- und Grundschulbereich, in Ganztagsschulen und in die soziale Fürsorge für Familien und Kinder nötig sind;

– Gleich-Wertigkeit von theoretischen, lebenspraktischen, berufsbildenden und musischen/ästhetischen Bildungsinhalten mit dem Ziel, allen Individuen mit ihren Stärken und Schwächen gerecht zu werden und Kinder und Jugendliche zu einem selbstbestimmten Leben zu befähigen. Aufwertung der beruflichen Bildung und Anerkennung auch der Kompetenzen, die informell erworben wurden;

– Einbeziehung der Bürgerinnen und Bürger sowie informeller Bildungseinrichtungen und Bildungsorte wie Medien, Unternehmen und Kulturwirtschaft in die lebenslange Bildungsarbeit; Einbeziehung von älteren Menschen in die Betreuungs- und Jugendarbeit;

– maximale vertikale und horizontale Durchlässigkeit von Ausbildungsgängen zur Verbesserung der sozialen Mobilität;

– Vielfalt in Bezug auf Schulformen, Berufe und Bildungswege sowie lebenslanger Zugang zu Bildungsangeboten;

– Ausrichtung der Problemlösungskompetenzen von Universitäten und wissenschaftlichen Einrichtungen auf die Herausforderung „Nachhaltige Entwicklung" (Schneidewind 2009).

Die Frage, wie teuer unser Bildungssystem sein darf, ist insbesondere auch angesichts der Verschuldung der öffentlichen Haushalte gerechtfertigt. Dabei sollte aber berücksichtigt werden: Erstens hat Deutschland einen Nachholbedarf im Vorschul- und Grundschulbereich. Und zweitens sind Bildungsausgaben des Staates – selbst wenn sie schuldenfinanziert sind – anders zu bewerten als die Stützung von Banken oder Investitionen in die Verkehrsinfrastruktur. Bildungsausgaben sind Investitionen in die individuelle, wirtschaftliche und gesellschaftliche Zukunft des Landes. Die „Rendite" dieser Investitionen heißt „Zukunftsfähigkeit", denn Investitionen in Bildung stärken in vielfältiger Weise die Resilienz gesellschaftlicher und politischer Strukturen. Bildung fördert das aktive kulturelle Vermögen unserer Gesellschaft, ihren sozialen Zusammenhalt sowie die Erneuerungs- und Lernfähigkeit unseres politischen Systems. Sie trägt auch maßgeblich zur wirtschaftlichen Stärke einer Gesellschaft und zum technologisch-wissenschaftlichen Fortschritt bei. An Finanzierungsvorschlägen fehlt es nicht.[5] Der Vorschlag, eine Bildungsabgabe auf große Vermögen zu erheben, ist gleichzeitig auch ein wünschenswerter Beitrag zu größerer Vermögensgleichheit und Chancengerechtigkeit. Eine andere Möglichkeit ist, über eine Umgestaltung des Steuersystems insgesamt Spielräume für Bildungsausgaben zu vergrößern.

Mehr Bildung, weniger soziale Unterschiede, mehr „Erfüllung" im Sinne selbstbestimmten Lebens und das Entfalten von Fähigkeiten würde mit Sicherheit auch dazu beitragen, die Kosten unseres Gesundheitswesens zu senken, das heute der zweitgrößte Posten nach den Sozialausgaben ist. Bildung kann die Sozialpolitik als Ganzes mittelfristig in vielerlei Hinsicht entlasten.

Die heute übliche Bewertung von Bildung sollte um qualitative Aspekte (z.B. Glück, Zufriedenheit, Schulabbruch, Stress von Kindern) ebenso ergänzt werden, wie um die Dimension des „Sozialkapitals", hier verstanden als die positiven Erfahrungen, die sich z.B. in Engagement für Gemeinschaften oder Gesellschaften ausdrücken. Hierfür wären Indikatoren zu entwickeln.

In den aktuellen Diskussionen um nachhaltige Wohlstandsmodelle spielt das Thema Bildung also zu Recht eine große Rolle. Die Stiglitz-Kommission, vom französischen Präsidenten Nicolas Sarkozy 2008 beauftragt, neue Indikatoren für die Wohlstandsmessung zu entwickeln, kommt zu einer positiven Würdigung des Themas Bildung. Ihr Schlussbericht kritisiert die einseitige Fokussierung auf formale und schulische Aspekte und unterstreicht den Stellenwert der frühkindlichen Entwicklung. Und sie plädiert für eine stärkere Berücksichtigung von Kompetenzen und Fähigkeiten, die jenseits von Schule und Beruf nützlich sind.[6]

---

[5] Beispielsweise werden Abgaben auf nicht nachhaltige Finanztransaktionen vorgeschlagen. Auch Komplementärwährungen in Verbindung mit Bildungsgutscheinen, die selektives oder regionales Wachstum fördern, sind in Diskussion.

[6] „... existing assessment tools often have a narrow coverage, as schooling is only one of the inputs that lead to knowledge, skills development and improvements in quality of life ..." (Stiglitz et al. 2009, 47).

Tim Jackson, Mitglied der britischen Kommission für Nachhaltige Entwicklung, schlägt in seinem Buch „Prosperity without Growth" (Jackson 2010) vor, den ökologischen Grenzen bei der Gestaltung der Rahmenbedingungen Priorität zu geben. Und er ist – wie die Autorin dieses Beitrages – voller Optimismus, dass wir alle Voraussetzungen dafür mitbringen, uns innerhalb dieser Grenzen zu entfalten und „aufzublühen" (flourish). Bildung wird dazu einen der wichtigsten Beiträge leisten.

Literatur

Ax, C. (1997): Das Handwerk der Zukunft. Leitbilder für nachhaltiges Wirtschaften, Basel

Ax, C. (Hrsg.) (1998): Werkstatt für Nachhaltigkeit – Handwerk als Schlüssel für eine zukunftsfähige Entwicklung, Politische Ökologie, Jg. 15, Sonderheft 9, München

Ax, C. (2009): Die Könnensgesellschaft. Mit guter Arbeit aus der Krise, Berlin

Bourdieu, P., Passeron, J.C. (2007): Die Erben, Studenten, Bildung und Kultur, Konstanz

Brumlik, M., Merkens, H. (Hrsg.) (2007): bildung – macht – gesellschaft, Beiträge zum 20. Kongress der Deutschen Gesellschaft für Erziehungswissenschaften, Opladen und Farmington Hills

Csikszentmihalyi, M. (1992): Flow: Das Geheimnis des Glücks, Stuttgart

Frank, R.H. (2005): „Positional Externalities Cause Large and Preventable Welfare Losses", in: American Economic Review. Paper and Proceedings 95(2): 137-141

Jackson, T. (2010): Prosperity without Growth, London

Layard, R. (2005): Die glückliche Gesellschaft, Kurswechsel für Politik und Gesellschaft, Frankfurt/New York

Piaschinski, S. (2009): Macht, Glaube, Tradition. Der Wandel des Gymnasiums von 1800 bis PISA, Hamburg

Schneidewind, U. (2009): Nachhaltige Wissenschaft: Plädoyer für einen Klimawandel im deutschen Wissenschafts- und Hochschulsystem, Marburg

Stiglitz, J.E., Sen, A., Fitoussi, J.-P. (2009): Report by the Commission on the Measurement of Economic Performance and Social Progress (http://www.stiglitz-sen-fitoussi.fr/documents/rapport_anglais.pdf, Zugriff: 2.5.10)

Wilkinson, R., Pickett, P. (2009): Gleichheit ist Glück, Warum gerechte Gesellschaften für alle besser sind, Berlin

Der Arbeitsmarkt im Spannungsfeld von Wachstum, Ökologie und Verteilung

Norbert Reuter

Zusammenfassung

Trotz aller Wachstumsbeschwörungen besteht in allen fortgeschrittenen Gesellschaften ein Trend abnehmender Wachstumsraten. Insofern befinden wir uns bereits – von vielen noch unbemerkt – auf dem Weg in die Postwachstumsgesellschaft. Gleichzeitig sinkt die Bedeutung des industriellen Sektors für die Wertschöpfung wie für die Beschäftigung bei gleichzeitig wachsendem Dienstleistungssektor. Diese Trends gilt es zu nutzen und wirtschaftspolitisch zu unterstützen. Mehr – vor allem staatsnahe – Dienstleistungen und ein Wiedereinstieg in die Arbeitszeitverkürzung treten als entscheidende Zukunftsstrategien in den Vordergrund.

Ein wachsendes Bruttoinlandsprodukt gilt nach wie vor als wichtigstes Kennzeichen erfolgreicher wirtschaftlicher Entwicklung. Über Art und Qualität, gar über eine „Postwachstumsökonomie" (Paech 2009), wird kaum debattiert. Tatsächlich wirken sich hohe Wachstumsraten positiv auf Beschäftigung, Steuereinnahmen oder Sozialsysteme aus. In der gegenwärtigen Weltwirtschaftskrise setzen denn auch wirtschaftspolitische Maßnahmen aller von der Krise betroffenen Länder darauf, die Wirtschaft möglichst schnell wieder auf Wachstumskurs zu bringen.

Auf der anderen Seite geht Wirtschaftswachstum mit steigender Umweltbelastung einher. Die Entkoppelung von Wirtschaftsleistung und Umweltbelastung ist in den letzten Jahrzehnten allenfalls relativ gelungen, was angesichts von Klimakrise und der absehbaren Erschöpfung vieler Ressourcen nicht weiterhilft. Wachstum des herkömmlichen, nichtqualitativen Typs darf zumindest für die Länder mit hohem Pro-Kopf-Einkommen kein Ziel der Wirtschaftspolitik mehr sein (Bund für Umwelt und Naturschutz et al., 2008, insbes. 112ff., Reuter 2002).

Doch, was ist mit den apokalyptischen Szenarien, die im Falle ausbleibenden Wachstums ein massives Unternehmenssterben und einen weiteren Anstieg der Arbeitslosigkeit vorhersagen?[1] Wird der Abbau der in vielen Ländern bestehenden Arbeitslosigkeit vollends zur Illusion? Oder lassen sich Ökologie, Ökonomie und Vollbeschäftigung miteinander versöhnen? Um diese Fragen beantworten zu können, ist es notwendig, Trends und ökonomische Rahmenbedingungen zu diagnostizieren. Auf dieser Grundlage lassen sich politische Handlungsoptionen aufzeigen, und die gegenwärtige Wirtschaftskrise lässt sich als Chance für einen ökologischen Umbau und einen quantitativen und qualitativen Ausbau des privaten und vor allem des öffentlichen Dienstleistungssektors sehen.

1 Megatrends der wirtschaftlichen Entwicklung

Alle Gesellschaften mit steigenden Pro-Kopf-Einkommen sind von zwei überragenden Trends gekennzeichnet: dem Trend zur Dienstleistungsgesellschaft und dem Trend abnehmender Wachstumsraten.

1.1 Der Trend zur Dienstleistungsgesellschaft

Der langfristige Sektorenwandel vollzieht sich von der Vorherrschaft des primären Sektors (Land- und Forstwirtschaft, Bergbau, Fischerei) über die Dominanz des sekundären Sektors (produzierendes Gewerbe) hin zum zunehmend dominierenden tertiären Sektor (Dienstleistungen). In Deutschland war 1950 noch rund ein Viertel aller Beschäftigten im landwirtschaftlichen Sektor tätig. Seitdem ging der Anteil konstant bis auf heute nur noch gut 2 Prozent zurück. Bis Anfang der 1970er Jahre erfüllte

---

[1] Immer noch scheint die Einschätzung der ehemaligen spanischen Regierung unter José María Aznar salonfähig, deren Position von dem damaligen Staatssekretär Folgado in dem prägnanten Satz zusammengefasst wurde: „‚Niemand wird uns zwingen, die Kyoto-Vorgaben auf einem Unternehmensfriedhof zu erfüllen.' Erst sollte die Wirtschaft brummen, die Zukunft hatte zu warten." Zitiert nach Frankfurter Rundschau, 20.11.2005, 1.

der sekundäre Sektor seine Funktion als Arbeitsplätzereservoir für die im primären Sektor nicht mehr benötigten Arbeitskräfte. Sukzessive wurde er darin dann jedoch vom tertiären bzw. Dienstleistungssektor abgelöst. Erstmals arbeiteten 1972 mit einem Anteil von gut 47 Prozent mehr Beschäftigte im Dienstleistungs- als im industriellen Sektor. Bis 2009 ist dieser Anteil nach der Klassifikation des Statistischen Bundesamtes auf 73 Prozent gestiegen, während im industriellen Sektor nur noch knapp 25 Prozent der Beschäftigten arbeiten (vgl. Abbildung 1).

Abbildung 1

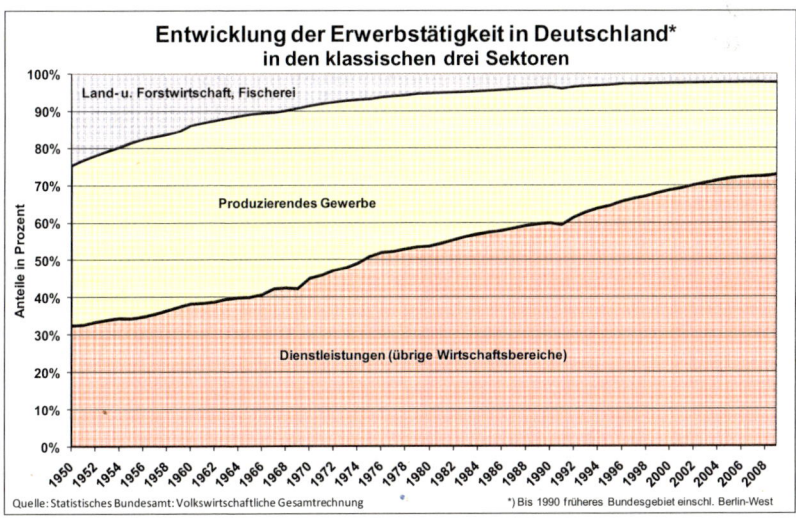

Da die einzelnen Länder Beschäftigung in unterschiedlicher Weise den jeweiligen Sektoren zurechnen, sind für internationale Vergleiche Zahlen des europäischen Statistischen Amtes und der International Labour Organisation (ILO) heranzuziehen. Ohne dass sich hierdurch an den beschriebenen Trends etwas ändert, waren nach diesen international vergleichbaren Angaben in Deutschland 2008 68,1 Prozent der Erwerbstätigen im Dienstleistungssektor beschäftigt, was – insbesondere gegenüber den skandinavischen Ländern – ein sehr niedriger Wert ist.[2]

---

[2] Die vergleichbaren Werte lauten für Belgien 73,5%, Dänemark 74,4%, Finnland 69,5%, Frankreich 73,0%, Großbritannien 76,9%, Luxemburg 82,9%, Niederlande

Prognostiziert und theoretisch gedeutet wurde dieser Sektorenwandel bereits kurz nach dem Zweiten Weltkrieg von Jean Fourastié (1949/54)[3] zu einer Zeit, als im primären Sektor noch ein Viertel aller Menschen beschäftigt war. Offensichtlich hatte Fourastié die Triebkräfte der Entwicklung richtig erkannt: Produktivitätsfortschritt und Sättigungstendenzen. Der Produktivitätsfortschritt, also die technische und organisatorische Entwicklung, ermöglichte eine immer größere Produktion pro Arbeitskraft. Allerdings erklärt dies alleine noch keinen Sektorenwandel. Solange das Mehrprodukt sich als absetzbar erweist, führt der Produktivitätsfortschritt lediglich zu einer fortgesetzten Expansion des Sektors. Erst zusammen mit dem zweiten Faktor, nämlich der Nachfragesättigung, kommt es wegen zunehmender Überkapazitäten zu Absatzproblemen und in der Folge zu wachsenden Beschäftigungsverlusten in diesem Sektor.

Wegen der großen Nachfrage nach industriellen Gütern konnte der industrielle Sektor in dieser Phase des Sektorenwandels Arbeitskräfte, die im primären Sektor nicht mehr unterkamen, auffangen. Entsprechend expandierte der sekundäre Sektor. Da jedoch auch in diesem Sektor die beiden Triebkräfte Produktivitätsfortschritt und Sättigung wirken, prognostizierte Fourastié hier eine analoge Entwicklung: Zunächst erfolgte eine Zunahme des Beschäftigungsanteils dieses Sektors verbunden mit einer steigenden Produktion von industriell erzeugten Gütern. Früher oder später aber stünde das gesteigerte Angebot auch hier einer zurückbleibenden Nachfrage gegenüber. Erneut entstehende Überkapazitäten markierten für Fourastié den Zeitpunkt des zweiten großen Sektorenwandels, bei dem Beschäftigungsverluste im industriellen Bereich durch Beschäftigungsgewinne im Dienstleistungsbereich aufgefangen würden.

Dienstleistungen unterscheiden sich für Fourastié aber in zwei entscheidenden Punkten von Produkten des primären und des sekundären Sektors: Sie unterliegen erstens keinem oder nur einem vergleichsweise geringen Produktivitätsfortschritt. Zweitens unterstellte Fourastié einen unstillbaren „Hunger nach Tertiärem", also ein Ausbleiben von Sättigung. Fourastié (1967, 29) begründete dies damit, dass „der tertiäre Sektor entweder das Leben des Konsumenten sehr angenehm gestaltet (Theater,

---

73,7%, Norwegen 76,1%, Österreich 68,4%, Schweden 75,8%, Schweiz 73,0%. Deutschland liegt noch weiter hinten, wenn man nur den Teilsektor „sonstige öffentliche und private Dienste" betrachtet. Vgl. Statistisches Bundesamt 2009, 696.

[3] Vgl. hierzu ausführlich Reuter 2000, 178-206.

Schauspiel, Kunst, Tourismus, Dienstleistungen im Handelsverkehr) oder er (...) für die Gemeinschaft und sogar für die Herstellung von Produkten des primären und sekundären Sektors (Bildungswesen, Forschung, Verwaltung usw.) absolut unerläßlich ist." Insofern stellte die Dienstleistungswirtschaft für ihn ein unbegrenztes Beschäftigungsreservoir dar, eben „die große Hoffnung des 20. Jahrhunderts".

1.2 Der Trend abnehmender Wachstumsraten

Der Sektorenwandel vollzog und vollzieht sich in einem Umfeld abnehmender Wachstumsraten. Insofern verstärken die weltweiten Wachstumseinbrüche im Kontext der gegenwärtigen Weltwirtschaftskrise lediglich einen dekadenübergreifenden Trend, der in allen fortgeschrittenen Gesellschaften zu beobachten ist (so auch der Befund bei Afheldt 1994, Bandholz et al. 2005) (vgl. Abbildung 2).

Abbildung 2

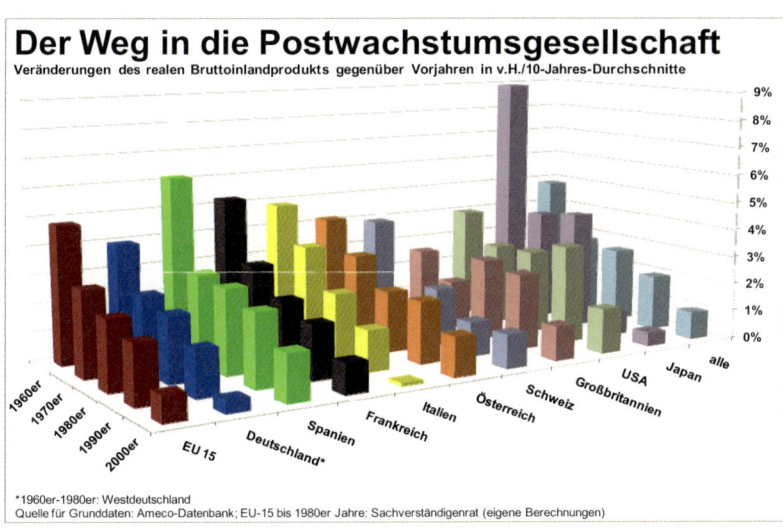

Durch den jetzigen weltweiten Einbruch der Wachstumsraten schwächt sich der Wachstumstrend lediglich weiter ab. Für die meisten Länder lässt sich sogar feststellen, dass sie in den ersten Jahren des neuen Jahrtausends im Durchschnitt ein Wachstum von weniger als einem Prozent aufweisen. Deutschlands wirtschaftliche Entwicklung steht hierfür geradezu symptomatisch (vgl. Abbildung 3, für Österreich und die Schweiz seit 1981 siehe Abbildung 2 in der Einleitung). Insofern befinden wir uns bereits auf dem Weg in eine Postwachstumsgesellschaft. Erstaunlicherweise ist das bislang kaum thematisiert oder wissenschaftlich aufgearbeitet worden.

Abbildung 3

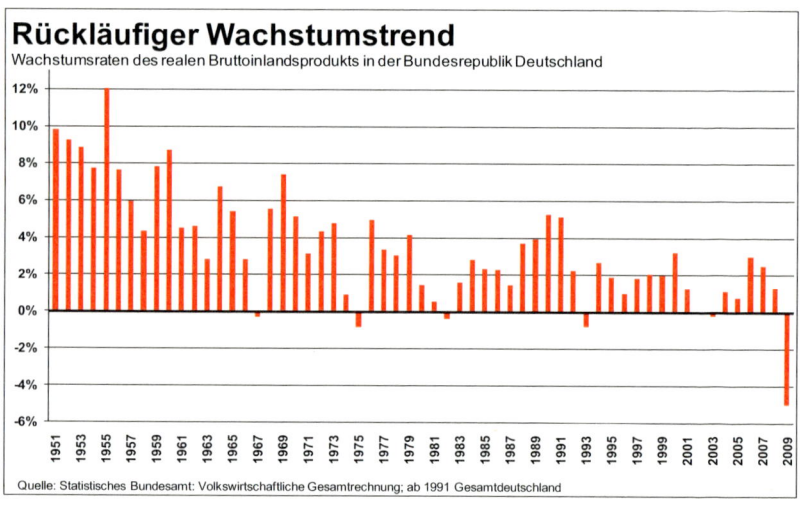

Rückläufiger Wachstumstrend
Wachstumsraten des realen Bruttoinlandsprodukts in der Bundesrepublik Deutschland

Quelle: Statistisches Bundesamt: Volkswirtschaftliche Gesamtrechnung; ab 1991 Gesamtdeutschland

Eine theoretische Begründung für eine derartige, mehr oder weniger ausgeprägte Stagnationstendenz in allen fortgeschrittenen Gesellschaften lieferte John Maynard Keynes bereits Anfang der 1940er Jahre. In einem 1943 veröffentlichten Memorandum legte er eine Langfristprognose vor, in der der empirische Trend beschrieben war (Keynes 1943). In diesem Dokument findet sich gewissermaßen die Quintessenz seiner langjährigen wirtschaftstheoretischen und -politischen Erkenntnisse. In kondensierter Form dokumentiert das Dokument seine Sichtweise grundsätzlicher Entwicklungsphasen des Kapitalismus. Für die Zeit nach dem Krieg prognostizierte Keynes drei voneinander abgrenzbare Phasen:

1. Phase: Es besteht ein erheblicher Bedarf an Investitionen, um die hohe Nachfrage (bedingt vor allem durch Wiederaufbau, Nachholbedarf, Mangel an Grundbedarfsgütern) decken zu können. Das „Akkumulations-karussell", also die Abfolge von Gewinnerwartung, Investitionen und Gewinnen, kommt marktendogen initiiert in Fahrt und führt zu einem kontinuierlichen Kapazitätsaufbau. Die hohen Wachstumsraten ermöglichen eine hohe Rendite der Investitionen, gewährleisten Vollbeschäftigung mit steigenden Realeinkommen und bescheren dem Staat ein wachsendes Steueraufkommen, das wiederum zur Steigerung der kollektiven Wohlfahrt, zum Ausbau der Infrastruktur, zur Absicherung und Erweiterung der sozialen Sicherungssysteme etc. verwendet werden kann.

2. Phase: Übergang in ein neues Investitionsregime. Investitionsabsichten und gesamtwirtschaftliche Ersparnis nähern sich immer mehr an: Einerseits lässt wegen des Rückgangs renditeträchtiger Investitionsgelegenheiten der privatwirtschaftliche Kapitalbedarf nach, andererseits sind die drängendsten Bedürfnisse zunehmend befriedigt, was eine relativ sinkende Nachfrage und eine höhere Ersparnisbildung nach sich zieht.

3. Phase: Dieses Zeitalter ist von einem im Vergleich zum Investitionsvolumen (auf Vollbeschäftigungsniveau) höheren Sparniveau geprägt. Keynes sah dies als Ergebnis einer sinkenden Attraktivität des Konsums infolge einer zwischenzeitlich erreichten hohen Güterausstattung der Haushalte. Der verbleibende Investitionsbedarf kann aus den Abschreibungen finanziert werden, sodass es sukzessive zum „sanften Tod des Rentiers"[4] (Keynes 1936, 317) kommt. Sättigungstendenzen auf immer mehr Märkten führen dazu, dass privatwirtschaftliche Investitionen an Dynamik verlieren und das Wachstum sukzessive schwindet.

Als notwendige Reaktion auf diese sich verändernden wirtschaftlichen Grundbedingungen empfahl Keynes eine zunehmend stärkere öffentliche Koordinierung ökonomischer Abläufe. Um Arbeitslosigkeit in dieser dritten Phase zu vermeiden, müsse die Wirtschaftspolitik zunächst für einen hohen – und wie Keynes ausdrücklich betonte „sinnvollen" – privaten Konsum sorgen und so einer steigenden Sparquote entgegen-

---

[4] Mit dem französischen Wort „Rentier" wird eine Person bezeichnet, die alleine von ihren Kapitalerträgen leben kann.

wirken. Allerdings sah er hierfür nur zeitlich begrenzte Möglichkeiten. Keynes ging von einer aufscheinenden Gesellschaft aus, die in zunehmendem Maße endogen hinter ihren Produktionsmöglichkeiten zurückbleibt, also weniger akkumuliert und produziert, als sie akkumulieren und produzieren könnte. Da zusätzliche Produktion aufgrund zunehmender Sättigung immer schwerer Absatz findet, betonte Keynes die Notwendigkeit der Umsteuerung auf die Befriedigung öffentlicher Bedarfe (Bildung, Infrastruktur, Umwelt). Hier sah er den Staat gefordert. Parallel – vor allem vor dem Hintergrund des gleichzeitig voranschreitenden Produktivitätsfortschritts – hielt er eine sukzessive Verkürzung der Arbeitszeit für unumgänglich. Auf dieser Entwicklungsprognose gründet sich auch seine Charakterisierung dieser Phase als „goldenes Zeitalter" (Keynes 1943, 162). Am Horizont sah Keynes deutlich die Umrisse einer Postwachstumsgesellschaft mit hohem Zeitwohlstand (Zinn 1984, Zinn 1994, 63ff., Reuter 2000, 151-162).

2 Bekämpfung der Massenarbeitslosigkeit

Die Fourastiésche wie die Keynessche Prognose haben sich als zutreffend erwiesen. Von einem „goldenen Zeitalter" spürt ein Großteil der Bevölkerung allerdings nichts. Hierfür sind vor allem die parallel zu den geschilderten Megatrends seit Anfang der 1970er Jahre entstandene hohe Arbeitslosigkeit und die dadurch noch einmal verstärkten Einkommens- und Vermögensdisparitäten verantwortlich. 2009 waren in Deutschland rund 3,4 Millionen Menschen offiziell als arbeitslos registriert. Die tatsächliche Arbeitslosigkeit[5] ist jedoch deutlich höher und lag 2009 bei rund 5,4 Millionen.

Vor dem Hintergrund der beschriebenen Megatrends und ihrer theoretischen Erläuterung durch Fourastié und Keynes lässt sich diese Massenarbeitslosigkeit vor allem als Folge des Zusammenwirkens einer mangelnden Expansion des Dienstleistungssektors, einer zu geringen Schaffung von öffentlichen oder öffentlich finanzierten Arbeitsplätzen und einer unzureichenden Verkürzung der Arbeitszeit diagnostizieren. Zur Schlie-

---

[5] Die tatsächliche Arbeitslosigkeit erfasst die Menschen, die sich wegen Aussichtslosigkeit nicht melden oder nicht (mehr) mitgezählt werden, weil sie sich z.B. in Arbeitsbeschaffungs-, Eingliederungs- und Trainingsmaßnahmen oder in Ein-Euro-Jobs befinden.

ßung dieser Beschäftigungslücke gibt es im Wesentlichen zwei Möglichkeiten: ein höheres BIP – also Wachstum – oder eine andere Verteilung des vorhandenen Arbeitsvolumens, also Arbeitszeitverkürzung. Rein rechnerisch wäre 2009 zur Herbeiführung von Vollbeschäftigung in Deutschland eine Reduktion der durchschnittlichen Arbeitszeit um knapp 12 Prozent notwendig gewesen. Mit einer auf diese Weise für alle von aktuell 26,7 Stunden[6] auf 23,6 Stunden pro Woche reduzierten durchschnittlichen Arbeitszeit würde das gegenwärtige Arbeitsvolumen in Höhe von rund 56 Milliarden Stunden für alle Erwerbstätigen inklusive der 5,4 Millionen Arbeitslosen „reichen".[7] Das wäre der Weg aus der Massenarbeitslosigkeit ohne Wachstum, der freilich vor allem von massiven Qualifizierungsmaßnahmen begleitet werden müsste, um die vorhandenen Qualifikationen an die geforderten anzupassen.

Der andere Weg läge in einem höheren Wachstum. Hier ergibt die überschlägige Rechnung, dass bei einem BIP pro Beschäftigten in Höhe von durchschnittlich knapp 60.000 Euro im Jahr 2009 5,4 Millionen zusätzlich Beschäftigte einen um gut 320 Milliarden Euro erhöhten Produktionswert erwirtschaften würden. Das BIP würde also, um Vollbeschäftigung zu ermöglichen, von heute 2,4 Billionen auf 2,7 Billionen Euro steigen müssen, was einem Wachstum von knapp 13 Prozent entspräche.

Die zur Herstellung von Vollbeschäftigung notwendigen Größenordnungen der Arbeitszeitverkürzung bzw. des Wachstums zeigen, dass man kurz- bis mittelfristig kaum um eine Kombination dieser beiden Strategien herumkommt. Hinsichtlich der Arbeitszeitverkürzung stellt sich jedoch die Frage des Lohnausgleichs, hinsichtlich des Wachstums die Frage der ökologischen Folgeprobleme.

3 Megatrends nutzen

Eine realitätsbezogene Wirtschaftspolitik scheint vor dem Hintergrund der empirischen Entwicklung wie der vorhandenen theoretischen Erklä-

---

[6] Der Wert umfasst den Durchschnitt aller Beschäftigungsverhältnisse, also inklusive Teilzeit und Minijobs.

[7] Gelegentlich wird auch die Umstellung des gesamten Sozialsystems auf das so genannte „Bedingungslose Grundeinkommen" als Lösung des Problems der Massenarbeitslosigkeit gesehen. Dass dem nicht so ist, dass sogar mehr Probleme geschaffen als gelöst würden, hat Daniel Kreutz (2010) überzeugend herausgearbeitet.

rungen gut beraten, von einem anhaltenden Trend zur Dienstleistungsökonomie bei weiter abnehmendem oder ausbleibendem Wachstum auszugehen. Das bedeutet, dass sich politische Maßnahmen – auch und
gerade die, die für sich beanspruchen, Massenarbeitslosigkeit abbauen zu
wollen – daran messen lassen müssen, inwieweit sie den beschriebenen
Megatrends Rechnung tragen (Reuter 2009). Alle Maßnahmen, die von
der prinzipiellen Umkehr des Wachstumstrends hin zu konstant hohen
oder sogar wieder tendenziell steigenden Wachstumsraten ausgehen, erscheinen illusionär. Sie ignorieren die banale Tatsache, dass bereits konstante Wachstumsraten eine exponentielle Entwicklung der Wirtschaftsleistung mit ständig höheren absoluten Zuwächsen pro Zeiteinheit zur
Folge hätten.[8] Sie ignorieren zudem Sättigungstendenzen auf hohem Ver-
sorgungsniveau. Neben solchen besonders von Keynes herausgestellten
Sättigungstendenzen lassen sich als Ursache für abnehmende Wachstumsraten eine ganze Reihe weiterer Begründungen anführen.[9] Doch
schon allein die empirisch gut belegte Tatsache einer mit wachsenden
Einkommen steigenden Sparquote bzw. einer abnehmenden Konsum-
quote verweist auf die Existenz von Sättigungstendenzen.

Megatrends nutzen heißt in erster Linie Abschied nehmen von der
Vorstellung, es könne über neoliberale „Marktentfesselungsstrategien"
(Deregulierung, Flexibilisierung, Liberalisierung, Entstaatlichung, Steuer-
senkungen etc.) gelingen, den Wachstums„motor" zu reaktivieren und
auf diese Weise den dekadenübergreifenden Trend sinkender Wachstumsraten umzukehren. Megatrends nutzen heißt aber gleichzeitig auch,
den Übergang in die Dienstleistungsgesellschaft durch eine aktive Wirtschaftspolitik zu unterstützen. Die Entwicklung des tertiären Sektors
zeigt, dass eine viel stärkere Expansion mit qualitativ hochwertigen
Dienstleistungen nötig gewesen wäre, um die Beschäftigungsverluste des
sekundären Sektors in einem ausreichenden Maße zu kompensieren und
so wachsende Arbeitslosigkeit zu vermeiden. Insofern kann beim Über-

---

[8] Vgl. zu den Dimensionen eines exponentiellen Wachstums Reuter 2000, 401.

[9] An dieser Stelle kann nur stichwortartig auf folgende Begründungen verwiesen
werden: Bedürfnisse sind mit Blick auf den Faktor Zeit immer begrenzt; mensch-
liches Handeln ist institutionell rückgebunden; Innovationen haben aufgrund von
Substitutionseffekten auch wachstumsdämpfende Wirkung; die Heterogenität der
Nachfrage nimmt zu; die Opportunitätskosten der Erwerbsarbeit steigen. Vgl.
hierzu ausführlich Reuter 2000, 375-425; Zinn 1984. In diese Richtung argumentiert auch Brodbeck 2000.

gang in die Dienstleistungsgesellschaft nicht einfach auf autonome Marktkräfte gesetzt werden (Zinn 1998, 106). Vielfältige negative Erfahrungen mit der Privatisierung öffentlicher Dienstleistungen zeigen, dass „mehr Markt" (und damit die Einführung des Profitprinzips) der Expansion eines Dienstleistungssektors mit qualitativ hochwertigen Dienstleistungen bei guter Bezahlung der Dienstleistungserbringer eher abträglich ist.[10] Dies bedeutet freilich nicht, dass öffentliche Leistungen nur in direkter Verantwortung durch den Staat zu erbringen sind. Jenseits des Profitprinzips lassen sich öffentliche Leistungen auch in Genossenschaften, Stiftungen oder Sozialunternehmen bereitstellen.

3.1 Sektorenwandel: Mehr Dienste statt mehr Waren

Das Beispiel der skandinavischen Länder zeigt, dass der Übergang in eine Dienstleistungsgesellschaft mit qualitativ hochwertigen und gut bezahlten Arbeitsplätzen durch staatliche Einflussnahme massiv vorangetrieben werden kann. Dort haben staatsnahe Dienstleistungen (direkte öffentliche und indirekt durch öffentliche Aufträge geschaffene Arbeitsplätze) einen erheblich höheren Anteil als etwa in Deutschland. Berechnungen von Heintze (2009, 2010) zeigen, dass in Deutschland im Vergleich zu Dänemark oder Norwegen die Zahl der Arbeitsplätze bei staatsnahen Dienstleistungen um etwa vier Millionen geringer ist: „Ein wirtschaftlich im Servicebereich aktiver Staat hat sie [staatsnahe Dienstleistungen, N.R.] in den Bereichen Bildung, Forschung/Entwicklung, Kultur, Gesundheit/Pflege sowohl direkt wie durch öffentliche Auftragsvergaben resp. Förderungen geschaffen" (Heintze 2009, 33). Bosch/Lehndorff (2005) bezeichnen diese Entwicklung als die „high road" in die Dienstleistungsgesellschaft.

Bei allen Schwierigkeiten der Übertragung von Entwicklungen von einem Land auf ein anderes gibt das Beispiel der skandinavischen Länder jedoch die Richtung an, in die Beschäftigungspolitik in Deutschland betrieben werden muss: Wirtschafts- und finanzpolitische Maßnahmen müssten wesentlich stärker auf eine Expansion qualitativ hochwertiger Beschäftigung im Dienstleistungssektor ausgerichtet werden. Dass Deutschland einen enormen Bedarf bei gesellschaftsnahen Dienstleistun-

---

[10] Vgl. die umfassende Diskussion in von Weizsäcker et al. (2006).

gen – im Gesundheits-, Pflege-, Erziehungs- wie im Bildungsbereich – hat, ist allgemein anerkannt. Bislang laufen aber wirtschaftspolitische Bestrebungen in der Regel darauf hinaus, dieses Beschäftigungsreservoir marktmäßig, d.h. privat zu erschließen und öffentliche Beschäftigung gleichzeitig massiv abzubauen. Zu Recht kritisiert Heintze (2009, 73) die Debatte in Deutschland über die Bedeutung öffentlicher Dienstleistungen: „Die Frage, warum skandinavische Länder schon heute das Mehr an Arbeitsplätzen, das in Deutschland marktförmig erst noch entstehen soll, über einen konträren, weil staatsförmigen Entwicklungspfad weit übertreffen, wird weder (…) gestellt, geschweige denn beantwortet."

Wie sieht es aber bei einer derart forcierten Expansion des Dienstleistungssektors mit dem wirtschaftlichen Wachstum aus? Grundsätzlich resultiert hieraus keine Umkehr des rückläufigen Wachstumstrends. Solange ein expandierender Dienstleistungssektor lediglich die Beschäftigungsverluste des sekundären Sektors auffängt, hat dieser Sektorenwandel allein keine Auswirkungen auf die Wirtschaftsleistung – vorausgesetzt natürlich, die Einkommen bewegen sich im Dienstleistungssektor auf dem gleichen Niveau wie im sekundären Sektor. Wirtschaftliches Wachstum wäre dann zu verzeichnen, wenn die hohe Arbeitslosigkeit in Dienstleistungsbeschäftigung umgewandelt würde. Je nach Umfang dieser Umwandlung würde die Wirtschaftsleistung steigen, da die zusätzlich im Dienstleistungssektor Beschäftigten natürlich ein Mehr an Wert produzieren.

Ohnehin ist ein Teil der hohen Arbeitslosigkeit Folge der spezifisch kapitalistischen Entwicklung einer zunehmend polarisierten Einkommens- und Vermögensverteilung (Reuter 2007, 75-84). Hieraus resultiert das Phänomen der *relativen* Sättigung bei gleichzeitig unerfüllten Bedarfen in ein und derselben Gesellschaft (Zinn 2006, 92f.). Sättigungstendenzen und steigende Ersparnisbildung in den oberen Einkommensschichten führen zu sinkender gesamtwirtschaftlicher Nachfrage und verursachen sinkende Kaufkraft in den unteren Einkommensschichten. Dies führt zu einer gebremsten wirtschaftlichen Entwicklung. Hierauf hatte bereits Keynes hingewiesen und in diesem Zusammenhang den Begriff der „räuberischen Ersparnis" (predatory saving) geprägt (Keynes 1933). Umverteilungspolitik führt vor diesem Hintergrund – je nach Ausmaß der Umverteilung und der Konzentration von Einkommen und Vermögen – zu einer Stärkung der privaten Nachfrage, die auch der Entwicklung im Dienstleistungsbereich einen zusätzlichen Schub geben könnte: „Das staatlich gestützte Dienstleistungswachstum impliziert(e) verteilungspolitische Eingriffe, um den einkommensschwächeren Schichten die gesellschaftspolitisch erwünschten Dienstleistungen auch wirklich zugänglich zu machen" (Zinn 1998, 106).

Ein solches extensives Wachstum durch mehr Beschäftigung im Dienstleistungsbereich hätte aber spätestens mit dem Erreichen der Vollbeschäftigung ein Ende. Danach würde es Wachstum nur noch im Rahmen des Produktivitätsfortschritts geben – also sogenanntes intensives Wachstum. Da sich Dienstleistungen aber – wie von Fourastié unterstellt – durch keinen oder nur einen vergleichsweise geringen Produktivitätsfortschritt auszeichnen, diese aber zunehmend die wirtschaftliche Entwicklung dominieren, würde die Wachstumsdynamik zwangsläufig weiter abnehmen.

Hinsichtlich des Zielkonflikts zwischen wirtschaftlichem Wachstum und ökologischer Nachhaltigkeit ist festzuhalten, dass es sich beim Dienstleistungswachstum um das ökologisch vergleichsweise verträglichste Wachstum aller Wachstumsvarianten handelt. So beträgt etwa der Energieverbrauch je Euro Bruttowertschöpfung bei Dienstleistungen im Vergleich zu allen anderen Produktionsbereichen nur einen Bruchteil des Energieverbrauchs im produzierenden Gewerbe.[11]

3.2 Arbeitszeitverkürzung: Wohlstands- statt Wirtschaftswachstum

Fourastié hielt es für möglich, dass der Dienstleistungssektor ein ausreichendes Beschäftigungsreservoir darstellt. Aus diesem Grunde stellte für ihn Arbeitszeitverkürzung keine notwendige Maßnahme zur Vermeidung von Arbeitslosigkeit dar. Grundsätzlich kann diese Fourastié-sche These zum gegenwärtigen Zeitpunkt auch nicht als falsifiziert gelten. Gerade die skandinavischen Länder zeigen, dass eine erhebliche Ausweitung des Dienstleistungssektors möglich ist. Wie hoch in einer entwickelten Dienstleistungsökonomie das Arbeitsvolumen pro Kopf sein wird, hängt von den sich entwickelnden Bedarfen der Individuen,

---

[11] Bei öffentlichen und privaten Dienstleistungen beträgt je Euro Bruttowertschöpfung der Energieverbrauch knapp zwei Megajoule, im produzierenden Gewerbe dagegen zehn Megajoule. An der Spitze liegt die Metallerzeugung und -bearbeitung mit 46 Megajoule je Euro Bruttowertschöpfung. Vgl. Statistisches Bundesamt 2009a, 46.

von der Gesellschaft als Ganzem und von politischen Entscheidungen ab. Zum gegenwärtigen Zeitpunkt und vor allem vor dem Hintergrund der hohen Massenarbeitslosigkeit scheint die Doppelstrategie einer politisch forcierten Ausweitung des Dienstleistungssektors *und* einer Reaktivierung des Trends zur Arbeitszeitverkürzung angebracht.

Dass Arbeitszeitverkürzung ein geeignetes Mittel ist, Arbeitslosigkeit abzubauen bzw. zu verhindern, hat sich bereits in der Vergangenheit gezeigt. Ohne die Verkürzung der Arbeitszeit in der Vergangenheit läge die Arbeitslosigkeit heute deutlich höher (vgl. u.a. Bäcker et al. 2008, 402ff.). Auch die Erfahrungen der jüngsten Krisenzeit zeigen, dass Arbeitszeitverkürzung ein wirksames Mittel ist, Arbeitslosigkeit zu vermeiden. Die Arbeitszeitverkürzung im Rahmen der Kurzarbeit – insgesamt einem Vollzeitäquivalent von 1,2 Millionen Arbeitskräften entsprechend – ist es zu verdanken, dass trotz eines BIP-Schwundes um fünf Prozent die Zahl der Erwerbstätigen 2009 nur um 0,1 Prozent zurückgegangen ist. Deshalb ist nur ein kleiner Teil der Krisenlasten auf den Arbeitsmarkt durchgeschlagen (Arbeitsgruppe Alternative Wirtschaftspolitik 2010, 77-90).

Allerdings bedeutet Kurzarbeit auch Einkommensverzicht. Durch staatliche Förderung der Kurzarbeit reduzieren sich die Einkommen aber nicht im Verhältnis 1:1 zur gesunkenen Arbeitszeit, d.h. die Stundenlöhne im Fall von Kurzarbeit steigen. Hinzu kommt ein Freizeit- und damit Wohlstandseffekt. Zahlreiche Beschäftigte haben in der Krise positive Erfahrungen mit kürzeren Arbeits- und längeren Freizeiten gemacht. Für viele dürfte die Bilanz aus einerseits niedrigeren Nettoeinkommen und andererseits mehr Freizeit durchaus positiv ausfallen. Insofern wäre es durchaus vorstellbar, eine derartige Entwicklung als arbeitszeitpolitische Normalität durch veränderte gesetzliche Rahmenbedingungen verstetigen zu helfen.

Es gilt, Erfahrungen mit dem positiven Erleben kürzerer Arbeitszeiten zu nutzen (Arbeitsgruppe Alternative Wirtschaftspolitik 2010, 91-97). Je stärker dies gelingt, desto positiver wird die Auswirkung auf den Abbau von Arbeitslosigkeit bzw. desto geringer wird der Beschäftigungsabbau sein, der auf die deutsche Industrie, die an einer Reduzierung ihrer extremen, zudem krisenbegünstigenden Exportlastigkeit nicht herumkommen wird, in den kommenden Jahren zukommt. Dass der derzeit vielbeschworene „green new deal", also ein forcierter Umbau der industriellen Produktion auf umweltfreundliche Technologien, in der Lage sein könnte, eine Renaissance des industriellen Sektors – somit eine grundsätzliche

Trendwende im Sektorenwandel – zu bewirken, erscheint schon deswegen unrealistisch, weil es sich hierbei im Kern um eine Produktionsumstellung und nicht um zusätzliche Produktion handelt. Zudem konnte der Aufstieg „grüner Industrien" – genauso wie alle anderen Innovationen – bereits in der Vergangenheit das Schrumpfen des industriellen Sektors nicht verhindern (vgl. auch Heintze 2009, 68ff.).

Im Ergebnis stellt sich nicht zuletzt aus ökologischer Sicht Arbeitszeitverkürzung als ein gesamtgesellschaftliches Projekt dar, dem hohe Priorität zukommen muss. Zur forcierten Umsetzung ist ein breites Instrumentarium zu nutzen (Arbeitszeitgesetzgebung, befristete Lohnzuschüsse, Sabbaticals, Vorruhestandsregelungen, ausgeweitete Elternzeiten etc.) (Lehndorf 2002, 140-166).

4 „Mehr öffentlich" als Wesen einer Postwachstumsgesellschaft

Hoffnungen auf eine Renaissance des industriellen Sektors werden sich nicht erfüllen. Vielmehr ist davon auszugehen, dass seine Bedeutung hinsichtlich Wertschöpfung und Beschäftigung weiter zurückgeht. Mehr staatsnahe Dienstleistungen und ein Wiedereinstieg in die tendenzielle Verkürzung der Arbeitszeit treten als entscheidende Zukunftsstrategien in den Vordergrund. Dies ist unumgänglich mit einer größeren Rolle des Staates verbunden, somit mit einer steigenden Staatsquote. Mehr qualitativ hochwertige öffentliche Beschäftigung, eine Ausweitung staatlicher Auftragsvergabe und eine aktive Beschäftigungspolitik erfordern höhere staatliche Ausgaben. Da der Weg über zusätzliche Verschuldung durch die nun im deutschen Grundgesetz verankerte „Schuldenbremse" versperrt ist, ist eine Steuerreform dringlicher denn je, die zu höheren Steuereinnahmen führt und so die notwendigen finanziellen Spielräume eröffnet. Vorschläge hierzu liegen auf dem Tisch (Vereinte Dienstleistungsgewerkschaft 2009, siehe auch die Beiträge von L. Jarass und B. Meyer in diesem Band). Kern einer solchen Reform müsste zum einen eine wieder stärkere Einbeziehung von Gewinnen, Vermögen, Erbschaften und hohen Einkommen sein, zum anderen eine stärkere Besteuerung von nicht-regenerativen Energien und Ressourcen auf der einen und von Einträgen in die Umwelt auf der anderen Seite (Ökosteuern). Dies wäre gewissermaßen der Preis für den Übergang in eine ökologisch verträgliche und qualitativ hochwertige Dienstleistungsgesellschaft mit niedrigeren

Arbeitszeiten und einem hohen Beschäftigungsstand. Angesichts einer geradezu dramatisch steigenden Ungleichverteilung von Einkommen und Vermögen würde dies auch zu einer Postwachstumsgesellschaft beitragen, die zunehmend den ökologischen Anforderungen gerecht würde, in der es mehr Zeitwohlstand gäbe, und in der es auch insgesamt gerechter zuginge.

Literaturverzeichnis

Afheldt, H. (1994): Wohlstand für Niemand? Die Marktwirtschaft entlässt ihre Kinder, Frankfurt am Main/Wien

Arbeitsgruppe Alternative Wirtschaftspolitik (2010): Memorandum 2010. Sozial-ökologische Regulierung statt Sparpolitik und Steuergeschenken, Köln

Bäcker, G., et al. (2008): Sozialpolitik und soziale Lage in Deutschland, Bd. 1, 4. Aufl., Wiesbaden

Bandholz, H., Flaig, G., Mayr, J. (2005): Wachstum und Konjunktur in OECD-Ländern. Eine langfristige Perspektive, in: ifo Schnelldienst Nr. 4, 28-36

Bosch, G., Lehndorff, S. (2005): Introduction: service economies – high road or low road?, in: Dieselben, Working in the service sector: a tale from different worlds, London, 1-31

Brodbeck, K.-H. (2000): Die fragwürdigen Grundlagen der Ökonomie. Eine philosophische Kritik der modernen Wirtschaftswissenschaften, 2. Aufl., Darmstadt

Bund für Umwelt und Naturschutz Deutschland et al. (Hrsg.) (2008): Zukunftsfähiges Deutschland in einer globalisierten Welt. Ein Anstoß zur gesellschaftlichen Debatte. Eine Studie des Wuppertal Instituts für Klima, Umwelt, Energie, Frankfurt a.M.

Diekmann, J., Kemfert, C., Schill, W.-P. (2009): Energie- und Klimaschutzpolitik: USA holen nur langsam auf, in: DIW-Wochenbericht Nr. 46, 798f.

Fourastié, J. (1969): Die große Hoffnung des zwanzigsten Jahrhunderts (1949/1954), 3. Aufl., Köln

Fourastié, J. (1967): Gesetze der Wirtschaft, Düsseldorf/Wien 1967

Heintze, C. (2009): Ausbau öffentlicher und gesellschaftsnaher Dienstleistungen als Teil einer binnenmarktorientierten Vollbeschäftigungsstrategie. Problemaufriss und empirische Ländervergleiche. Ausarbeitung im Auftrag von ver.di (Manuskript), Berlin

Heintze, C. (2010): Die Entfaltung sozialer Dienstleistungen, in: Gegenblende. Das gewerkschaftliche Debattenmagazin, Nr. 1, Berlin, online abrufbar unter http://www.gegenblende.de/01-2010/++co++a9007774-e347-11de-43a9-00093d10fae2 (Zugriff: 6.6.2010)

Keynes, J.M. (1933/1979): Towards the General Theory, in: The Collected Writings of John Maynard Keynes, Bd. 29, The General Theory and After. A Supplement, hrsg. von Donald Moggridge, London-Basingstoke, 107-111

Keynes, J.M. (1936/1983): Allgemeine Theorie der Beschäftigung, des Zinses und des Geldes (1936), 6. Aufl., Berlin

Keynes, J.M. (1943/2007): Das Langzeitproblem der Vollbeschäftigung, in: Reuter, N. (2007), 159-164

Kreutz, D. (2010): Bedingungslose Freiheit? Warum die Grundein-kommensdebatte den Freunden des Kapitalismus in die Hände spielt, in: Blätter für deutsche und internationale Politik, Nr. 4, 65-77

Lehndorf, S. (2002): Weniger ist mehr. Arbeitszeitverkürzung als Geschlechterpolitik, Hamburg

Paech, N. (2009): Die Postwachstumsökonomie – ein Vademecum, in: Zeitschrift für Sozialökonomie, Nr. 46, 28-31

Reuter, N. (2000): Ökonomik der „Langen Frist". Zur Evolution der Wachstumsgrundlagen in Industriegesellschaften, Marburg

Reuter, N. (2002): Die Wachstumsoption im Spannungsfeld von Ökonomie und Ökologie, in: Utopie kreativ, Nr. 136, 131-144

Reuter, N. (2007): Wachstumseuphorie und Verteilungsrealität. Wirtschaftspolitische Leitbilder zwischen Gestern und Morgen. Mit Texten zum Thema in neuer Übersetzung von John Maynard Keynes und Wassily W. Leontief, 2. Aufl., Marburg

Reuter, N. (2009): Stagnation im Trend. Leben mit gesättigten Märkten, stagnierenden Ökonomien und verkürzten Arbeitszeiten, in: Wissenschaft & Umwelt Interdisziplinär, Nr. 13, 176-188

Statistisches Bundesamt (2009): Statistisches Jahrbuch 2009 für die Bundesrepublik Deutschland, Wiesbaden

Statistisches Bundesamt (2009a): Umweltnutzung und Wirtschaft. Bericht zu den Umweltökonomischen Gesamtrechnungen, Wiesbaden

Vereinte Dienstleistungsgewerkschaft (Hrsg.) (2009): Konzept Steuergerechtigkeit, Berlin

von Weizsäcker, E.U., Young, O.R., Finger, M. (Hrsg.) (2006): Grenzen der Privatisierung. Wann ist des Guten zu viel? Bericht an den Club of Rome, Stuttgart

Zinn, K.G. (1984): Soziale Wachstumsgrenzen – ein neues Paradigma der ökonomischen Theorie, in: Wirtschaft und Gesellschaft, Bd. 10, 159-187

Zinn, K.G. (1994): Die Wirtschaftskrise. Wachstum oder Stagnation. Zum ökonomischen Grundproblem reifer Volkswirtschaften, Mannheim/Leipzig/Wien/Zürich

Zinn, K.G. (1998): Jenseits der Markt-Mythen. Wirtschaftskrisen, Ursachen und Auswege, Hamburg

Zinn, K.G. (2006): Wie Reichtum Armut schafft. Verschwendung, Arbeitslosigkeit und Mangel, 4. Aufl., Köln

Konsum:
Der Kern des Wachstumsmotors[1]

Inge Røpke

Zusammenfassung

Wachstum wird in den wohlhabenden Ländern von ständig steigendem Konsum angetrieben. Dabei spielen die billigen fossilen Energieträger, globale soziale Ungleichheiten, die Antriebskräfte des marktwirtschaftlichen Wettbewerbs, technologische Innovationen und das Konsumverhalten eine zentrale Rollen. Nutzen und Kosten des Konsums werden gegenübergestellt. Da die ökologischen Auswirkungen des Wachstums verheerend sind und wenig Spielraum für eine Verbesserung des Lebensstandards der Armen im Süden lassen, zeigt dieser Beitrag Ansatzpunkte auf, wie der Wachstumsmotor gestoppt werden kann und welche Perspektiven es für einen nachhaltigen Konsum und Lebensstil gibt.

In den meisten Ländern der OECD ist der Konsum der Kern der Wachstumswirtschaft. Konsum ist der Hauptantrieb für wirtschaftliches Wachstum – und umgekehrt hängt steigender Konsum von ständigem Wirtschaftswachstum ab. In einer „vollen Welt" (Daly 2007) sind die ökologischen Auswirkungen von immer weiter steigendem Konsum verheerend. Wenn sich die Konsumentinnen und Konsumenten im Globalen Norden[2] mehr Ressourcen aneignen, bleibt weniger, um den Lebensstandard des Globalen Südens zu verbessern. Die doppelte Herausforderung von Öko-

[1] Aus dem Englischen von Dominik Zahrnt.

[2] Die Begriffe „Globaler Norden" und „Globaler Süden" drücken aus, dass die reiche Ober- und Mittelschicht in Ländern der südlichen Hemisphäre oftmals in einem ähnlichen Wohlstand lebt wie die entsprechenden Schichten im Norden, und umgekehrt, dass Armut und schlechte Lebensbedingungen, die in vielen Ländern des Südens vorherrschen, auch in den reichen Industrieländern anzutreffen sind.

logie und Verteilungsgerechtigkeit erfordert Veränderungen beim Konsum im Globalen Norden. Im Folgenden wird der Wachstumsmotor beschrieben und es werden mögliche Veränderungen vorgeschlagen.

In der aktuellen ökonomischen Krise mag es seltsam erscheinen, steigenden Konsum als ein Problem zu betrachten; aber gewöhnlich folgen solchen Krisen erneute Aufschwünge und die wachstumsbedingten Probleme kehren zurück. Der Weg aus der Krise sollte nicht in einer Rückkehr zum Status quo ante gesucht werden, sondern das wachstumsorientierte Modell sollte durch ein nachhaltiges ökonomisches Modell ersetzt werden.

1 Die grundlegenden Voraussetzungen für Konsumwachstum

Wie können die Verbraucherinnen und Verbraucher aus den wohlhabenden und mittleren Schichten so viel konsumieren? Zwei grundlegende Voraussetzungen sind entscheidend (Abb. 1, Box 1 und 2).

Erstens wäre das beeindruckende Konsumwachstum seit Beginn der Industrialisierung ohne den Zugang zu billigen fossilen Energieträgern unmöglich gewesen. Fossile Energieträger versorgen uns mit einer großen Anzahl von „Energiesklaven", die in mechanisierten Produktionsprozessen eingesetzt werden und große Produktivitätsteigerungen ermöglichen (Common/Stagl 2005). Der Produktionspreis fossiler Energieträger besteht nur aus den monetären Kosten der Förderung, doch die Förderung und der Verbrauch fossiler Energieträger bringen hohe soziale Kosten mit sich, die in den Preisen nicht eingerechnet sind (sie werden gewöhnlich als „externe Kosten" bezeichnet; Beispiele sind Bohrunfälle, Schadstoffbelastung der Luft und der Böden oder die globale Erwärmung). Da diese Kosten im Preis nicht enthalten sind, basiert Wirtschaftswachstum auf einer „falschen Annahme"; und da diese Annahme seit rund 200 Jahren vorherrscht, ist sie in die sozialen und materiellen Strukturen der Gesellschaft eingebaut – ein Beispiel ist die Siedlungsstruktur in automobilen Gesellschaften.

Die zweite grundlegende Voraussetzung liegt im Verhältnis zwischen Nationalstaaten und globalem System. Die früh industrialisierten Länder schufen sich erfolgreich eine Machtposition, die ihnen erlaubte, sich mit Rohstoffen zu versorgen und Arbeitskräfte in anderen Teilen der Erde auszubeuten – zunächst, indem sie das alte Kolonialsystem weiterent-

Abb. 1: Das Funktionieren des konsumgetriebenen Wachstumsmotors

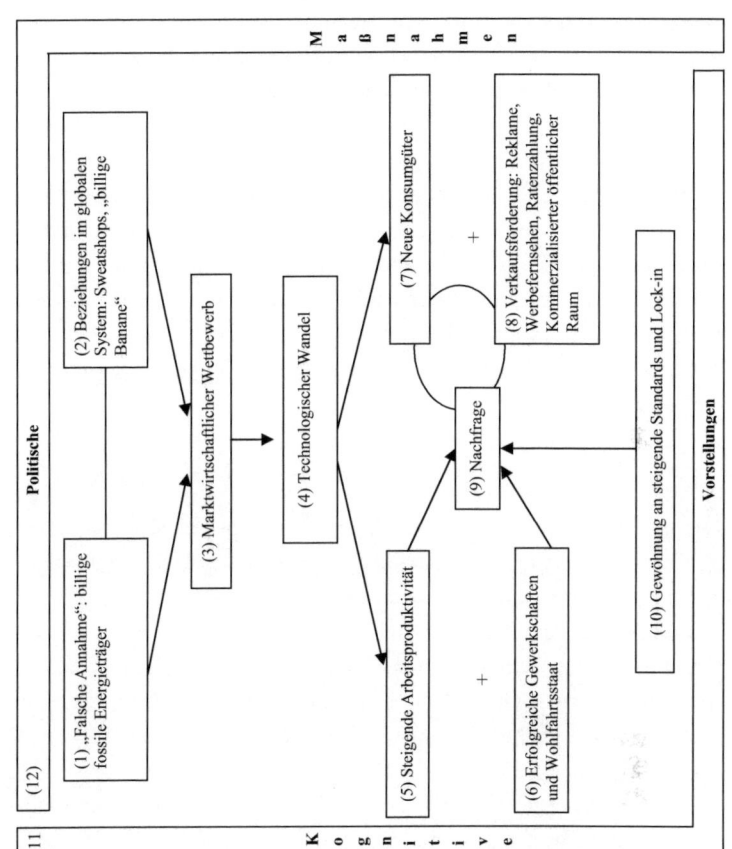

wickelten, später durch ausgefeiltere Methoden: Globale Lieferketten versorgen die industrialisierten Länder mit billigen Gütern aus den „globalen Sweatshops" und politische Interventionen sichern den Zugang zu primären Rohstoffen, und zwar in der Regel auf geschicktere Weise als der Militärputsch, der 1954 die „billige Banane" brachte (Schor 2005).[3] Es ist für Entwicklungsländer nicht unmöglich, ihre Position in der Weltgesellschaft zu verändern, aber es ist schwierig und scheinbar bedarf es eines starken Staates und nationalistischer Ambitionen. Ein Beispiel ist China, ein großes sich industrialisierendes Land, das inzwischen erfolgreich am Wettrennen teilnimmt und danach strebt, den Zugang zu Ressourcen, z.B. aus afrikanischen Ländern, zu sichern.

2 Die Antriebskräfte des Konsumwachstums

Die grundlegenden Voraussetzungen für ein hohes Konsumniveau – billige fossile Energieträger sowie der Zugang zu billigen Rohstoffen und Arbeit – werden durch eine weitere starke Kraft ergänzt: marktwirtschaftlicher Wettbewerb (Box 3). Im Kampf um ökonomisches Überleben und Rentabilität sind Unternehmen fortwährend technologisch und organisatorisch innovativ (Box 4) – einerseits, um Kosten zu reduzieren, und andererseits, um Verbraucher mit neuen Produkten zu locken. Während vieler Jahre des Erdölzeitalters fokussierten die meisten Kostenreduktionen auf eine steigende Arbeitsproduktivität (Box 5). Diese Fokussierung wird durch einen relativ hohen Preis des Faktors Arbeit verstärkt, der sich durch einen hohen gewerkschaftlichen Organisationsgrad und soziale Kämpfe, die den Wohlfahrtsstaat begründeten und bewahrten, erklärt (Box 6). Auf diese Weise schafften es die Beschäftigten, einen Teil der aus der erhöhten Arbeitsproduktivität erzielten Gewinne für sich zu reservieren und somit einen hohen Lebensstandard zu erreichen – wodurch sie zugleich die weitere Steigerung der Arbeitsproduktivität vorantrieben.

---

[3] J. Schor spricht damit die US-amerikanische Intervention in Guatemala an, bei der der demokratisch gewählte, populäre Präsident J. Arbenz gestürzt wurde. United Fruits war wesentlich involviert. In der Folge wurde die bislang luxuriöse, tropische Banane ein billiges Massenprodukt. „Cheap banana" steht für die Präsenz in den Märkten für Primärprodukte, um eine billige Versorgung zu sichern.

Allerdings können nicht alle Produktionsprozesse gleichermaßen einfach mechanisiert werden: Manche arbeitsintensiven Dienstleistungen wie Pflege, Instandhaltung oder Theateraufführungen können durch die Nutzung fossiler Energieträger kaum effektiver erbracht werden. Eine Folge ist die relative Verteuerung arbeitsintensiver Dienstleistungen im Vergleich zu vielen materiellen Gütern. Auf diese Weise werden die Verbraucherinnen und Verbraucher darin bestärkt, mehr materielle Güter zu kaufen, statt arbeitsintensive Dienstleistung zu konsumieren (Røpke 1999).

Gleichzeitig bietet der technologische Wandel den Konsumentinnen und Konsumenten immer neue und weiter diversifizierte Konsumgüter (Box 7), und Unternehmen versuchen, durch verschiedenste Maßnahmen der Absatzförderung Kunden zu gewinnen – etwa durch Werbung oder die Möglichkeit von Ratenzahlung (Box 8). Dadurch ist das Alltagsleben zunehmend in einen Rahmen kommerzieller Angebote eingebettet, wobei Fernsehen und öffentliche Räume das Füllhorn der Versuchungen inszenieren. Angebot und Nachfrage nach Konsumgütern bestärken sich wechselseitig (außer während periodischer Krisen): Steigende Löhne ermöglichen den Verbraucherinnen und Verbrauchern, die neuen Produkte zu kaufen, die die Industrie auf den Markt bringt (Box 9).

3 Stützen des Konsumwachstums: Steigende Ansprüche und Lock-in

Die meisten Menschen im Globalen Norden tragen bereitwillig ihren Teil zum Wachstumsmotor Konsum bei und betrachten ihr Verhalten nicht als besonders extravagant. Zu einem gewissen Grad ist dies der Gewöhnung an Standards und sogenannten Lock-in-Effekten (Pfadabhängigkeiten) geschuldet (Box 10). Wenn die Wirtschaft boomt, gibt es oftmals einen Ansturm auf bestimmte Konsumgüter. In der Mitte des Booms wird der Konsum dieser Güter häufig als extravagant wahrgenommen, doch mit der Zeit wird ihr Konsum zur Norm (Christensen et al. 2007). Diese Normalisierung geht in vielen Fällen mit weitergehenden Veränderungen einher – Veränderungen öffentlicher Debatten, bestimmten politischen Maßnahmen und institutionellen Reformen, Ausbau der Infrastruktur und neuen wissenschaftlichen Fragestellungen. Dies illustriert die Geschichte der Klimaanlage (Shove 2003) oder die aktuelle Integration von Informations- und Kommunikationstechnologien in das Alltagsleben (Røpke et al. 2010).

Wenn neue Produkte und Lebensstandards und die dazugehörigen Erwartungen zur Norm werden, werden die neuen Standards in die soziale und materielle Struktur der Gesellschaft integriert und können damit zu Einschränkungen werden und Lock-in-Effekte hervorrufen. In einer autoabhängigen Gesellschaft mit zersiedelten Vorstädten und einem unterentwickelten öffentlichen Verkehrssystem wird das Auto fast zur Notwendigkeit. Einschränkungen werden zur Kehrseite von Freiheit. Wenn es keine lokalen Geschäfte mehr gibt, müssen die Menschen in den Supermarkt fahren, und wenn Häuser so gebaut sind, dass sie klimatisiert werden müssen, können sie ohne Klimaanlage unbewohnbar sein. Abgesehen von materiellen Zwängen und Anreizen stützen Institutionen etablierte Standards und Verhaltensmuster. Zum Beispiel fördern gesetzliche Maßnahmen wie Steuererleichterungen bei langen Pendelentfernungen das Autofahren. Hinzu kommen normative und kognitive Strukturen wie das Erheben des Führerschein-Erwerbs zu einem rituellen Schritt ins Erwachsenenalter oder die Assoziation des Autos mit persönlicher Freiheit.

Allgemeiner formuliert: Soziale und materielle Rigiditäten neigen dazu, Verbraucherinnen und Verbraucher an ressourcenintensive Lebensstile zu binden („lock in"). Zum Beispiel fördern Institutionen des Arbeitsmarktes in vielen Ländern die Vollbeschäftigung auf Kosten von mehr Freizeit – und begründen damit einen Zyklus des Arbeitens und Ausgebens (Schor 1991). Diesen Zyklus kurbeln z.b. Familien mit doppeltem Einkommen mit ihrem geschäftigen Leben an. Ein weiterer Effekt dieses Zyklus ist, dass Shopping, als „Erlebnis" inszeniert, zu einer Freizeitaktivität geworden ist (Hochschild 1997; Wilson/Lande 2005).

4 Ideologische und politische Stützen des Konsumwachstums

Der konsumgetriebene Wachstumsmotor läuft innerhalb unterstützender kognitiver Vorstellungen und politischer Maßnahmen. Die kognitiven Vorstellungen (Box 11) umfassen das Verständnis von wirtschaftlichem Wachstum als absolutem Wert, unabhängig vom erreichten Lebensstandard. Weitere Vorstellungen sind z.b.: Märkte und gesunder Wettbewerb fördern das Allgemeinwohl; Freihandel bringt allen beteiligten Akteuren Vorteile; technologischer Fortschritt ist gleichbedeutend mit sozialem

Fortschritt; Umweltprobleme können durch effizientere Technologien gelöst werden. Diese Vorstellungen sind umstritten, aber sie sind weit verbreitet und gehen in politische Maßnahmen ein (siehe Box 12) wie beispielsweise in die Förderung des Freihandels und des Wettbewerbs, die Privatisierung und Liberalisierung von Märkten, den Bau von immer neuen Autobahnen sowie das Beharren auf niedrigen Energiepreisen.

5 Nutzen und Kosten des Konsumwachstums

Standards und Lock-in erklären zu einem gewissen Grad, warum Verbraucherinnen und Verbraucher ihren Teil zum Wachstumsmotor beitragen: „Bedürfnisse" werden durch die gesellschaftlichen und ökonomischen Umstände konstruiert. Aber die Verbraucher profitieren auch vom Konsumwachstum, das über die Zeit stark mit sozialen Veränderungen verknüpft ist. Historisch betrachtet haben steigende Lebensstandards nicht nur die universell geschätzten Annehmlichkeiten guten Essens und komfortablen Wohnens mit sich gebracht, sondern sich gemeinsam mit individueller Unabhängigkeit und Freiheit entwickelt – also mit zentralen Werten der Moderne. Aus Sicht des wohlhabenden Konsumenten ergeben sich aus dem enormen Rohstoffverbrauch folgende Vorteile:

Individuelle Unabhängigkeit: Über viele Jahre haben Individuen zunehmend persönliche Unabhängigkeit von ihrem familiären Umfeld erlangt und die durchschnittliche Haushaltsgröße hat sich verkleinert, was die Nachfrage nach Wohnraum erhöht. Innerhalb der Haushalte hat immer öfter jede Person ein eigenes Zimmer, das mit mehreren elektrischen Geräten ausgestattet ist.

Mobilität: Der Bewegungsradius im täglichen Leben hat sich dramatisch erhöht. Die gestiegenen Geschwindigkeiten für Fahrten zur Arbeit, zum Einkaufen oder zu Freizeitaktivitäten führen aber nicht zu Zeitersparnis, sondern zu erhöhten Entfernungen. Ferienreisen sind häufiger geworden und exotische Ziele lassen sich leicht erreichen.

Ernährung: Die Ernährung ist vielfältiger geworden und der Anteil von Fleisch und Milchprodukten ist gestiegen. Das Essen kommt aus allen Teilen der Welt, saisonale Einschränkungen gibt es kaum mehr.

Bequemlichkeit: Die „drei C" *comfort, cleanliness, convenience* (Komfort, Sauberkeit, Bequemlichkeit) durchdringen die Gestaltung des Alltags (Shove 2003). Heizung und Klimaanlage bieten eine konstante Temperatur, unabhängig von den Jahreszeiten und den lokalen klimatischen Bedingungen; viele Haushaltsarbeiten werden von elektrischen Geräten erledigt oder zumindest vereinfacht.

Intensivierte Zeitnutzung: In Gesellschaften mit einer hohen Arbeitsproduktivität gelten Langsamkeit und eine entspannte Lebensgestaltung als sozial inakzeptabel (Linder 1970) und die Intensität des Arbeitslebens überträgt sich auf das Leben zu Hause. Je mehr der monetäre Wert der Zeit steigt, desto verpönter wird es, Zeit zu „verschwenden".

Abwechslung und Neuheiten: Wie bei Ernährung und Mobilität werden in allen Lebensbereichen neue Erfahrungen, Erlebnisse und Erkenntnisse möglich. Was materielle Güter anbelangt, so verstärken spezialisierte und diversifizierte Güter und Dienstleistungen diesen Trend.

Diese Veränderungen sind langfristige Trends, wie wir im Rückblick erkennen können. Beurteilt man sie im Hinblick auf die Lebensqualität, finden viele sie wünschenswert – auch die sogenannten „neuen Konsumenten" aus schnell wachsenden Entwicklungsländern wie China, Indien und Brasilien, die diesen Lebensstil kopieren (Myers/Kent 2004).

Viele Menschen sind sich jedoch auch der Probleme des steigenden Konsums bewusst. Zunächst: Die Umweltauswirkungen beeinträchtigen ernsthaft die Lebensqualität. Kurzfristig entstehen Gesundheitsprobleme wie Lungenkrankheiten durch Luftschadstoffe und es sinkt die Fruchtbarkeit aufgrund von Stoffen, die das Hormonsystem beeinträchtigen. Die Zerstörung natürlicher Lebensräume bedeutet einen großen Verlust an bereichernden Naturerlebnissen. Längerfristig sind die Grundvoraussetzungen menschlichen Lebens durch die Zerstörung von Ökosystemen und den Klimawandel bedroht. Neben den Umweltauswirkungen beziehen sich weitere Bedenken zum Beispiel auf den sozialen Zusammenhalt und die gesundheitlichen Wirkungen des modernen Lebens. Eine fundamentale Kritik kommt von Traditionalisten, die über individuelle Unabhängigkeit, ausgeglichenere Geschlechterbeziehungen und sich wandelnde Familienstrukturen klagen. Modernisten dagegen beurteilen diese Entwicklungen als positiv, wobei auch sie eingestehen, dass die Individualisierung negative Wirkungen hat – etwa die Auflösung lokaler Gemeinschaften und den großen Druck auf Individuen, ihr eigenes Leben zu gestalten und Erfolg zu haben. Hinzu kommt, dass der moderne Lebensstil – gekennzeichnet durch eine hohe Geschwindigkeit, mangelnde körperliche Betätigung sowie ein Übermaß an Kalorien – zu Stress und Zivilisationskrankheiten führen kann (Duchin 2005). Manche Gegenstrategien, zum Beispiel der Kauf von Geräten und Gegenständen, die zeitsparende und zeitvariable Nutzungen ermöglichen, können noch mehr Stress schaffen und sich damit als kontraproduktiv erweisen (Shove 2003).

Auch wenn man die positiven historischen Errungenschaften des Konsumwachstums und des sozialen Wandels anerkennt, ist festzustellen, dass Menschen durch ständig wachsenden Konsum nicht unbedingt glücklicher werden. Viele kürzlich erschienene Studien über Lebensqualität und Glück zeigen, dass Menschen in wohlhabenden Gesellschaften im Durchschnitt nicht glücklicher sind als Menschen in weniger wohlhabenden Gesellschaften. Bis zu einem gewissen Bruttoinlandsprodukt steigt die Lebensqualität in der Tat mit wirtschaftlichem Wachstum, aber jenseits dieser Schwelle steigert weiteres Wachstum die Zufriedenheit nicht. Vielmehr bestimmt der Grad an sozialer Ungleichheit in wohlhabenden Ländern die Lebensqualität: Fast alle Indikatoren zum Wohlbefinden zeigen, dass die Lebensqualität in Ländern mit größerer Gleichheit wesentlich höher ist (Wilkinson/Pickett 2009). Im Allgemeinen leben die Menschen lieber in weniger wohlhabenden und relativ gleichen Gesellschaften als in wohlhabenderen und vergleichsweise ungleichen. Dies ist ein bedeutender Gesichtspunkt, wenn es darum geht, die Voraussetzungen und den Kontext des Wachstumsmotors zu ändern, um diesen zu stoppen.

6 Den Wachstumsmotor stoppen

Der Konsum ist, wie beschrieben, der Kern des Wachstumsmotors – und dieser Motor läuft, trotz periodischer Krisen, relativ reibungslos dank einer Vielzahl selbstverstärkender Mechanismen. Um die doppelte Herausforderung – Umweltprobleme und große soziale Ungleichheiten – zu meistern, stehen grundlegende Änderungen an. Die folgenden Ausführungen sind weniger ein Masterplan als Vorschläge für einige Elemente, die in der Transitionsphase wichtig sind, wobei auf die hohe Komplexität und die verschiedenen Interdependenzen zu verweisen ist:

– *Die Beziehungen des globalen Systems verändern (2)*[4]*:* Die Stärkung von Gewerkschaften und der Aufbau von wohlfahrtsstaatlichen Strukturen in Entwicklungsländern, die Förderung von intern kohärenten Binnenwirtschaften in Entwicklungsländern anstelle von Exportabhängigkeit und die Verbreitung von Abkommen des fairen Handels könnten Möglichkeiten sein, um in den wohlhabenden Ländern den Preis importierter Güter zu erhöhen und in den armen Ländern den Lebensstandard zu verbessern.

– *„Falsche Annahmen" entkräften, Ressourcenpreise erhöhen (1, 4):* Jeder Ansatz zur Einschränkung des Konsumwachstums muss auf drastischen Preiserhöhungen von Energie und anderen Ressourcen basieren. In der Folge würden die Preise aller ressourcenintensiven Güter steigen und zunächst das Realeinkommen und der reale Konsum sinken.[5] Die Verbraucher würden darin bestärkt, ihr Verhalten grundlegend zu ändern: Sie würden arbeitsintensive Güter wie Pflege und Instandhaltung bevorzugen und Anreize, durch technologische Maßnahmen Ressourcen einzusparen, würden zunehmen. Im Laufe der Zeit würden es die sich verändernden materiellen und institutionellen Strukturen der Gesellschaft erleichtern, mit weniger Ressourcenverbrauch zu leben. Da es aber höchst unwahrscheinlich ist, dass die Marktkräfte den notwendigen Anstieg der Rohstoffpreise auslösen, bedarf es politischer Maßnahmen, um eine sukzessive Verteuerung von Energie und Ressourcen sicherzustellen und hohe Preise langfristig zu halten – und um, national wie global, einen wirtschaftlichen Ausgleich für die Armen zu schaffen.

– *Die Nutzung von Gütern ändern (4, 7):* Wenn die Realeinkommen und der relative Preis von Arbeit sinken, sind vielfältige Veränderungen zu erwarten: Produkte werden so gestaltet, dass sie langlebiger, reparaturfähig und rezyklierfähig sind; hochwertige handwerkliche Produkte werden attraktiver; Methoden der gemeinsamen Nutzung von Konsumgütern breiten sich aus (Beispiele sind Car-Sharing und kollektive

---

[4] Die Nummernhinweise beziehen sich auf Abb. 1, die zugleich einen Analysezugang wie Veränderungsansätze darstellt.

[5] Diese Wirkung findet nicht oder reduziert statt, wenn im Rahmen einer ökologischen Steuerreform eine Rückvergütung oder Entlastung bei anderen Steuern und Abgaben erfolgt.

Wohnprojekte mit gemeinsam genutzten Einrichtungen); Produkt-Service-Systeme werden populär, bei denen Verbraucher eine Dienstleistung kaufen, anstatt die notwendigen Geräte selber zu besitzen.

- *Verkaufsförderung einschränken (8):* Das schnelle Wechseln und Erneuern von Konsumgütern kann durch eine Einschränkung von Werbung und der Kommerzialisierung des öffentlichen Raumes gebremst werden.

- *Regionale Wirtschaftsräume fördern:* Da das Transportwesen hohe ökologische Kosten verursacht, sollten regionale Wirtschaftsräume gestärkt werden, z.b. durch die Einführung regionaler Währungen.

- *Soziale Ungleichheiten reduzieren (6):* Arbeitsmarktabkommen und Steuerreformen[6] könnten darauf abzielen, Ungleichheiten durch Begrenzungen hoher Einkommen zu reduzieren. Dadurch würde die Bedeutung des Einkommens als wichtigster Faktor der Anerkennung zurückgehen; eine Folge wären der Rückgang von statusgetriebenem Konsum und die Abkehr von ständig steigenden Standards. Um zu verhindern, dass eine geringere Orientierung auf Lohnsteigerungen zu höheren Profiten von Unternehmen sowie Kapitaleignern führt, sollte die Besteuerung auch die neu entstehenden Gewinne abschöpfen.

- *Langsamerer Lebensrhythmus und Ausweitung des informellen Sektors (7, 10):* Wenn höhere Rohstoffpreise die Aufmerksamkeit stärker auf die Ressourcen- als auf die Arbeitsproduktivität lenken, dürfte der Zeitdruck am Arbeitsplatz sinken und auch auf einen langsameren Alltagsrhythmus zurück wirken. Dies dürfte zu neuen Ideen führen, wie die Lebensqualität verbessert werden kann, und in lokalen Gemeinschaften die Entwicklung informeller Wirtschaftsaktivitäten voranbringen, wodurch sich das Verhältnis zwischen dem formalen und informellen Sektor verändern würde.

- *Umgestaltung der Investitionen und Verlagerung von privatem zu öffentlichem Konsum:* Nachhaltigere Lebensstile hängen von einem Umbau der Infrastruktur ab, zum Beispiel der Wärmeisolierung von Gebäuden und dem Ausbau des öffentlichen Verkehrswesens. Weil solche Investitionen für Private unrentabel sein dürften, sind öffentliche Investitionen notwendig. Im Allgemeinen ist es sinnvoll, privates

---

[6] Siehe dazu auch den Beitrag von L. Jarass in diesem Band.

in öffentliches Einkommen zu überführen, da öffentliche Güter eine wesentlich geringere Ressourcenintensität aufweisen als private Güter. Gleichzeitig ist es im Hinblick auf die Lebensqualität wünschenswert, Pflege, Bildung, Gesundheit und kulturelle Aktivitäten auszubauen.

7 Abschließende Bemerkung

Wenn sich ein OECD-Land auf den Versuch einlässt, den konsumgetriebenen Wachstumsmotor zu bremsen und zu stoppen, besteht eine große Herausforderung darin, ernsthafte ökonomische, soziale und politische Krisen zu vermeiden und Lösungen zu finden für Arbeitslosigkeit, Wettbewerbsprobleme und industriellen Strukturwandel. Koordinierte Anstrengungen, zum Beispiel innerhalb der EU, würden dies vereinfachen. Wichtig wird sein, den Prozess durch ein gestärktes soziales Sicherungsnetz abzufedern. Früher oder später wird es notwendig sein, ohne Wachstum klarzukommen und, wie Peter Victor (2008) es ausgedrückt, ist es „viel besser, dies durch Planung statt Katastrophen" zu erreichen. Daraus könnte sich ein großes Transformationsprojekt entwickeln, das uns alle einbezieht und unsere Lebensqualität stark erhöht – trotz verringertem Konsum.

Literatur

Christensen, T.H., Godskesen, M., Røpke, I., Gram-Hanssen, K., Quitzau, M.-B. (2007): „Greening the Danes? Experience with consumption and environment policies", in: Journal of Consumer Policy Nr. 30, 91-116

Common, M., Stagl, S. (2005): Ecological Economics. An Introduction, Cambridge

Daly, H.E. (2007): Ecological Economics and Sustainable Development. Selected Essays of Herman Daly, Cheltenham

Duchin, F. (2005): „Sustainable consumption of food: A framework for analyzing scenarios about changes in diets", in: Journal of Industrial Ecology Nr. 9, 99-114

Hochschild, A.R. (1997): The Time Bind. When Work Becomes Home and Home Becomes Work, New York

Linder, S.B. (1970): The Harried Leisure Class, New York

Myers, N., Kent, J. (2004): The New Consumers. The Influence of Affluence on the Environment, Washington/Covelo/London

Røpke, I. (1999): „The dynamics of willingness to consume", in: Ecological Economics Nr. 28, 399-420

Røpke, I., Christensen, T.H., Jensen, J.O. (2010): „Information and communication technologies. A new round of household electrification", in: Energy Policy Nr. 38, 1764-1773.

Schor, J. (1991): The Overworked American. The Unexpected Decline of Leisure, New York

Schor, J. (2005): „Prices and quantities. Unsustainable consumption and the global economy", in: Ecological Economics Nr. 55, 309-320

Shove, E. (2003): Comfort, Cleanliness and Convenience. The Social Organization of Normality, Oxford/New York

Victor, P.A. (2008): Managing Without Growth. Slower by Design, Not Disaster, Cheltenham

Wilkinson, R., Pickett, K. (2009): The Spirit Level. Why More Equal Societies Almost Always Do Better, London

Wilson, N.H., Lande, B.J. (2005): Interview: „Feeling capitalism. A conversation with Arlie Hochschild", in: Journal of Consumer Culture Nr. 5, 275-288

Warum die Verteilung Gerechtigkeit, nicht aber Wachstum braucht

Matthias Möhring-Hesse

Zusammenfassung

Gerecht kann der in einer Gesellschaft verfügbare Reichtum nur dann verteilt werden, wenn er stetig wächst: Dieser weit verbreiteten Annahme wird man widersprechen, wenn man die Reichtumsverteilung zumindest in den fortgeschrittenen Gesellschaften von einem demokratischen Erfordernis her bestimmt, dass nämlich die volle Zugehörigkeit und gleichberechtigte Beteiligung aller sichergestellt und dazu auch der verfügbare Reichtum entsprechend verteilt werden muss. Unter dieser Maßgabe lässt sich zugleich eine gerechte Ordnung der Reichtumsverteilung und ein „Genug" des Reichtums denken, der gerecht auf die in einer Gesellschaft lebenden Menschen verteilt werden soll.

Mitten im bundesdeutschen „Wirtschaftswunder", 1965, überraschte der Soziologe Helmut Schelsky mit seiner Diagnose von der „nivellierten Mittelstandsgesellschaft". In vielerlei Hinsicht und vor allem wegen ihrer Verallgemeinerung war Schelskys Diagnose unhaltbar – und doch war sie nicht nur falsch. Erst Jahrzehnte später, im Rückblick auf eine vergangene Epoche, wurde jedoch deren Wahrheit entziffert und etwa mit Ulrich Becks „Fahrstuhl-Effekt" (Beck 1986, 122) ins rechte Bild gerückt: Zwar seien die sozialen Ungleichheiten – wie in einem Fahrstuhlkorb der Abstand zwischen oben und unten – konstant geblieben. Durch kontinuierliche Einkommensverbesserungen konnten jedoch auch die Menschen und Haushalte, die weniger als die anderen hatten, ihren materiellen Lebensstandard verbessern – und kamen auf der gemeinsamen Fahrstuhlfahrt mit nach oben. Die von Schelsky postulierte „Nivellierung in einer verhältnismäßig einheitlichen Gesellschaftsschicht" (Schelsky

1965, 332) entsprach daher der kollektiven Erfahrung, dass die Wachstumserfolge der bundesdeutschen Volkswirtschaft so auf die Haushalte verteilt wurden, dass praktisch alle ein Mehr bei ihren Einkommen verbuchen und so – bei allen Unterschieden – gemeinsam einen Aufschwung und in diesem Sinne Ludwig Erhards „Wohlstand für alle" erfahren konnten. Diese kollektive Erfahrung dürfte die breite Akzeptanz der Verteilung, mehr noch: der marktwirtschaftlichen Ordnung der „sozialen Marktwirtschaft" maßgeblich begründet haben.

Der für die frühe Bundesrepublik nachweisbare Zusammenhang, wonach ein schnelles Wirtschaftswachstum zu gleichmäßiger Verteilung führt, scheint sich in der Gegenwart – wenn auch in der Negation – zu bestätigen: Seit den 1970er Jahren erreicht die bundesdeutsche Volkswirtschaft keine vergleichbar hohen Wachstumsraten mehr. Die gefühlte Egalität von einst ist dem Gefühl sozialer Disparitäten und der öffentlich gepflegten Aufregung darüber gewichen. Tatsächlich haben die sozialen Ungleichheiten seit Ende der 1970er Jahre, wenngleich schleichend, zugenommen. Dabei ist – in einer Art Gegenbewegung zu Schelskys „Mittelstandsgesellschaft" – die Schicht mit durchschnittlichen Einkommen geschrumpft, während sowohl die Einkommenselite wie auch die Unterschicht gewachsen sind. Es scheint – vereinfacht gesagt – unter den Bedingungen geringen Wirtschaftswachstums nur noch ein Teil der Personen und Haushalte den eigenen Wohlstand mehren zu können, und zwar zulasten des anderen Teils: Das Mehr bei den einen erzwingt das Weniger bei den anderen. Entsprechend fehlt der Verteilung des gesellschaftlich verfügbaren Reichtums die einstige Akzeptanz: Seit den 1980er Jahren äußern die Bundesdeutschen immer häufiger die Meinung, Einkommen und Vermögen seien in der Bundesrepublik ungerecht verteilt (Glatzer 2009).

Die Geschichte der Bundesrepublik scheint uns den Zusammenhang zwischen Verteilung und Wachstum zu lehren. Ohne die Mehrung des gesellschaftlich verfügbaren Reichtums wird man diesen nicht zur Zufriedenheit aller verteilen können. Was ist aber mit der Gerechtigkeit, wenn die Wirtschaft nicht mehr schnell genug wächst?

1 Durch die richtige Verteilung zu mehr Wachstum

Die Verteilung des gesellschaftlich verfügbaren Reichtums folgt nicht, wie viele behaupten, der Produktion dieses Reichtums. Vielmehr bedingen Verteilung und Produktion einander. Deswegen gehen in die Idee einer gerechten Verteilung nicht nur die Regeln ein, nach denen ein verfügbarer Reichtum verteilt wird, sondern auch Überlegungen, wie unter den Bedingungen gerechter Verteilung ein zu verteilender Reichtum überhaupt erwirtschaftet werden kann. Das gilt etwa auch für die wohl bekannteste zeitgenössische Gerechtigkeitstheorie, diejenige von John Rawls.

Rechte und Freiheiten sollen Rawls zufolge im Interesse größtmöglicher Freiheit aller gleichmäßig verteilt werden; bei Positionen und Ämtern, die sich nicht gleichmäßig auf alle verteilen lassen, sollte das Prinzip der fairen Chancengleichheit gelten. Der gesellschaftlich verfügbare Reichtum dagegen solle im Interesse aller nicht gleichmäßig verteilt werden, obwohl dies prinzipiell möglich wäre. Bei einer Gleichverteilung würde nämlich, so befürchtet (nicht nur) Rawls, die volkswirtschaftliche Leistungsfähigkeit leiden, sodass am Ende alle weniger hätten als bei einer ungleichen Verteilung. Bei einer extremen Ungleichverteilung würde das volkswirtschaftliche Leistungsniveau, so vermutet Rawls, besonders hoch ausfallen. Eine solche Verteilung könne aber nicht als gerecht gelten, da unter diesen Bedingungen die jeweils Schlechtergestellten vom zunehmenden Reichtum nicht oder kaum profitieren würden.

Zumindest unter den Bedingungen des von Rawls gedachten Urzustandes werden alle vernünftigen Menschen einer Reichtumsverteilung zwischen diesen beiden Extremen zustimmen. Im Interesse der Gerechtigkeit sollte man folglich auf das „letzte Zipfelchen" volkswirtschaftlichen Wachstums verzichten, das nur bei extremer, ungerechter Ungleichverteilung zu erzielen wäre. Auf Wachstum zielt Rawls' Gerechtigkeit gleichwohl: Nur wenn durch Ungleichverteilung das Volumen des zu verteilenden Reichtums gemehrt werden kann, profitieren alle von der gemäßigten Ungleichverteilung.

Rawls' Dialektik von gerechter Verteilung und volkswirtschaftlichem Wachstum folgen wohl die meisten der verteilungspolitischen Positionen, allerdings in zwei typischen Spielarten, die – wiederum in grober Vereinfachung – nach ihrer Toleranz für soziale Ungleichheiten unterschieden werden können.

In liberalen Positionen[1] nimmt man soziale Ungleichheiten zumindest in Kauf als Preis für mehr Wachstum und Wohlstand (Grömling 2001, 187). Vor allem die Aussicht darauf, die Markterfolge eigener Kreativität und Leistungen selbst einnehmen und entsprechende Einkommen behalten zu können, wirke wohlstandsmehrend, weswegen der Staat von den Leistungsfähigen möglichst wenig Steuern und Beiträge an soziale Ausgleichssysteme verlangen solle. Folge man diesem Rat, würden auf den Märkten – zumal unter den Bedingungen des technischen Fortschritts und der Globalisierung – die Einkommen auseinanderdriften. Diese Zunahme der Ungleichheiten könne und solle gesellschaftlich aber auch deshalb hingenommen werden, weil sich dann irgendwann in der Zukunft der gegenläufige Trend einstelle: Sei erst einmal das höhere Leistungsniveau der Volkswirtschaft erreicht, fänden die Schlechtergestellten – etwa durch verbesserte Arbeitsmarktchancen – wieder Anschluss an den Wohlstand der Leistungseliten.

In sozialdemokratischen Positionen wird der soziale Ausgleich nicht in eine ferne Zukunft ausreichend hoher Wachstumsraten verschoben, sondern als notwendiger Schritt auf dem Weg zu mehr Wachstum ausgegeben. Grundsätzlich wird Wachstum als „Funktion der erwarteten Steigerung der Nachfrage" (Bluestone/Harrison 2002, 255) beabsichtigt. Deshalb sollen Kaufkraft und damit Einkommen so gelenkt werden, dass sie in zusätzliche Nachfrage fließen und darüber einzelwirtschaftliche Aktivitäten provozieren. Möglich sei dies durch öffentliche Investitionen in technischen Fortschritt, in die öffentliche Infrastruktur sowie in Bildung und Ausbildung. Gefordert wird aber auch, dass Einkommen zu den Personen und Haushalten mit bislang unbefriedigten Konsumwünschen umgelenkt wird, sodass es dort eine neue Nachfrage auslöst. Die notwendige „Umverteilung" hin zu den bislang schlechtergestellten Personen und Haushalten sorge für eine ausgewogenere Verteilung der Einkommen. Zugleich steigerten ausgeglichenere Einkommensverhältnisse das volkswirtschaftliche Wachstum, sodass auch in der Zukunft die Möglichkeit bestehe, einen ausreichenden gesellschaftlichen Reichtum auf alle zu verteilen.

---

[1] Von „liberal" wird, wie auch folgend von „sozialdemokratisch", nicht im Sinne von politischen Parteien und deren Grundsatzprogrammen, sondern im Sinne der vergleichenden Wohlfahrtsstaatsforschung als typisierender Konstruktion gesprochen.

In ihrer Opposition bestätigen sich liberale und sozialdemokratische Positionen darin, dass gerechte Verteilung Funktion eines möglichst großen Wirtschaftswachstums sei – und dass es deshalb politisch darum gehe, höhere Wachstumsschübe zu initiieren. Wechselseitig bestätigen sie sich, dass hohe Wachstumsraten möglich seien – und zwar gerade auch dann, wenn sie in Abrede stellen, dass der jeweils von den anderen vorgeschlagene Weg zu diesen Zuwächsen führen wird. So stabilisieren sich die beiden Positionen über ihre Opposition – und stabilisieren gemeinsam die Orientierung von Verteilungspolitik auf Wirtschaftswachstum.

Die Frage, wie unter den Bedingungen geringen Wachstums, gar des Rückgangs des volkswirtschaftlichen Leistungsniveaus, ein konstanter, möglicherweise schrumpfender gesellschaftlicher Reichtum gerecht auf Personen und Haushalte verteilt werden kann, wird angesichts des gemeinsamen Wachstumsversprechens nicht gestellt. Da sich indes die Gerechtigkeit der Verteilung nicht dauerhaft von einer Zukunft bestimmen lässt, die auf sich warten lässt, ist es angebracht, sich in dieser Frage auf die bestehende Situation mit bestenfalls geringem Wachstum einzustellen.

2 Die gesellschaftliche Ordnung der Verteilung

Das volkswirtschaftliche Leistungsniveau ist das Ergebnis einer Vielzahl einzelwirtschaftlicher Aktivitäten, die zwar von ihren jeweiligen Akteuren mit je eigenen Zielen betrieben werden, dabei aber ein gesamtwirtschaftliches Ergebnis „erzielen", das von niemandem bewusst betrieben wird. Mit dem Hinweis darauf, dass nur einzelwirtschaftliche Aktivitäten beabsichtigt werden können, nicht aber deren Gesamtergebnis, wies der liberale Ökonom Friedrich A. von Hayek in seinen antisozialistischen Streitschriften die Idee einer gerechten Verteilung zurück (von Hayek 1977, 24). Sein Argument ist auf das volkswirtschaftliche Wachstum übertragbar: Ein bestimmtes Leistungsniveau einer Volkswirtschaft stellt sich als das Ergebnis einzelwirtschaftlicher Aktivitäten ein, was aber wegen seiner Komplexität von niemandem gesteuert und deshalb auch von niemandem intendiert werden kann.[2] Aus diesen Überlegungen

---

[2] Auch der Verzicht auf Wachstum kann, wie sein Gegenteil, nicht intendiert werden und deshalb kein sinnvolles politisches Ziel sein. In diesem Sinne setzt dieser Beitrag Nicht-Wachstum nicht normativ, sondern nimmt es als faktische Situation, für die – normativ – eine gerechte Verteilung angestrebt wird. Was im Gegensatz

heraus sollte man mit Wachstumsversprechen vorsichtig sein – egal, auf welchem Wege man das Versprechen einzulösen gedenkt. Liberale, sozialdemokratische und andere Wirtschaftspolitiken suchen gleichwohl einzelwirtschaftliche Aktivitäten zu fördern bzw. zu bremsen in der Hoffnung, dadurch das Gesamtergebnis aller einzelwirtschaftlichen Aktivitäten und das Leistungsniveau der Volkswirtschaft zu beeinflussen. Nach Jahren geringer Wachstumsraten sollte man allerdings bescheidenere Erwartungen ob der Möglichkeit solcher Einflussnahme hegen. Unabhängig davon, ob man von Hayeks Argumentation folgt, scheint es für die Frage der gerechten Verteilung deshalb sinnvoll, die in den Verteilungspolitiken zumeist angestrebten Wachstumsschübe für nicht „herstellbar" und als politisches Ziel für nicht sinnvoll zu halten.

In seinen Streitschriften wider den Sozialismus ging von Hayek von der basalen Voraussetzung ethischen Denkens aus, dass nur als richtig und gerecht bezeichnet und damit sich und anderen als Sollen aufgegeben werden kann, was Menschen prinzipiell verwirklichen und deshalb auch beabsichtigen können. Für von Hayek gleicht die Idee einer gerechten Verteilung einem Gewitter, das von Menschen nicht gemacht wird, sondern ihnen widerfährt und deshalb weder gerecht noch ungerecht ist.

Wenngleich von Hayeks Argument für das volkswirtschaftliche Leistungsniveau und damit für das Wachstum zutrifft, so gilt es doch nicht für die Verteilung des volkswirtschaftlich erzeugten Reichtums (Möhring-Hesse 2004, 54-68). Selbstverständlich kann kein einzelner und auch kein kollektiver Akteur eine bestimmte Aufteilung des gesellschaftlichen Reichtums „herstellen". Und doch liegt die Verteilung nicht außerhalb der Logik des Handelns und damit nicht außerhalb des praktischen Sollens. Denn wie der gesellschaftlich verfügbare Reichtum auf die Gruppen, Personen und Haushalte verteilt wird, die an seiner Produktion beteiligt sind, ist nicht Folge einer unbeeinflussbaren Verkettung einzelwirtschaftlicher Handlungen, sondern basiert auf deren gesellschaftlicher Ordnung – vor allem auf den Ordnungen der beiden dominanten Verteilungsstrukturen Markt und Staat. Deren Ordnungen

zum Nicht-Wachstum sinnvollerweise politisch projektiert werden *kann*, ist nachhaltiges Wirtschaften, das allerdings nur dann wahrscheinlich wird, wenn man auf eine Wirtschaftspolitik verzichtet, die – unsinnigerweise – auf Wachstum zielt und deshalb den Verschleiß etwa von natürlichen Ressourcen vermehrt.

finden einzelne Menschen und auch kollektive Akteure zwar vor; dennoch werden sie immer wieder gesellschaftlich ausgehandelt und stehen deswegen in der gemeinsamen politischen Verantwortung aller Mitglieder einer Gesellschaft. Nicht einzelne Individuen, aber die in politischen Auseinandersetzungen stehenden Akteure können daher die Verteilung des gesellschaftlichen Reichtums unter dem Aspekt der Gerechtigkeit prüfen.

Weil die gesellschaftliche Ordnung der Verteilung politisch ausgehandelt werden muss, müssen die dabei verfolgten Ziele von den einzelwirtschaftlichen Akteuren nicht notwendigerweise „verstanden" und gutgeheißen werden. Selbst wenn man einzelwirtschaftlichen Akteuren einen unwiderstehlichen Hang zum „Mehr" unterstellt, muss deshalb die Ordnung der Verteilung des von ihnen gemeinsam erwirtschafteten Reichtums nicht auch dieser Logik folgen. Vielmehr können sie die Verteilung, also einen ökonomischen Sachverhalt, unter ausdrücklich *gesellschaftlichen* Zielvorgaben ordnen – und sie so ihrem gesellschaftlichen „Willen" unterstellen. Diese Zielvorgaben sind nicht bereits durch den volkswirtschaftlichen Sachverhalt, den es zu ordnen gilt, determiniert, wenngleich sie auch nicht vollkommen willkürlich bestimmt werden sollten, da es klug ist, bei der Ordnung auf volkswirtschaftliche Gegebenheiten Rücksicht zu nehmen.

3 Demokratiegerechte Verteilung

In der allgemein geteilten und institutionalisierten Erwartung gilt in demokratischen Gesellschaften, dass alle Bürgerinnen und Bürger dieselben Freiheiten und Rechte und darüber hinaus auch vergleichbare Chancen „haben" sollen, auf die Entwicklung ihrer Gesellschaft im eigenen Interesse Einfluss zu nehmen. Um dieser Erwartung zu entsprechen, müssen demokratische Gesellschaften entsprechend strukturiert und gesellschaftliche Institutionen (nicht nur der Staat) entsprechend geordnet werden. Dabei hat die Erwartung, die gesellschaftliche Entwicklung mit gleichen Rechten und vergleichbaren Möglichkeiten beeinflussen zu können, eine materielle Grundlage (Möhring-Hesse, 2004, 133-168): Alle müssen mindestens über so viel Einkommen und über die Güter und Dienstleistungen und dazu über einen basalen Anteil am gesellschaftlichen Reichtum verfügen, dass sie gleichberechtigt die gesellschaftliche Entwicklung beeinflussen können. Zugleich darf niemand so viel mehr als andere haben, dass er die gleichberechtigte Einflussnahme für alle anderen außer Kraft setzen könnte. Um die Erwartung gleichberechtigter Einflussnahme verwirklichen zu können, muss in demokratischen Gesellschaften bei der Reichtumsverteilung also sowohl ein „Genug" für alle gesichert und zugleich ein „Zuviel" für jedermann verhindert werden.

Zwischen diesen beiden Polen einer demokratiegerechten Verteilung besteht ein legitimer Spielraum für soziale Ungleichheiten, den einzelne Personen und Haushalte für sich nutzen können – auch dafür, um von einer Periode zur nächsten „mehr" zu erreichen. Dies sollte ihnen schon deshalb gestattet werden, weil so volkswirtschaftlich nützliche Anreize für einzelwirtschaftliche Aktivitäten gesetzt werden können. Ob dann das gesamtwirtschaftliche Leistungsniveau steigt, ist durch die Ordnung der Verteilung nicht entschieden. Intendiert werden muss lediglich, dass unter den Bedingungen einer gerechten Verteilung die Güter und Dienstleistungen bereitgestellt werden, die nötig sind, um eine gleichberechtigte Einflussnahme aller zu gewährleisten. Dieses Ziel ist realisierbar, wenn ein ausreichend hohes Niveau der volkswirtschaftlichen Leistungsfähigkeit erreicht ist und gehalten werden kann – und somit auf volkswirtschaftlicher Ebene ein „Genug" besteht. Zumindest in diesem Sinne ist Wirtschaftswachstum keine Voraussetzung für Demokratie und für eine demokratiegerechte Ordnung der Verteilung.

Wie in Rawls' Gerechtigkeitstheorie wird in dem hier vorgestellten Konzept einer gerechten Verteilung eine Ungleichheit bei der Verteilung aus Klugheitserwägungen zugelassen. Im Unterschied zu Rawls wird hier die zwischen Bürgerinnen und Bürgern bestehende Gleichheit nicht nur bei der Entscheidung über die Verteilung, sondern auch beim Inhalt der Entscheidung, also bei der Ordnung der Verteilung berücksichtigt. Verlangt wird nämlich, dass allen mindestens der Anteil am gesellschaftlich verfügbaren Reichtum zugesprochen wird, den man typischerweise „braucht", um seine gleichen Rechte der gesellschaftlichen Beteiligung auch verwirklichen zu können. Auf welchem Niveau dieses Minimum liegt, kann theoretisch nicht vorentschieden, sondern muss bei der gesellschaftlichen Ordnung der Verteilung mit ausgehandelt werden. Prinzipiell lässt sich der Mindestanteil auf unterschiedlichen Wegen gewährleisten, etwa über eine ausreichend hohe Beteiligung an der Erwerbsarbeit, gleiche Bildungschancen oder eine breite Streuung der Vermögen. Ein notwendiges Instrument wird aber eine durch den Sozialstaat garantierte Mindestsicherung sein. Dabei wird das Minimum nicht für alle gleich hoch sein, denn es müssen besondere Bedürfnisse, etwa von Menschen mit Behinderung, berücksichtigt werden. Deshalb spiegelt sich die demokratische Gleichheit selbst bei der Gewährleistung *minimaler* Anteile nicht in *gleich hohen* Anteilen (Lessenich/Möhring-Hesse 2004).

„Genug" erhalten die Bürgerinnen und Bürger aber nicht allein über entsprechende Anteile am Volkseinkommen (und womöglich auch am Volksvermögen). Um die Voraussetzungen gleichberechtigter Beteiligung sicherzustellen, sind alle unter den Bedingungen pluralisierter und flexibilisierter Lebensverhältnisse zunehmend auf Beratung, Unterstützung, Begleitung und andere soziale Dienste angewiesen. Diese Dienste sind in einem doppelten Sinne öffentliche Güter: Erstens müssen sie allen Bürgerinnen und Bürgern in ausreichender Qualität zugänglich sein; zweitens werden sie nur in öffentlicher Verantwortung in entsprechender Qualität und Menge erstellt werden. Mithin ist der wachsende Bedarf an öffentlichen Gütern vor allem an den Sozialstaat adressiert, der das erforderliche Angebot sicherzustellen hat, dabei aber auf die „Zuarbeit" nicht-staatlicher Einrichtungen, allen voran der freien Wohlfahrtspflege, zurückgreifen sollte (zur Bereitstellung öffentlicher Güter siehe auch die Beiträge von I. Røpke und N. Reuter in diesem Band). Verteilungspolitisch ist der zunehmende Bedarf an sozialen Diensten und entsprechend die Ausweitung öffentlicher Güter in zweifacher Hinsicht relevant: Erstens wird diese Ausweitung unter den Bedingungen von Nicht-Wachstum nur dann möglich, wenn dafür zugleich Einschränkungen beim individuellen Konsum von einer hinreichend großen Mehrheit akzeptiert werden, sodass ein größerer Anteil des gesellschaftlich verfügbaren Reichtums zur Finanzierung der sozialen Dienste eingesetzt werden kann. Zweitens wirkt die Umsteuerung vom individuellen in den öffentlichen Konsum sozial ausgleichend und entlastet damit den Sozialstaat von der Aufgabe, über Transferleistungen unterschiedliche Einkommen auszugleichen. Während sie bei der Verteilung des Volkseinkommens benachteiligt werden, haben nämlich auch die Bezieher geringerer Einkommen gleichen Zugang zu den sozialen Diensten. Sie können also derart die Möglichkeiten gleichberechtigter Beteiligung erreichen. Ein erweitertes Angebot von sozialen Diensten relativiert so Ungleichheiten in der Einkommensverteilung und macht sie bis zu einem gewissen Grad für eine Demokratie erträglich.

Bei der Ordnung der Reichtumsverteilung muss nicht nur verhindert werden, dass Einzelne zu wenig erhalten: Verhindert werden muss auch, dass Einzelne zu viel haben. Wiederum kann theoretisch kein eindeutiges Niveau angegeben werden, ab dem dieses „Zuviel" erreicht ist. Unter anderem hängt das davon ab, wie viel Macht sich andere Akteure aus ihren besonderen Machtquellen, etwa aus der in Gewerkschaften organisierten Solidarität, zutrauen, mit der sie der Macht des Geldes begegnen können. Personen und Haushalte unterhalb des ausgehandelten „Zuviel" zu halten ist für demokratische Gesellschaften mit ihren marktförmig verfassten Volkswirtschaften keine leichte Aufgabe. Um sie zu erfüllen, sollten exorbitant hohe Einkommen möglichst bei der Primärverteilung, etwa durch eine entsprechende Unternehmensverfassung oder die Begrenzung von Einkommensdifferenzen in Unternehmen, verhindert werden. Auch sollten die wachsenden Ansprüche der Geldvermögensbesitzer auf das Volkseinkommen und dazu die volkswirtschaftliche Relevanz von Geldvermögen zurückgedrängt werden. Darüber hinaus können beispielsweise hohe und progressive Steuern dazu beitragen, Personen und Haushalte unter das Niveau des „Zuviel" zu bringen.

Eine demokratiegerechte Ordnung der Reichtumsverteilung ist kein akademisches, sondern ein politisches Projekt. Es muss deshalb in den politischen Auseinandersetzungen plausibilisiert und (auch) über hinreichend große Zustimmung durchgesetzt werden. Dabei setzt der Vorschlag alles auf die Karte der Demokratie und nimmt den zumindest mehrheitlich immer noch geteilten Anspruch der Bundesrepublik, eine demokratische Gesellschaft zu sein, beim Wort. Dass dabei eine Ordnung der Reichtumsverteilung projektiert wird, die auf volkswirtschaftliches Wachstum nicht angewiesen ist, mag als ein zusätzliches Argument für eine demokratiegerechte Verteilung gelten.

Literatur

Beck, U. (1986): Risikogesellschaft. Auf dem Weg in eine andere Moderne, Frankfurt am Main

Bluestone, B., Harrison, B. (2002): Geteilter Wohlstand. Wirtschaftliches Wachstum und sozialer Ausgleich im 21. Jahrhundert (Frankfurter Beiträge zu Wirtschafts- und Sozialwissenschaften Bd. 7), Frankfurt am Main/New York

Glatzer, W. (2009): Gefühlte (Un)Gerechtigkeit, in: Aus Politik und Zeitgeschichte, Nr. 47, 15-20 (http://www.bpb.de/files/W1C8PC.pdf, Zugriff: 5.5.10)

Grömling, M. (2001): Ist Ungleichheit der Preis für Wohlstand? Zum Verhältnis von Wachstum und Verteilung, Köln

Hayek, Friedrich A. von (1977): Drei Vorlesungen über Demokratie, Gerechtigkeit und Sozialismus, Tübingen

Lessenich, S., Möhring-Hesse, M. (2004): Ein neues Leitbild für den Sozialstaat. Eine Expertise im Auftrag der Otto Brenner Stiftung und auf Initiative ihres wissenschaftlichen Gesprächskreises, Berlin

Möhring-Hesse, M. (2004): Die demokratische Ordnung der Verteilung. Eine Theorie der sozialen Gerechtigkeit, Frankfurt am Main/New York

Rawls, J. (1975): Eine Theorie der Gerechtigkeit, Frankfurt am Main

Schelsky, H. (1965): Die Bedeutung des Schichtungsbegriffs für die Analyse der gegenwärtigen Gesellschaft [1953], in: ders.: Auf der Suche nach Wirklichkeit. Gesammelte Aufsätze, Düsseldorf, 331-336

Unternehmen ohne Wachstumszwang: Zur Ökonomie der Gemeingüter

Gerhard Scherhorn

Zusammenfassung

Damit eine Entwicklung nachhaltig ist, müssen die *natur*gegebenen Gemeingüter so bewirtschaftet werden, dass eine vorerst noch wachsende Weltbevölkerung sich in den Lebens- und Produktionsgrundlagen des Planeten Erde auf Dauer einrichten kann. Die *sozial* gestalteten Gemeingüter müssen so entwickelt werden, dass sie die Menschen befähigen, diese Herausforderung friedlich und produktiv zu bewältigen. Das bisherige Wirtschaftswachstum bewirkt das Gegenteil, da es auf der Ausbeutung der Gemeingüter durch Externalisierung privater Kosten beruht. Die Externalisierung wird verhindert, wenn als *gesamt*wirtschaftliches Ziel die Nachhaltigkeit an die Stelle des Wachstums tritt, sodass *einzel*wirtschaftlich die jeweils nachhaltigere Produktion in den Grenzen der Substanzerhaltung wächst, während die weniger nachhaltige schrumpft. Ein derart verantwortliches Handeln setzt eine Markt- und Unternehmensverfassung voraus, die das Kapital in den Zyklus des natürlichen Werdens und Vergehens einordnet. Bleibt es beim Primat der endlosen Kapitalakkumulation, so werden die Gemeingüter auch weiterhin aufgezehrt.

1 Nachhaltigkeit verändert die Unternehmensziele

1.1 Substanzverzehr vermeiden, Gemeingüter erhalten

Nachhaltige Entwicklung bedeutet Erhaltung der Lebens- und Produktionsgrundlagen, altmodisch ausgedrückt: der Substanz. *Substanz* bezeichnet ebenso wie Kapital ein Vermögen oder Potenzial, einen Strom von

Erträgen zu erzeugen. Wer die Substanz verzehrt, erreicht zeitweise ein größeres Wachstum, als wenn er sie erhalten müsste, denn er verbraucht nicht nur den erwirtschafteten Ertrag, sondern zusätzlich auch einen Teil des Kapitals. Dadurch wird aber der künftige Ertrag immer kleiner, und schließlich gibt es gar nichts mehr zu verbrauchen. So ist Substanzverzehr und das dadurch generierte Wachstum das Gegenteil von Nachhaltigkeit.

Nachhaltigkeit wird heute so weit verfehlt, dass sie nicht von einem Tag auf den anderen erreichbar ist. Jeweils erzielte Verbesserungen kann man meist noch nicht nachhaltig nennen, deshalb behelfe ich mich damit, sie als „nachhaltiger" zu bezeichnen.

Die zu erhaltende Substanz ist weit mehr als das Wirtschaftskapital, das Vermögen an „produzierten Produktionsmitteln". Sie besteht vor allem im Natur- und Sozialkapital. Wir verzehren das Naturkapital z.B. durch Überfischung der Weltmeere, Absenkung des Grundwassers, Verringerung der Artenvielfalt, Erwärmung des Klimas. Wir verzehren das Sozialkapital z.B., wenn zunehmende Ungleichheit der Chancen auf Bildung, Einkommenserwerb oder Gesundheit die Menschen in einer Gesellschaft daran hindert, „gemeinsam effektiver zu handeln und gemeinsame Ziele zu verfolgen" (Putnam 1993, 345).

Der Substanzverzehr besteht im Raubbau an den Lebens- und Produktionsgrundlagen, die allen Menschen gemeinsam zustehen: den *Gemeingütern*.[1] Die Ökonomie der Gemeingüter verlangt, deren Nutzung entweder so zu begrenzen („Rationierung"), dass sie sich selbst regenerieren können, oder Aufwendungen zu tätigen, die sie wiederherstellen oder adäquat ersetzen („Ersatzinvestition") (diese Bedingungen entsprechen dem Konzept der starken Nachhaltigkeit). Beides wird gegenwärtig meist unterlassen und die Kosten, die damit verbunden wären, werden eingespart, also auf die Gemeingüter „externalisiert", was diese übernutzt und dezimiert. Wirtschaftlich ist das nur kurzfristig. Auf längere Sicht ist das durch Externalisierung erzielte Wachstum unwirtschaftlich (Brot für

---

[1] Als Gemeingüter werden hier die natürlichen und sozialen Ressourcen verstanden, die bei verständiger Betrachtung die globalen, nationalen und regionalen *common pool resources* bilden sollten (Helfrich 2009), tatsächlich aber überwiegend *unmanaged commons* (Hardin 1993) sind. Denn gleich, ob in privatem oder staatlichem Eigentum gehalten oder als freie Güter behandelt, sie werden bisher nicht so bewirtschaftet, wie es nötig wäre, damit die Tragfähigkeit der Erde nicht überfordert wird.

die Welt et al. 2008, 97-100). Seit mindestens vier Jahrzehnten (Meadows et al. 1972) sehen wir über diese Erkenntnis hinweg.

Wir verzichten auf Rationierung und Ersatzinvestitionen, weil die Gemeingüter vor Substanzverzehr nicht durch hinreichend wirksame Regeln geschützt sind.[2] Solange in Politik und Wirtschaft das Wachstumsziel dominiert, hat kein Unternehmen ein betriebswirtschaftliches Interesse an Substanzerhalt. Es ist für Konsumenten und Produzenten attraktiv, die Substanz zu verzehren, da sie dies in den Genuss niedrigerer Preise und höherer Gewinne bringt. Die Gesellschaft hat sich an permanentes Wachstum des privaten und öffentlichen Wohlstands gewöhnt, der Staat an Jahr für Jahr steigende Einnahmen und Ausgaben, und alle glauben im Vorgriff auf das künftige Wachstum bedenkenlos Schulden machen zu können.

1.2 Nutzen, nicht Kosten externalisieren

Wird auf das Wachstum verzichtet, das mit der Externalisierung von Kosten auf Gemeingüter erkauft wird, kann sich wirtschaftliches Handeln substanzerhaltend und sogar kultivierend auswirken. Für das natürliche Gemeingut Wasser beispielsweise kann das durch ein industrielles Regenwassermanagement geschehen, das Überschwemmungen verhindert, Wasser und Luft reinigt, Lebensraum erzeugt, die Landschaft verschönert und Geld spart (Braungart/McDonough 2003, 203); für das soziale Gemeingut Bildung durch die Ausbildung von Lehrlingen; für das soziale Gemeingut Beschäftigung durch Verringerung der Lebensarbeitszeit. So werden die Kosten der Erhaltung der Gemeingüter internalisiert und diese u.U. sogar qualitativ verbessert, was zugleich bedeutet, dass *Nutzen externalisiert* wird, weil man in das Gemeingut so reinvestiert, dass es für die künftige Nutzung – auch durch andere – besser geeignet ist als zuvor.

Im Mittel wird die Internalisierung die bisherigen Produktionskosten und Preise erhöhen und den bisherigen Absatz und Gewinn vermindern. Die bisher externalisierten Kosten selbst zu tragen bedeutet den Wegfall des Wachstums, das durch Externalisierung ermöglicht wurde. Unter einer

---

[2] Gewiss gibt es Regelungen zum Schutz von Gemeingütern, doch reichen sie nicht aus. So stellt z.B. der jüngste Bericht des UN-Sekretariats zur biologischen Vielfalt (UNEP 2010) fest, dass die Eindämmung des Verlustes an biologischer Vielfalt auf internationaler Ebene weitgehend gescheitert ist.

nachhaltigkeitsorientierten Wirtschaftspolitik kann nur die jeweils nachhaltigere Produktion wachsen, und auch sie nur *in den Grenzen der Substanzerhaltung.* Das heißt, dass nicht nur das Abwälzen von Kosten, sondern auch Reboundeffekte zu vermeiden sind: Die Nachfrage nach einem mit weniger Externalisierung hergestellten Produkt darf nicht so sehr wachsen, dass der erzielte Nachhaltigkeitsfortschritt ganz oder auch nur teilweise zunichtegemacht wird.

Zudem muss die weniger nachhaltige Produktion *schrumpfen.* Das betrifft den weitaus größten Teil der Wirtschaft, weil es in den Industrieländern kaum mehr Produktionen gibt, die nicht auf Externalisierung beruhen. Und man darf nicht damit rechnen, dass alle Schrumpfungen durch neues Wachstum kompensiert werden. Die Ablösung der fossilen Energien durch solar generierte Energie ist ein Beispiel dafür: Die Summe der eingestrahlten Sonnenenergie mag rechnerisch den Energiebedarf der Welt um ein Vielfaches übersteigen, ihre Erschließung und Umsetzung in Arbeitsenergie aber erfordert so viel knapp und teuer werdende Rohstoffe, dass sie den durch Fortschreibung der bisherigen Entwicklung errechneten Bedarf einer weltweiten Konsumgesellschaft nicht wird decken können (Trainer 2007).

Ob das Sozialprodukt auf dem hohen Wohlstandsniveau der Industrieländer noch in wenigstens bescheidenem Umfang wachsen kann, wenn diese eine konsequente Schonung und Erhaltung der Gemeingüter betreiben, ist also nicht sicher. Das Sozialprodukt der reifen Industrieländer wächst schon heute nur noch linear, also mit sinkenden Zuwachsraten (Afheldt 2003).

Sicher ist, dass das Wachstum des Sozialprodukts nicht länger das Ziel der Wirtschaftspolitik sein darf. An seine Stelle muss das Nachhaltigkeitsziel treten. Die nachhaltige Entwicklung wird die *Qualität* der Güter, der Arbeit und des Lebens erhöhen, was den Wegfall des auf Externalisierung beruhenden quantitativen Wachstums mehr als ausgleichen kann. Beides, die Änderung des Ziels und die Wahrnehmung und Akzeptanz des Ausgleichs, muss durch Regeln ermöglicht und gesichert werden, die den Wettbewerb und das Handeln der Unternehmen an die nachhaltige Entwicklung anpassen. Von den Regeln hängt es ab, ob wir zu nachhaltiger Entwicklung finden.

2 Der Vorrang des Kapitals[3] weicht dem Gleichrang der Produktionsfaktoren

2.1 Bejahung werterhaltender Kosten

Die Tendenz der Unternehmen, Kosten auf Gemeingüter abzuwälzen, hat ihre Grundlage in der geltenden Rechtsordnung, die der unbegrenzten Kapitalakkumulation Vorrang verleiht. Der sogenannte Primat des Kapitals besagt:

1. das Unternehmen gehört den Kapitaleigentümern

2. das Management ist auf die Erhaltung und Mehrung ihres Vermögens verpflichtet

3. Entlohnung der Arbeit, Restitution der Natur und Abgaben an die Gesellschaft sind Kosten, die den Gewinn schmälern

4. Kosten müssen nach Möglichkeit reduziert werden

Daraus folgt stillschweigend, dass die Reduktion der Kosten zulasten der Gemeingüter gehen darf. Damit wird negiert, dass Kosten auch wert- oder substanzerhaltend sein können, wenn sie nämlich dazu beitragen, die bei der Produktion beanspruchten Gemeingüter zu erhalten, d.h. zu regenerieren oder zu ersetzen, und sie vielleicht auch zu kultivieren. Dann ist es gerade *nicht* ihre Bestimmung, reduziert zu werden. Werterhaltend sind z.b. Aufwendungen zur Erhaltung und Kultivierung der Dienste der Ökosysteme, zur hochwertigen Wiedergewinnung knapper Rohstoffe, zur Vermeidung schädlicher Emissionen, zur Erschließung solarer Energie – kurz: zur nachhaltigen Bewirtschaftung des Naturkapitals. Werterhaltend sind auch Aufwendungen für die Gesundheit am Arbeitsplatz, für gesunde Ernährung, für die Vereinbarkeit von Beruf und Familie, für die Weiterbildung von Mitarbeitern, für eine hohe Beschäftigungsquote durch kürzere Arbeitszeiten – kurz: zur nachhaltigkeitskonformen Gestaltung des Sozialkapitals.

---

[3] Das Wort „Kapital" ohne den Zusatz „Natur-" oder „Sozial-" meint in diesem Text in erster Linie das „reale" Wirtschaftskapital im Sinn des Anlage-, Umlauf- und Humankapitals von Unternehmen. Das Finanzkapital muss jedoch immer mitgedacht werden. Der Vorrang beider über Natur und Arbeit, zumal wenn das Finanzkapital wie in den Jahren vor der jüngsten Finanzkrise die reale Deckung durch das Wirtschaftskapital übersteigt, fördert – man kann sogar sagen: erzwingt – den Substanzverzehr, vgl. Scherhorn (2008), 19-31.

In nachhaltig wirtschaftenden Unternehmen werden Kosten zur Erhaltung des Natur- und Sozialkapitals natürlich weiterhin auf der Aufwandseite der Erfolgsrechnung verbucht und mindern den monetären Gewinn, doch werden sie als Beitrag zur Stabilisierung der Gemeingüter positiv bewertet. Natürlich unterliegen auch sie dem Wirtschaftlichkeitsgebot; doch reduziert werden dürfen sie nur so weit, wie die Stabilisierung der Gemeingüter auch mit geringerem Aufwand erreicht werden kann.

Das Konzept werterhaltender und wertschaffender Kosten stellt sicher und macht deutlich, dass nachhaltige Entwicklung darin besteht, die Produktivkräfte des Natur- und Sozialkapitals in ihrer Substanz, ihrem Potenzial, kurz: in ihrer Gemeingutqualität zu erhalten und nach Möglichkeit zu kultivieren. Werterhaltende und -schaffende Kosten sind in ökonomischer Denkweise Ersatzinvestitionen – auch dort, wo sie kultivierend wirken; nun geht es darum, dass diese Denkweise auch auf die Gemeingüter angewandt wird.

2.2 Sozialbindung des Kapitaleigentums

Die Umsetzung des Konzepts substanzerhaltender Kosten wird dabei helfen, den Vorrang der Kapitalakkumulation abzulösen. Nach der bisherigen Logik sind die Erfolgsrechnungen der Unternehmen so aufgebaut, dass die Entgelte für die Leistungen der Arbeitenden, der Ökosysteme und der gesellschaftlichen Infrastruktur als Kosten behandelt werden, die die Kapitalrendite mindern:

Verkaufserlöse – Zinsen – Vorleistungen – Löhne – Material – Steuern – Sozialaufwendungen = Werterhöhung des Anlage- und Umlaufkapitals + Rückstellungen + Einkünfte der Kapitaleigner

Solange diese Logik gilt, ist es die Bestimmung der Arbeitskosten, der Steuern und der Sozialaufwendungen, möglichst reduziert zu werden, und sind die Ressourcen des Natur- und Sozialkapitals dazu da, ohne Entgelt verbraucht zu werden. Denn das Ziel ist, dass von den Verkaufserlösen möglichst viel übrig bleibt, was das Realvermögen (Anlage- und Umlaufkapital, Rückstellungen) und die Entnahmen der Kapitaleigner vermehrt.

Die nachhaltige Entwicklung braucht eine andere Unternehmensverfassung, in der die Produktionsfaktoren Arbeit und Kapital gleichgeordnet und beide für die Stabilisierung des Natur- und Sozialkapitals verantwortlich sind. In der Erfolgsrechnung würde sich das etwa so darstellen (nach Kelly 2001, 24):

Verkaufserlöse – Kosten für Fremdkapital, Verbrauchsmaterial und Vorleistungen für die laufende Produktion – Aufwendungen für Ersatzinvestitionen ins Anlagekapital – Aufwendungen zur Erhaltung des Natur- und Sozialkapitals = Werterhöhung des Anlage- und Umlaufvermögens + Werterhöhung des Natur- und Sozialkapitals + Rückstellungen + Einkünfte der Arbeitnehmer + Einkünfte der Kapitaleigner

Nach dafür zu entwickelnden Konventionen (z.B. Indikatoren der Umweltqualität) würden die Aufwendungen für die Werterhaltung des Naturkapitals (z.B. durch Rückgewinnung verbrauchter Rohstoffe) und des Sozialkapitals (z.B. durch Einführung der „kurzen Vollzeit"[4]) dann auf der Aufwandseite neben den Ersatzinvestitionen des Anlagekapitals ergänzend (nachrichtlich) aufgeführt. Die dabei erzielte Wertsteigerung des Naturkapitals (z.B. durch Erschließung erneuerbarer Energie) und des Sozialkapitals (z.B. durch Erhöhung der Beschäftigungsquote) würde auf der Erfolgsseite der Wertsteigerung des Anlagekapitals und den Einkünften von Arbeitnehmern und Kapitaleignern ergänzend zur Seite gestellt.

Kapitaleigner und Arbeitnehmer wären dann prinzipiell gleichrangige Mitglieder des Unternehmens. Jede der beiden Gruppen hätte ihren eigenen Anspruch auf Teilhabe am Ertrag. Über dessen Verteilung auf Natur- und Sozialkapital, Arbeitnehmereinkommen, Anlagevermögen, Rücklagen und folglich auch über die verbleibenden Kapitaleinkünfte müssten sie sich einigen. Die Arbeitenden trügen auf ihre Weise (z.B. in Gestalt eines erfolgsabhängigen variablen Lohnbestandteils, der bei ausreichendem Betriebsergebnis am Ende des Jahres ausgezahlt wird) das Unternehmensrisiko mit. Der Betriebsrat könnte gleichsam zu einer „zweiten Kammer" ausgebaut werden, die wichtige unternehmerische Entscheidungen mitbestimmt und mit der Unternehmensführung über das variable Einkommen der Beschäftigten, ihre Beteiligung am Erfolg, verhandelt (Kelly 2001, 156). Da die Interessen von Kapital und Arbeit nicht von vornherein auf die Erhaltung des Natur- und Sozialkapitals gerichtet

---

[4] Beschäftigung aller Erwerbsfähigen durch bedürfnisgerechte Verkürzung der Lebensarbeitszeit auf das Äquivalent einer 30-Stunden-Woche, vgl. Brot für die Welt et al. (2008), 434-439.

sind, muss durch sanktionsbewehrte Vorschriften gesichert sein, dass in solchen Verhandlungen die werterhaltenden Kosten respektiert werden.

3 Das verantwortliche Unternehmen

3.1 Kapitalismus oder Marktwirtschaft

Von *dem* Unternehmen zu sprechen ist in mancher Beziehung eine ebenso grobe Vereinfachung wie die Rede vom Vorrang der Kapitalakkumulation. Dieser Vorrang gilt weniger für Einzelfirmen und Personengesellschaften, denn hier gehört das angehäufte Kapital einer natürlichen Person. Spätestens, wenn diese Person stirbt, wird ihr Vermögen aufgeteilt und nicht selten verbraucht, statt weiter akkumuliert zu werden.

Uneingeschränkt gilt der Primat des Kapitals dagegen für das große Kapital, denn dieses wird in *Kapitalgesellschaften* verwaltet, die als *juristische Personen* ein Haftungsprivileg genießen – die Kapitaleigner haften nur bis zur Höhe ihrer Kapitalanteile, nicht mit ihrem Vermögen, und die Kapitalanteile sind so fungibel, dass die Gesellschaft sich andere Unternehmen durch Kauf von Kapitalanteilen denkbar einfach einverleiben kann. Es ist diese Privilegierung, die die endlose Kapitalakkumulation sichert.

Letztlich sind nicht die vielen kleinen und mittleren Unternehmen der Motor der Kapitalexpansion, sondern die wenigen großen. Mit Braudel (1986, 99) kann man sagen, dass der Kapitalismus von den wirtschaftlichen Aktivitäten vorangetrieben wird, die sich *an der Spitze* abspielen: Er schwimmt gleichsam auf der Marktwirtschaft, er „repräsentiert den Bereich der großen Profite". Marktwirtschaft ist nicht Kapitalismus, denn vom Kapitalismus wird „der Markt immer wieder umgangen oder verfälscht und der Preis willkürlich durch faktische oder gesetzlich verordnete Monopole diktiert" (ebenda, 45).

In der Sphäre des Kapitalismus agieren große Unternehmen, die „die traditionellen Marktregeln überwinden" und die Bedingungen für „ungleiche Tauschgeschäfte" schaffen, beispielsweise, indem sie Ware bei den Produzenten aufkaufen oder Informationsvorsprünge, staatliche Monopolrechte oder Steuerprivilegien ausnutzen. Diese Strategien führen „zur Akkumulation beträchtlichen Kapitals" in den Händen weniger weltumspannender Unternehmen (ebenda, 51 und 53).

Bei Einzelunternehmen und Personengesellschaften dagegen ist die Unternehmensform näher an der Bejahung werterhaltender Kosten und an der Partnerschaft zwischen Kapital und Arbeit. Es ist zwar nicht möglich, in der Realität einen scharfen Trennstrich zu ziehen zwischen den großen Unternehmen und Kapitalien, die man nach Braudel dem Kapitalismus zurechnen muss, und den vielen kleineren, die den Ozean bilden, auf dem er navigiert. Aber es geht gar nicht darum, Terrains abzustecken, sondern die Bindungslosigkeit des großen Kapitals in eine verantwortliche Haltung zu überführen.

Das muss durch Bedingungen geschehen, die ökologische und soziale *Verantwortlichkeit* bewirken, exakter bezeichnet mit dem englischen *accountability* („being responsible to an audience with reward or sanction power" (Beu 2001, 4451)). Durch die begrenzte *accountability* in kapitalgeleiteten Hierarchien wird jedoch eher das externalisierende Handeln betont. Manager von Kapitalgesellschaften sind rechtlich gehalten, sich allein den Shareholdern verantwortlich zu fühlen. Sie können das auch noch im Bewusstsein der Haftungsbeschränkung ausagieren.[5] Unter diesen Bedingungen ist es „in der Struktur des Unternehmens angelegt", dass die Manager dieser Gesellschaften den Vorteil des Unternehmens – und ihren eigenen – zulasten der Allgemeinheit verfolgen; die Kapitalgesellschaft ist dann in der Tat „die perfekte Externalisierungsmaschine" (Mitchell 2002, 81), die im Wettbewerb auch die kleinen und mittleren Unternehmen zur Externalisierung zwingt. Deshalb muss die Marktverfassung den externalisierenden Wettbewerb generell verhindern, und darüber hinaus muss die Unternehmensverfassung sicherstellen, dass auch für die großen Kapitalgesellschaften der Primat des Kapitals nicht mehr gilt und dass sie die Macht verlieren, die demokratischen Entscheidungsprozesse in ihrem Sinn zu lenken (vgl. Adamek/Otto 2009).

3.2 Regeln gegen Externalisierung

Heute schützt das Wettbewerbsrecht auch denjenigen Wettbewerb, der seinen Erfolg der Externalisierung von Kosten verdankt, und verhindert

---

[5] So erfüllen sie die Definition des Philosophen Charles Frankel (1955, 208) allzu selektiv: „A decision is responsible when the man or group that makes it has to answer for it to those who are directly or indirectly affected by it."

so die nachhaltige Entwicklung. Es ist am „freien Wettbewerb" orientiert, sollte aber den freien *und nachhaltigen* Wettbewerb schützen. Dazu müsste die Externalisierung von Kosten in die verbotenen Wettbewerbshandlungen nach §§ 3-4 des Gesetzes gegen den unlauteren Wettbewerb (UWG) aufgenommen werden.[6] Dieses Gesetz soll ja verhindern, dass Unternehmen die Nachfrager durch bloß vorgespiegelte eigene Leistungen für sich gewinnen. Ein durch Schädigung von Gemeingütern erreichter Preis- oder Qualitätsvorsprung ist in diesem Sinn nicht weniger unlauter als z.b. Täuschung durch irreführende Werbung oder Ausnutzung von Unerfahrenheit. Wenn Externalisierung als unlauter gilt, können externalisierende Unternehmen verklagt werden, weil sie den Nachfragern vorspiegeln, dass der dadurch erlangte Vorsprung (niedrigere Preise, aufwändigere Ausstattung) auf besserer Marktleistung beruht.[7] Raubbau an Gemeingütern darf keinesfalls weiter als Marktleistung gewertet werden.

Flankierend sollten Vereinbarungen zwischen Unternehmen, die einander eine Internalisierung bestimmter von ihnen bisher abgewälzter Kosten zusichern, vom Kartellverbot ausgenommen werden. Das Gesetz gegen Wettbewerbsbeschränkungen soll Vereinbarungen (Kartelle) verbieten, die eine Ausschaltung des Wettbewerbs bewirken. Verabredungen zur Verbesserung der Produktivität bzw. des Angebots sind vom Kartellverbot ausgenommen. Die Ausnahme muss auch für Verabredungen zwischen Unternehmen eingeführt werden, die externalisierte Kosten künftig selbst tragen wollen.[8]

---

[6] Ein neuer Absatz 12 in § 4 sollte etwa bestimmen, dass auch derjenige unlauter im Sinne von § 3 handelt, der sich durch Abwälzung von Kosten auf Umwelt und Gesellschaft Vorteile gegenüber nachhaltiger wirtschaftenden Mitbewerbern verschafft. Eine entsprechende Formulierung gehört auch in die „Schwarze Liste" der Richtlinie 2005/29/EU über unlautere Geschäftspraktiken im Binnenmarktverkehr. Beide Generalvorschriften schließen spezifische Regelungen (z.B. des Klimaschutzes) nicht aus, sondern stellen diese in einen größeren Zusammenhang.

[7] Das hätte auch zu gelten, wenn die Unternehmen ein Produkt nicht selbst hergestellt, sondern importiert haben.

[8] § 7 des Gesetzes gegen Wettbewerbsbeschränkungen (GWB) (Sonstige Kartelle) – und Art. 81 (3) des EU-Vertrags – sollten etwa wie folgt ergänzt werden: (3) Vereinbarungen und Beschlüsse, in denen sich Unternehmen zusichern, dass sie im Interesse der nachhaltigen Entwicklung Kosten aufwenden werden, um zur Erhaltung oder Wiederherstellung oder Substitution eines bei der Produktion oder dem Vertrieb genutzten Gemeinguts (z.B. Rohstoff, Boden- oder Luftqualität, Klima,

Mit diesen Gesetzesänderungen würde der Wettbewerb in die Lage versetzt, die jeweils weniger nachhaltigen Produktionsverfahren und Produkte auszuschalten. Ein Prozess der „schöpferischen Zerstörung" würde in Gang gesetzt, wie er annähernd effektiv weder von behördlichen Verfügungen erwartet werden kann noch von der Einsicht der Konsumenten bzw. Produzenten. Nur eine gesetzliche Verankerung des freien *und nachhaltigen* Wettbewerbs befähigt den Markt, den Verzicht auf die Preis- und Qualitätsvorteile der Externalisierung zu erzwingen.

3.3 Wachstumsneutrale Unternehmensformen

Mit dem Verzicht auf Externalisierung werden die kleinen und mittleren Einzelunternehmen und Personengesellschaften keine Schwierigkeit haben. Das gilt ebenso für Genossenschaften, Stiftungen und wohl auch für kommunale Unternehmen. Soweit sie heute eine Tendenz zeigen, durch Externalisierung zu wachsen, sind sie unter den gegebenen Wettbewerbsregeln dazu gezwungen. Der Zwang wird erlöschen, sobald die Regeln geändert sind.

Anders steht es mit Unternehmensstrukturen, in die ein Impuls zum externalisierenden Wachstum eingebaut ist. In Kapitalgesellschaften geht ein solcher Impuls gleich von vier Privilegien aus: Die auf die Kapitaleinlage beschränkte Haftung gibt den größeren Kapitaleignern die Chance, mit relativ geringem Einsatz (Lobbyismus, Verhandlungsmacht) Einfluss auf die Politik auszuüben; die Fungibilität der Kapitalanteile ermöglicht es Aktionären, kurzfristig auf schneller wachsende Unternehmen umzusteigen; die Erlaubnis der Beteiligung des Unternehmens an anderen Kapitalgesellschaften erleichtert die Bildung großer Konzerne durch „externes Unternehmenswachstum"; die Gleichstellung mit natürlichen Personen gibt der Aktiengesellschaft die Möglichkeit, über die steuerliche Absetzbarkeit von Spenden Wahlkämpfe und politische Kampagnen zu finanzieren und so die Demokratie zu untergraben (vgl. Reich 2008).

Diese Privilegien begründen die Herrschaft des „großen Kapitals". Bleiben sie bestehen, behalten die Konzerne die Macht, sich gegen die nachhaltige Entwicklung zu stemmen. Das schädlichste ist wohl das Pri-

---

Fischbestand, Artenvielfalt...) beizutragen, können auf Vorschlag des Bundesumweltministeriums vom Verbot des § 1 für begrenzte Zeit freigestellt werden.

vileg des externen Unternehmenswachstums; es muss ebenso aufgehoben werden (vgl. Binswanger 2009, 150ff.) wie das Privileg der Einflussnahme auf die Politik. Auch muss im Aktiengesetz bestimmt werden, dass ein „ordentlicher und gewissenhafter Geschäftsleiter" (§ 93.1 AktG) sich nicht nur für das Vermögen der Kapitaleigner, sondern gleichermaßen für die Erhaltung der Gemeingüter einzusetzen hat. Doch auch dann wäre in vielen Fällen die Rechtsform der Stiftung der nachhaltigen Entwicklung gemäßer als die der Aktiengesellschaft (Binswanger a.a.O.). Vor allem aber sollte die Rechtsform der Genossenschaft gefördert werden. Sie macht das Unternehmen vom Druck auf hohe Kapitalrenditen und exzessive Vorstandsbezüge unabhängig und gibt dem Beschäftigungsziel höheren Rang als der Ausschüttung von Gewinnen. Sie hat sich sowohl für große Handelsunternehmen bewährt, wie Beispiele aus der Schweiz zeigen (dort sind beispielsweise die beiden größten Detailhändler, Migros und Coop, Genossenschaften; vgl. Kissling 2009), als auch für große Industrieunternehmen, wie man an der global tätigen spanischen Mondragón Corporación Cooperativa verfolgen kann.

Auch die Privilegien der Finanzmarktakteure gehören auf den Prüfstand. Den Banken sollte das Privileg der Buchgeldschöpfung dadurch entzogen werden, dass sie den Gegenwert der vergebenen Kredite in gesetzlichen Zahlungsmitteln als Reserve halten müssen. Das Privileg der „Universalbank", die gleichzeitig Kreditgeschäfte und Investmentbanking betreiben darf, muss aufgehoben und (wieder) durch das Trennbankensystem ersetzt werden. Die Finanzaufsicht muss auf die gesamte Geschäftstätigkeit der Banken, auf alle an den Kapitalmärkten tätigen Fonds und auf alle Finanzprodukte ausgedehnt werden (Scherhorn 2009, 71-74). Die Rolle der Aktienbörsen muss revidiert werden. Die Funktion, den Unternehmen der Realwirtschaft Finanzkapital für Investitionen zur Verfügung zu stellen, haben die Aktienbörsen weitgehend verloren; stattdessen sind sie zu Instituten der Spekulation und Symbolen der Illusion vom schnellen Reichtum abgesunken (Lordon 2009 und 2010). Und nicht zuletzt muss es den Geldanlegern erleichtert werden, ihre Investitionsentscheidungen konsequent an Kriterien der Natur- und Sozialverträglichkeit statt an der Kapitalrendite zu orientieren (Hoffmann et al. 1997). Zumindest die großen Fonds, die immerhin etwa 50% aller börsennotierten Aktien halten, sollten im Investmentgesetz auf nachhaltige Geldanlage verpflichtet werden. Und das Kreditwesengesetz sollte die Banken verpflichten, Investitionskredite nur für nachhaltigkeitsfördernde Vorhaben zu vergeben und die Kapitalanleger über die Natur- und Sozialverträglichkeit der Anlageprodukte verlässlich zu informieren.

All das betrifft zwar nur eine Minderheit der Unternehmen, wird aber entscheidend sein, weil diese die nachhaltige Entwicklung blockieren. Die vorgeschlagenen Maßnahmen werden sich deshalb auch auf die 80% aller Unternehmen auswirken sowie die 60% aller Arbeitsplätze, die auf kleine Unternehmen und freiberuflich Tätige entfallen. Sie repräsentieren die Marktwirtschaft; fällt der vom Kapitalismus ausgeübte Zwang zu Externalisierung und Wachstum weg, so kommen sie ohne beides aus.

Kleinere Unternehmen sind weniger von überkommenen Hierarchievorstellungen geprägt und können diese leichter abstreifen. Für sie ist es einfacher, eine Gleichrangigkeit von Arbeit und Kapital herzustellen und partnerschaftliche Organisationsformen – von der Einrichtung teilautonomer Arbeitsgruppen bis zum „Erfolg ohne Chef" (Pflüger 2009) oder dem „dirigentenlosen Orchester" (Seifter/Economy 2001) – zu entwickeln. Auch bei Industrieunternehmen lassen sich solche Unternehmensformen verwirklichen (Semler 1993). Und für eine der klassischen Unternehmensformen, die Genossenschaft, war das Prinzip des Gleichrangs von Kapital und Arbeit seit je konstitutiv. Sie wurde in der Vergangenheit zurückgedrängt, könnte aber bei nachhaltiger Entwicklung wieder ihr Potenzial entfalten. Schon heute ist zu erkennen, dass das Nachhaltigkeitsprinzip neue Organisationsweisen hervorbringt wie die Kooperationsnetzwerke und die Sozialen Unternehmen (Faltin 2008).

Literatur

Adamek, S., Otto, K. (2009): Der gekaufte Staat. Wie Konzernvertreter in deutschen Ministerien sich ihre Gesetze selbst schreiben, Köln

Afheldt, H. (2003): Wirtschaft, die arm macht. Vom Sozialstaat zur gespaltenen Gesellschaft, München

Beu, D. (2001): Accountability as it influences ethical behavior. Dissertation Abstracts International, 61 (11-A), June 2001, University Microfilms International

Binswanger, H.C. (2009): Vorwärts zur Mäßigung. Perspektiven einer nachhaltigen Wirtschaft, Hamburg

Braudel, F. (1986): Die Dynamik des Kapitalismus, Stuttgart

Braungart, M., McDonough, W. (2003): Einfach intelligent produzieren. Cradle to cradle: Die Natur zeigt wie wir Dinge besser machen können, Berlin

Brot für die Welt, Evangelischer Entwicklungsdienst, B.U.N.D. (Hrsg.) (2008): Zukunftsfähiges Deutschland in einer globalisierten Welt, Frankfurt am Main

Faltin, G. (2008): Kopf schlägt Kapital. Die ganz andere Art, ein Unternehmen zu gründen, München

Frankel, C. (1955): The case for modern man, New York

Hardin, G. (1993): Living within limits. Ecology, Economics, and Population Taboos, New York

Helfrich, S., Heinrich Böll Stiftung (Hrsg.) (2009): Wem gehört die Welt? Zur Wiederentdeckung der Gemeingüter, München

Hoffmann, J., Ott, K., Scherhorn, G. (Hrsg.) (1997): Ethische Kriterien für die Bewertung von Unternehmen. Frankfurt am Main

Kelly, M. (2001): The divine right of capital. Dethroning the Corporate Aristocracy, San Francisco

Kissling, H. (2009): Wir Eidgenossenschafter, in: Das Magazin 45/2009, Zürich; online abrufbar unter http://dasmagazin.ch/index.php/wir-eidge nossenschafter (Zugriff: 21.6.2010)

Lordon, F. (2009): La crise de trop. Reconstruction d'un monde failli, Paris

Lordon, F. (2010): Ein Würfelbecher namens Börse, in: Le Monde diplomatique, dt. Ausg. Feb. 2010, 14f.

Meadows, D.L., Meadows, D., Forresters, J.W. (1972): Die Grenzen des Wachstums. Bericht des Club of Rome zur Lage der Menschheit, Stuttgart

Mitchell, L.E. (2002): Der parasitäre Konzern. Shareholder value und der Abschied von gesellschaftlicher Verantwortung, München

Pflüger, G. (2009): Erfolg ohne Chef. Wie Arbeit aussieht, die sich Mitarbeiter wünschen, Berlin

Putnam, R (1993): Making Democracy Work: Civic Traditions in Modern Italy, Princeton

Reich, R. (2008): Superkapitalismus. Wie die Wirtschaft unsere Demokratie untergräbt, Frankfurt am Main

Scherhorn, G. (2008): Nachhaltige Entwicklung. Die besondere Verantwortung des Finanzkapitals, Erkelenz

Scherhorn, G. (2009): Geld soll dienen, nicht herrschen. Die aufhaltsame Expansion des Finanzkapitals, Wien

Seifter, H., Economy, P. (2001): Das virtuose Unternehmen. Aktivieren Sie das Potenzial Ihrer Mitarbeiter mit der Methode des Orpheus Chamber Orchestra, des einzigen dirigentenlosen Orchesters, Frankfurt am Main

Semler, R. (1993): Das Semco System. Management ohne Manager. Das neue revolutionäre Führungsmodell, 2. Aufl., München

Trainer, T. (2007): Renewable engergy cannot sustain a consumer society, Dordrecht

UNEP (United Nations Environment Program) (Hrsg.) (2010): Global Biodiversity Outlook 3; online abrufbar unter http://gbo3.cbd.int/ (Zugriff: 21.6.2010)

Finanzmärkte
und Aufgabe der Banken

Thomas Jorberg

Zusammenfassung

Der Finanzmarkt hat sich durch ein Überangebot an Kapital von seiner eigentlichen Aufgabe entfernt, realwirtschaftliche Investitionen zu finanzieren, die sich an den Bedürfnissen der Menschen orientieren. Der durch abstrakte Finanzprodukte entstehende Anlage- und Renditedruck sowie die Vermögensinflation wirken regelmäßig als Wachstumstreiber und führten in der Vergangenheit zu erheblichen Überbewertungsblasen. Es bedarf dringend eines durch finanzwirtschaftliche Aufklärung herbeigeführten Bewusstseinswandels über die Rolle des Finanzsektors; weiter ist eine ordnungspolitische Neuordnung des Finanzmarktes nötig, die ein Verbot spekulativer Finanzdienstleistungen beinhaltet und gleichzeitig soziale und ökologische Notwendigkeiten berücksichtigt.

Angesichts der Kluft zwischen Arm und Reich – sowohl innerhalb von Ländern wie auch zwischen Entwicklungs- und Industrieländern –, angesichts der ökologischen Krise, die am Klimawandel besonders deutlich wird, und der jüngsten ökonomischen Krise, die sich aus der Finanzkrise entwickelt hat, ist die Frage nach der Leistungsfähigkeit und weiteren Entwicklung des gegenwärtigen ökonomischen Systems unvermeidbar.

Die Frage, ob die kapitalistische Marktwirtschaft bisher leistungsfähig war oder nicht, sollte nicht ideologisch beantwortet werden, sondern durch eine nüchterne Bestandsaufnahme. Eine solche wird zum Schluss kommen, dass die Errungenschaften des Systems enorm sind. Gerade deshalb stellt sich meines Erachtens die Frage nach dem Ordnungsrahmen: nicht weil das marktwirtschaftliche System *nicht* leistungsfähig gewesen wäre, vielmehr, *weil* es so leistungsfähig war.

Das kapitalistisch marktwirtschaftliche System hat enorme Produktivitätssteigerungen hervorgebracht, die in einer beträchtlichen Verbesserung der persönlichen und unternehmerischen Einkommen mündeten. Wichtige Gründe für diesen Erfolg sind Mechanisierung und Automatisierung von Produktion und Dienstleistung, die einen immer höheren Anteil an Kapitaleinsatz mit sich bringen. Dies hat allerdings den ursprünglich knappen Produktionsfaktor Arbeit zunehmend freigesetzt – bei einem wachsenden Bedarf des zunächst knappen Produktionsfaktors Kapital. Mit dieser Freisetzung von Arbeit ist die Beseitigung von Armut nicht gelungen, weil das Einkommen breiter Massen an Erwerbsarbeit gekoppelt ist; Erwerbsarbeitslosigkeit ist eine wesentliche Ursache von Armut. Ferner hat dieses System zu einem unglaublichen „Findungsreichtum" an „neuen" menschlichen Bedürfnissen und ihrer Befriedigung geführt, was sich an der heute noch fortschreitenden innovativen Entwicklung von Produkten und Dienstleistungen zeigt.

Die beschriebenen Entwicklungen wurden ermöglicht durch günstige fossile Energie und natürliche Ressourcen sowie billige Arbeitskräfte im Süden. Diese und eine expansive Geldpolitik haben auch zu hohen Gewinnen von Unternehmen, einkommensstarken Privatpersonen und ganzen Volkswirtschaften geführt. Damit erhöhte sich zugleich das Kapitalangebot.

Im Zuge der ökonomischen Entwicklung und mit dem Erfolg der kapitalistischen Marktwirtschaft hat sich der historische Normalfall mit Angebotsknappheit von Gütern und Dienstleistungen bei einem scheinbar unbegrenzten Kapazitätsfaktor Natur völlig geändert: Inzwischen ist der Produktionsfaktor Natur zum Knappheitsfaktor geworden. Weil die Nutzung des Faktors Natur nach wie vor weitgehend kostenfrei ist, haben wir die heute beobachtbaren ökologischen Probleme. Daher ist die Begrenzung des Naturverbrauches und die Bepreisung der Naturnutzung – etwa des Rohstoffabbaus, des Wasserverbrauchs oder der Schadstoffemissionen – eine wesentliche Voraussetzung für die Nachhaltigkeit unserer Marktwirtschaft. Ob dies zu einer Begrenzung des Wachstums führen wird, hängt von den technischen und sozialen Innovationen ab.

Die ökologischen Knappheiten und Probleme, die ungelösten sozialen Fragen und die ökonomische Krise stellen uns vor die Frage nach der Leistungsfähigkeit des Systems und danach, ob und wie es mit dem Wirtschaftswachstum weitergehen kann.

1 Überangebot von Kapital in der modernen wachstumsorientierten Marktwirtschaft und Folgen für die Realwirtschaft

Geld und Kapital scheinen über die Geld- und Kreditschöpfung volumenmäßig unbegrenzt vermehrbar. Hinzu kommt, dass die Renditeerwartung schier ständig steigt. Die Internationalisierung der Kapitalmärkte verstärkt die Wirkung des Kapitalüberangebots und die Jagd nach hohen Renditen. Diese Entwicklungen haben dazu geführt, dass längst ein Überangebot an Geld besteht, das immer weniger in den Konsum oder in reale Investitionen fließt.

In den meisten Märkten bringt ein steigendes Angebot einen sinkenden Preis mit sich. Dieser Marktmechanismus ist bei einem Überangebot von Geld regelmäßig ausgehebelt, denn Geld ist in der Lage, sich seine Nachfrage selbst zu generieren. Wird Geld in Immobilien, Aktien oder Rohstoffe investiert, steigen die Preise, wodurch für den Erwerb solcher Vermögenswerte im Folgenden mehr Kapital erforderlich ist. Die Rendite steigt durch diese Preiserhöhung nominal und beim Verkauf real. Dies verteuert wiederum das Gut. Diese Entwicklung wird zusätzlich dadurch vorangetrieben, dass Geld mittels abstrakter Finanzprodukte – und mit enormen Risiken – spekulativ in Vermögenswerte wie die bereits genannten gepumpt wird, sodass dort erhebliche Überbewertungsblasen (Spekulationsblasen) entstehen. Ihr Platzen kann ganze Wirtschaftssektoren oder wie jüngst die ganze Finanzbranche ins Trudeln bringen, mit unabsehbaren Folgen für die Realwirtschaft.

Bei Finanzengagements in Unternehmen äußert sich diese Dynamik in der Suche nach Shareholder- bzw. Shareturner-Value[1]. Ökonomischer Gewinn wird damit als übergeordnetes Ziel definiert, anstatt ökonomisches Wissen (sinnvoll) für wirtschaftliche Tätigkeiten so einzusetzen, dass diese die Bedürfnisse der Menschen befriedigen. Die zunehmend höhere Bewertung von Unternehmen führt zu höheren Kapitalkosten für die Unternehmen, was in Unternehmen den Zwang zum Wachstum erhöht.

Der Anlage- und Renditedruck wirkt auf Unternehmen als starker Wachstumstreiber. Dies führt zu einem angebotsinduzierten (statt nachfrageinduzierten) Wachstumszwang, der sich in Erwartung steigender

---

[1] Mit Shareturner-Value ist der kurzfristige Kursgewinn mit Wertpapieren gemeint, die schnell wieder abgestoßen werden.

Werte im Bau neuer Immobilien, im vermehrten Rohstoffabbau und Ähnlichem ausdrückt. Dieser Wachstumszwang wird durch die Vermögensinflation wiederum geschürt. Kurz: Spekulation führt immer zu Wachstum.

Mit ihrem Engagement in diesen Anlage- und Spekulationsbereichen haben sich die Finanz- und Kapitalmärkte immer weiter von ihrer einzig sinnvollen Aufgabe entfernt, nämlich Finanzmittel in Form von Krediten oder Eigenkapital zur Finanzierung realwirtschaftlicher Investitionen zur Verfügung zu stellen.

2 Neuordnung der Finanzmärkte mit Fokus auf das eigentliche Bankgeschäft

Eine Neuordnung der Finanzmärkte muss mit der gleichen Intensität betrieben werden wie die Verabschiedung der gewaltigen Stabilisierungspakete während der Finanzkrise. Andernfalls lindern diese Pakete zwar die Symptome, stärken aber die Problemursachen und führen absehbar zu noch größeren Krisen. Nur eine konsequente Änderung des ordnungspolitischen Rahmens kann die Risikoübernahme in Höhe von Hunderten Milliarden Euro durch den Staat im Nachhinein legitimieren.

Um die Finanzmärkte neu zu ordnen, muss zuerst überlegt werden, welche Leistungen die Finanzwirtschaft erbringt, die der Realwirtschaft und damit dem Wohlstand der Gesellschaft dienen, und welche „Leistungen" nur Selbstzweck des Finanzmarktes sind, die im besten Fall keinen und im Regelfall einen negativen realwirtschaftlichen Nutzen haben. Diese Überlegungen sollen im Folgenden gemacht werden.

Unmittelbar der Realwirtschaft dienende Produkte

Die volkswirtschaftliche Funktion von Banken besteht darin, die Realwirtschaft mit Zahlungsmitteln und Kapital zu versorgen. Banken und andere Finanzdienstleister stellen den Zahlungsverkehr sicher, nehmen Einlagen entgegen und bündeln diese, um daraus Kredite zu vergeben. Weiter beschaffen sie Eigenkapital durch Beteiligungsgesellschaften, das Emissionsgeschäft der Banken sowie Teile des Investment Bankings.

Dieses klassische Bankgeschäft mit der direkten Kundenbeziehung zwischen Einleger und Bank auf der einen Seite und zwischen Kreditnehmern und Bank auf der anderen Seite zeigt sich in der momentanen Krise als der eigentlich stabilisierende Faktor des Marktes. Dieses der Realwirtschaft unmittelbar dienende Bankgeschäft, das erst unternehmerische, wirtschaftliche, gemeinnützige oder kulturelle Tätigkeiten ermöglicht, ist in den letzten zehn Jahren allerdings unter Druck geraten, sowohl was die Struktur der Geschäfte als auch was die Zinsmargen angeht. Die Regulierung hat in fast jährlichem Rhythmus zugenommen. Von der dadurch verursachten Bürokratisierung bei entsprechendem Kostendruck waren insbesondere Banken in der Größenordnung der Sparkassen und Genossenschaftsbanken betroffen. Rund 90% aller Finanzmarktregulierungen dürften sich auf diesen realwirtschaftlich sinnvollen Bankbereich beziehen. Bei den Großbanken werden nur noch rund 10% der Gewinne in diesem realwirtschaftlichen Bereich erzielt.

Mittelbar der Realwirtschaft dienende Produkte

Eine ganze Reihe derivativer Finanzinstrumente wie z.B. Swaps dienen mittelbar dem realwirtschaftlich orientierten Finanzgeschäft, etwa durch die Absicherung von Zinsänderungsrisiken, Laufzeitinkongruenzen und Währungsrisiken – also von Risiken, denen realwirtschaftliche Finanzgeschäfte zugrunde liegen. Diese derivativen Instrumente sind sinnvoll und notwendig, um ungleichgewichtige Risiken der unterschiedlichen Finanzmarktteilnehmer auszugleichen und im einzelnen Institut steuerbar zu machen.

Eine Abgrenzung dieser sinnvollen Instrumente von den rein abstrakten, nicht mittelbar der Realwirtschaft dienenden Produkten ist schwierig. Insofern ist gerade im Bereich derivativer Instrumente eine verstärkte Regulierung und Kontrolle erforderlich.

Nicht der Realwirtschaft dienende Finanzprodukte

Viele Finanzprodukte und Finanzunternehmen (z.B. Hedgefonds) dienen nur dem Zweck, durch Spekulation Geld mit Geld zu verdienen. Diese Aktivitäten setzen auf tatsächliche, vermutete und oft selbst beeinflusste oder sogar verursachte Preisänderungen von Devisen, Aktien, Immobilien, Grundstücks- oder Rohstoffmärkten. Gerade in diesem nicht der Realwirtschaft dienenden Bereich hat es in den vergangenen zehn Jahren erhebliche Deregulierungen gegeben. Die Ursache der momentanen Finanzkrise ist im Wesentlichen in diesem Bereich zu finden.

Solche und andere rein abstrakte, spekulative Finanzinstrumente dienen in keiner Weise einer gesunden Entwicklung der Realwirtschaft. Sie verursachen mittelbar kaum kalkulierbare soziale, ökologische und – wie die aktuelle Situation zeigt – ökonomische Schäden. Sie haben – so kann man heute feststellen – die größten monetären und möglicherweise auch realwirtschaftlichen Verluste der Geschichte verursacht.

Solche Instrumente wirken außerdem als stärkster Wachstumstreiber der Finanzbranche. Sie sind zu verbieten. Dies betrifft beispielsweise Leerverkäufe, das Verleihen von Aktien und andere Tätigkeiten von Hedgefonds, den Handel mit verbrieften Kreditforderungen, die Finanzspekulation mit Rohstoffzertifikaten und anderes mehr.

3 Vorschläge für einen neuen Ordnungsrahmen für Finanzmärkte

Einziges Ziel einer sozialen und ökologischen Marktwirtschaft muss die Verbesserung der Lebenssituation der Menschen sein. Welche Bedürfnisse, Werte und Ziele die Menschen als eine Verbesserung ihrer Lebenssituation betrachten, muss sich in freien Entscheidungen bilden und weiterentwickeln können. Grundsätzlich sollte sich staatliches Handeln auf den Rechtsrahmen beschränken, der einen möglichst freien Wettstreit von unterschiedlichen Ideen und Konzepten gewährleistet.

Geld hat in Bezug auf den vorgenannten Zweck der Marktwirtschaft eine sekundäre Funktion. Geld und Kapital sind ein notwendiges Mittel, um die globalen arbeitsteiligen Märkte funktionsfähig zu halten. Ziel einer Neuordnung sollte daher die ausschließliche Funktion des Finanzmarktes als Dienstleister für die Realwirtschaft sein, der weder als systemischer Wachstumstreiber noch als Wachstumsbremser fungieren sollte.

Vor diesem Hintergrund werden zur Verbesserung des Ordnungsrahmens der Finanzmärkte die folgenden Maßnahmen vorgeschlagen:

1. Die Bank- und Finanzangebote, die unmittelbar der Realwirtschaft dienen, sind, wo möglich, zu deregulieren; diejenigen, die mittelbar der Realwirtschaft dienen, sind zu regulieren und zu kontrollieren und diejenigen, die nicht der Realwirtschaft dienen, zu verbieten.

2. Es besteht seit vielen Jahrzehnten eine globale Übereinkunft, dass Inflation bei Gütern und Dienstleistungen bekämpft und durch unabhängige Notenbanken gemessen, kontrolliert und gesteuert werden soll. Es ist dringend erforderlich, dass im Falle von Inflation bei Vermögenswerten Vergleichbares geschieht, indem diese Inflation genau wie die Inflation bei Gütern und Dienstleistungen gemessen und mit geldpolitischen Entscheidungen gegebenenfalls eingedämmt wird. Denn diese Inflation führt zu steigenden Kapitalkosten und wirkt so als Wachstumstreiber. Durch das Streben nach möglichst hohen Zinssätzen wird dieser Effekt noch verstärkt. Diese Dynamik führt zu einer Umverteilung zulasten der Konsumenten.

3. Rating-Agenturen dürfen nicht mehr in die Entwicklung von Finanzprodukten eingebunden sein. Rating-Agenturen sollten verpflichtet sein, neben der monetären Bonitätsprüfung auch Aussagen darüber zu machen, wie Investitionen realwirtschaftlich verwendet und welche sozialen und ökologischen Rahmenbedingungen dabei berücksichtigt werden.

4. Dieser Verpflichtung muss selbstverständlich eine entsprechende Verpflichtung zu mehr Transparenz von Banken und Finanzinstituten gegenüberstehen. Die Angabe, was realwirtschaftlich mit dem Geld gemacht wird, gibt dem Anleger eine wesentliche Urteilsgrundlage, die er braucht, um eine bewusste Entscheidung zu treffen.

5. Die Offshore-Finanzplätze müssen geschlossen beziehungsweise ausgegrenzt oder in einen neuen ordnungspolitischen Rahmen eingebunden werden, da sie eine unkontrollierbare Grauzone bilden.

6. Einzelne Finanzinstitute oder spezielle Produkte dürfen in ihrer absoluten Größe oder ihrer Struktur weder global noch national systemgefährdend sein. Statt des Credos „größer ist besser" bedarf es begrenzender Strukturkennziffern, etwa einer Obergrenze für das Verhältnis der Bilanzsumme einer Bank zum Sozialprodukt eines Landes. Staatliche Stützungen von Übernahmen wie etwa der Dresdner Bank durch die Commerzbank in Deutschland sind auch vor diesem Hintergrund zu hinterfragen.

Die Umsetzung der beschriebenen Vorschläge, die den realwirtschaftlichen Bezug des Finanzsektors wiederherstellen, ist ein zentrales Element

einer Wirtschaft und Gesellschaft, die den systemischen Wachstumszwang hinter sich lässt.

4 Neuer Ordnungsrahmen

Neben einer Veränderung der ordnungspolitischen Rahmenbedingungen
bedarf es einer breiten Aufklärungs- und Bildungskampagne zu finanz-
wirtschaftlichen Themen. Die Tatsache, dass die Art und Weise, wie
Geld angelegt, verzinst und verwendet wird, in stärkerem Maße unsere
Gesellschaft gestaltet als viele konsumtive oder politische Entscheidungen
der Bürger, muss stärker ins öffentliche Bewusstsein kommen. Regionalwährungen sind ein gutes Instrument, um eine Bewusstseinsbildung für
reale Wirtschaftsstrukturen zu fördern, mehr können sie allerdings nicht
leisten.

Banken mit einer sozial-ökologischen Zielsetzung zeigen, dass Bank-
geschäfte der Realwirtschaft und Gesellschaft wirklich dienen und auch
bei langfristiger Ausrichtung durchaus erfolgreich wirtschaften können.
Bei der GLS Bank beispielsweise können Kunden nicht nur wählen, in
welche Branche sie ihr Geld investieren, sondern erfahren auch regelmäßig, welche Kredite die Bank vergibt. Ein gutes Beispiel für ein
Produkt, das Langfristigkeit und soziale und ökologische Verantwortung
vereint, ist der Biobodenfonds, mit dem dauerhafte land- und forstwirt-
schaftliche Flächen für den ökologischen Landbau gesichert werden.
Dieses Produkt ist wegen des Bodenerwerbs besonders sicher und ökologisch langfristig sinnvoll.

Der ehemalige Bundespräsident Horst Köhler hat auf die Frage, ob
wir eine neue Weltwirtschaftsordnung brauchen, geantwortet: „Ja. Wir
brauchen in jedem Fall eine neue Ordnung für die internationalen Finanzmärkte. Sie muss Kapital zum Diener der Menschen machen. Und wir
brauchen eine Weltwirtschaftsordnung, die alle Menschen auf diesem
Planeten an Entwicklung und Stabilität teilhaben lässt. Diese Ordnung
muss auch dem Klimawandel und einem verschwenderischen Energie-
und Rohstoffverbrauch in der entwickelten Welt systematisch entgegenwirken."

Die Chance, die die Kulmination von Armutskrise, Klimakrise und
Finanzmarktkrise bietet, ist möglicherweise einmalig. Das Bewusstsein,
dass sich grundlegend etwas ändern muss, war nie so groß wie heute. Die

ideologischen, materiellen oder politischen Besitzstandswahrer müssen dazu allerdings ihre gewohnten Positionen verlassen, um voraussetzungslos an den notwendigen Umbau unserer gesellschaftlichen Systeme und Verhaltensweisen heranzugehen. Dies trifft die Politik genauso wie die Wirtschaft, die Medien ebenso wie alle Bürger. Die Barrieren für die notwendigen Veränderungen liegen letztendlich nicht in ökonomischen oder systemischen Zwängen, sondern bestehen in den Köpfen und möglicherweise Herzen von uns allen.

Faire und effiziente Steuerpolitik

Lorenz Jarass

Zusammenfassung

Die Globalisierung von Produktion und Märkten, insbesondere des Finanzsektors, die Alterung der Gesellschaft, die zunehmende Umweltbelastung sowie die sinkenden Wachstumsraten wurden von der Steuerpolitik bisher kaum berücksichtigt. Das Steuersystem ist im Grundsatz bis heute in Deutschland und anderen europäischen Staaten so geblieben, wie es vor Jahrzehnten für eine noch weitgehend national organisierte Ökonomie mit starken Wachstumsraten entstanden ist.

1 Herausforderungen für die Steuerpolitik in einer Postwachstumsgesellschaft

Nach den Zeiten eines mehr oder weniger starken Wirtschaftswachstums resultiert in einer Postwachstumsgesellschaft eine neue gesellschaftliche und politische Situation. Die Politik und namentlich die Steuerpolitik müssen sich fragen, wie viele Gemeingüter der Staat und was Private oder traditionelle und neue gesellschaftliche Institutionen sicherstellen sollen. Insbesondere muss die Steuerpolitik entscheiden, welche Steuerquellen wie entlastet werden müssen und welche neuen Steuerquellen wie zu erschließen sind, um in einer Postwachstumsgesellschaft das Ziel eines ausgeglichenen Staatshaushalts zu erreichen.

Zuerst wird im Folgenden dargestellt[1], wer in Deutschland tatsächlich Steuern und Abgaben bezahlt (Abschnitt 1.1) und wie das deutsche Steuersystem inländische Investitionen zur Schaffung von Arbeitsplätzen benachteiligt und deutsche Arbeitsplätze wie mittelständische Unternehmen diskriminiert (Abschnitt 1.2). Dann wird erläutert, welche Änderungen der Steuerstruktur für eine Postwachstumsgesellschaft erforderlich sind (Abschnitt 2), um schließlich kurz die Notwendigkeit einer sozialökologischen Steuerreform zu begründen (Abschnitt 3).

1.1 Wer finanziert den deutschen Staat?

Die folgende Skizze verdeutlicht die Einkommensentwicklung von Arbeitnehmern und von Unternehmens- und Vermögenseinkommen sowie ihre tatsächliche Steuer- und Abgabenbelastung.

Abbildung 1: Wer gewinnt und wer verliert?

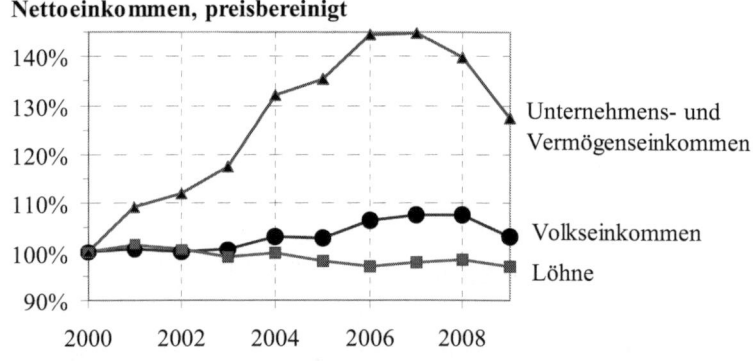

Quelle: Finanzbericht (2009), Jarass/Obermair (2006, Kap. 2), VGR (2009).

---

[1] Der Beitrag fokussiert auf die Situation in Deutschland und behandelt nur Bundessteuern, er klammert sowohl die Beziehungen zwischen der föderalen Ebene und den Ländern und Kommunen wie auch den Länderfinanzausgleich aus. Alle dargestellten Zahlenangaben stammen aus amtlichen Statistiken der Bundesrepublik Deutschland und der Europäischen Kommission, soweit nicht anders angegeben.

Das deutsche Volkseinkommen ist, trotz des Rückgangs im Jahr 2009, im ersten Jahrzehnt des 21. Jahrhunderts gewachsen. Von diesem Wachstum haben die Arbeitnehmer indes nicht profitiert; ihre Nettolöhne sind – inflationsbereinigt – sogar leicht gesunken. Dagegen haben die Unternehmens- und Vermögenseinkommen in diesem Jahrzehnt – trotz eines Rückgangs in den letzten beiden Jahren – um mehr als 25% zugenommen (s. Abb. 1). Die deutschen Steuereinnahmen betrugen 2008 561 Mrd. €. Davon waren u.a.:

1. 142 Mrd. € Lohnsteuern (25,3%),

2. 16 Mrd. € Körperschaftsteuern (2,8%),

3. 41 Mrd. € Gewerbesteuern (7,3%),

4. 177 Mrd. € Umsatzsteuern (31,6%),

5. 92 Mrd. € Verbrauchssteuern (16,4%).

Von den Verbrauchssteuern waren 54,4 Mrd. € (9,7%) umweltbezogen, nämlich Energiesteuern 39,3 Mrd. €, Stromsteuern 6,3 Mrd. € sowie Kraftfahrzeugsteuern 8,8 Mrd. € (Nachhaltigkeitsrat 2009, 26). Von 1998 bis 2008 sind diese umweltbezogenen Verbrauchssteuern um etwa 30% gestiegen (und damit fast so stark wie das gesamte Steueraufkommen), seit 2003 aber um gut 5% gesunken, obwohl seit 2003 das gesamte Steueraufkommen deutlich um 27% zugenommen hat (Meyer/Ludewig 2009, 11).

Die Lohnsteuer belastet v.a. den Mittelstand im arbeitsintensiven Dienstleistungsbereich; die Umsatzsteuer belastet nur die einheimischen Endverbraucher, die im Gegensatz zu den Unternehmen die in den Preisen enthaltene Umsatzsteuer vom Finanzamt nicht zurückbekommen; die von Endverbrauchern nachgefragten Produkte und Dienstleistungen, die häufig einen hohen Arbeitsanteil enthalten, werden dadurch verteuert und damit ihre Absatzchancen verringert.

Die Aufwendungen für die gesetzliche *Sozialversicherung* betrugen 2008 484 Mrd. €: Nicht nur die Arbeitgeberbeiträge zur Sozialversicherung, sondern auch die Arbeitnehmerbeiträge müssen als Lohnkosten von den Unternehmen erwirtschaftet werden und belasten damit die Sicherung und die Schaffung von Arbeitsplätzen. Um diesem Mechanismus entgegenzuwirken, wird es angesichts der demografischen Entwicklung nötig sein, die Einnahmen des Sozialversicherungssystems zu stabilisieren und seine Ausgaben zu deckeln (siehe dazu auch die Beiträge von F. Höpflinger zu Alterssicherung und von H.-P. Studer zum Gesundheitswesen in diesem Band).

Die tatsächliche Steuerbelastung von Einkommen aus Unternehmertätigkeit und Vermögen (u.a. durch Einkommens-, Körperschafts- und Gewerbesteuer sowie durch Grund- und Erbschaftsteuer) lag 2008 deutlich unter 20%. Sie war damit niedriger als in vielen anderen europäischen Ländern. Sie liegt deutlich unter dem EU-15-Durchschnitt und nur geringfügig über dem Durchschnitt der neuen EU-Mitgliedsstaaten.

Die nominale wie auch die tatsächliche Steuer- und Abgabenbelastung für Arbeitnehmerentgelte (Bruttolöhne zzgl. Sozialbeiträge der Arbeitgeber) liegt in Deutschland dagegen seit Jahren über 45%; sie resultiert aus (VGR 2009, u.a. Tab. 2.1.8.1):

1. Sozialbeiträgen der Arbeitgeber von knapp 20%;

2. Sozialbeiträgen der Arbeitnehmer von rund 14% (bezogen auf den Bruttolohn des Arbeitnehmers 17%);

3. einer Steuerbelastung von rund 13% (bezogen auf den Bruttolohn des Arbeitnehmers 16%).

1.2 Das deutsche Steuersystem benachteiligt Realinvestitionen, die Arbeitsplätze schaffen

Das deutsche Steuersystem lädt, wie die Steuersysteme vieler anderer Industriestaaten, internationale Kapitalverwalter geradezu ein, innovative und profitable, namentlich auch eigentümergeführte Unternehmen aufzukaufen und zu zerschlagen (Jarass/Obermair 2007): Die Kredite für den Kaufpreis halsen die ausländischen Aufkäufer dem aufgekauften Unternehmen auf, durch die resultierenden Schuldzinsen wird dessen steuerlicher Gewinn und somit auch die Steuerzahlung drastisch reduziert. Die vom Unternehmen geleisteten Schuldzinsen werden an Finanzinstitutionen in Niedrigsteuerländer transferiert.

Inländische industrielle Aufkäufer erhalten diese steuerliche Unterstützung nicht und sind deshalb nur dann konkurrenzfähig, wenn sie ihre Kapitalverwaltung ins Ausland verlegen, die dann ihrer deutschen Tochter Kredite zum Firmenaufkauf verschafft. Dadurch werden auch bisher in

Deutschland tätige Finanzinstitutionen massiv benachteiligt und ihre Arbeitsplätze ins Ausland vertrieben.

Diese zur Erhöhung der Eigenkapitalrendite bewusst herbeigeführte hohe Schuldzinsbelastung durch im Ausland lokalisierte Käufer zeitigt neben den Steueraufkommensverlusten einen weiteren negativen Effekt: Wegen der unabhängig von der Ertragslage anfallenden extrem hohen Schuldzinsbelastung kommen die übernommenen Firmen bei schwächerer wirtschaftlicher Entwicklung leicht in wirtschaftliche Schwierigkeiten (Jarass/Obermair 2006, Kap. 5). Sie bauen dann massiv Stellen ab und werden schließlich häufig ausgeschlachtet und zerschlagen.

Im wirtschaftlichen Ergebnis wird damit der Export von Arbeitsplätzen steuerlich begünstigt und die Schaffung von Arbeitsplätzen steuerlich diskriminiert. Gerade in einer Postwachstumsgesellschaft würde dies zu einer dramatischen Verschärfung des Kampfes um Arbeitsplätze führen.

Statt kurzfristiger Finanzinvestitionen, gefördert durch die Absetzbarkeit von Schuldzinsen, sollten langfristige Realinvestitionen steuerlich gefördert werden, z.B. durch Verbesserung der Abschreibungsbedingungen.

Langfristig orientierte Investitionen können durch weitere Maßnahmen gefördert werden: etwa, indem das Stimmrecht mit der Haltedauer einer Aktie zunähme, oder durch eine deutlich verlängerte Haltedauer von Aktienoptionsprogrammen. Davon profitierten dank der längerfristigen Perspektiven auch Forschung und Entwicklung. Eine Börsenumsatzsteuer und eine Steuer auf Veräußerungsgewinne könnten kurzfristige Transaktionen angemessen verteuern. Die systematische Benachteiligung inländischer Realinvestoren, die Arbeitsplätze schaffen, gegenüber internationalen Finanzinvestoren, die Unternehmen aufkaufen, zerschlagen und viele Arbeitsplätze vernichten, würde dadurch verringert.

2 Welche Änderungen der Steuerstruktur sind erforderlich?

Gerade beim Umbau zu einer Postwachstumsgesellschaft müssen bestehende Arbeitsplätze gesichert und wegfallende Arbeitsplätze ersetzt werden. Hierzu kann die Steuerpolitik beitragen, u.a. durch die oben erwähnte Veränderung der Abschreibungsmöglichkeiten sowie durch Reduktion der Abgabenlast auf Arbeitsplätze. Bei diesem Umbau werden, zumindest im ersten Schritt, die Steuereinnahmen wegen des fehlenden Wirtschaftswachstums sinken. Resultierende Steuerausfälle können durch angemessene steuerliche Belastung des Kapitaleinsatzes sowie eine erhöhte Belastung des Energie- und Ressourcenverbrauchs kompensiert werden (siehe Abschnitt 3). Ein weiterer zwingender Ansatzpunkt zur Senkung von Staatsausgaben bestünde darin, kontraproduktive Ausgaben wie z.b. umweltschädigende Subventionen (jährlich über 40 Mrd. €, Nachhaltigkeitsrat 2009, 29) zu beenden. Auf der Einnahmeseite ist eine konsequente Steuererhebung durchzusetzen.

2.1 Einkommen aus Unternehmertätigkeit und Vermögen angemessen besteuern

Die Verwundbarkeit der Steuersysteme der EU-Staaten nimmt weiter zu, da die Bemessungsgrundlagen und die Steuersätze in den verschiedenen Staaten sehr unterschiedlich sind: Die Aufwendungen werden tendenziell in Steuerländern mit hohen nominalen Unternehmenssteuersätzen geltend gemacht, die Erträge in Ländern mit niedrigen Steuersätzen ausgewiesen. Dies begünstigt international tätige Konzerne gegenüber mittelständischen, v.a. im Heimatmarkt tätigen Firmen. Die daraus resultierenden Mindereinnahmen müssen der Mittelstand und die Arbeitnehmer über höhere Steuern und Sozialabgaben tragen.

Eine Besteuerung international tätiger Konzerne ist in den einzelnen Nationalstaaten letztlich nur möglich, wenn deren gesamte im Inland erwirtschaftete Wertschöpfung (Löhne plus geleistete Schuldzinsen plus geleistete Lizenzgebühren plus resultierende Gewinne) an der Quelle einem generellen Steuerabzug unterliegt, unabhängig vom in- oder ausländischen Sitz des Betriebseigentümers. Besteuerungsbasis wären also (Jarass 2008)

1. *wie bisher:* die Löhne, die schon immer am Sitz der Betriebsstätte durch Einbehaltung von Lohnsteuer und Sozialversicherungsabgaben belastet werden;

2. *neu:* die geleisteten Schuldzinsen für Fremdkapital als die im Betrieb erwirtschafteten Entgelte für das dem Betrieb zur Verfügung gestellte Fremdkapital (ähnlich wie es die deutsche Unternehmenssteuer-

reform 2008 in einem ersten Schritt bei der Gewerbesteuer umgesetzt hat[2]) abzüglich der erhaltenen Zinserträge;

3. *neu:* die geleisteten Lizenzgebühren als die im Betrieb erwirtschafteten Entgelte für das dem Betrieb zur Verfügung gestellte Wissenskapital;

4. *wie bisher:* der Gewinn als das im Betrieb erwirtschaftete Entgelt für das dem Betrieb zur Verfügung gestellte Eigenkapital (dabei muss durch Verringerungen von Steuervergünstigungen sichergestellt werden, dass der zu versteuernde Gewinn nicht mehr – wie derzeit – weit vom tatsächlichen ökonomischen Gewinn abweicht).

Die vorgeschlagene Besteuerung aller im Betrieb erwirtschafteten Kapitalentgelte wäre einfach und umgehungsresistent durchführbar, weil sie in etwa dem Gewinn vor Abzug von Zinsen und Steuern (EBIT: earnings before interest and taxes) entsprechen, der ohnehin im Rahmen jeder Bilanzierung erhoben wird.

Eine solche systematische Steuererhebung aller Kapitalentgelte jeweils am Sitz der Betriebsstätte würde den von der EU-Kommission im Rahmen einer einheitlichen EU-weiten Steuerbemessungsgrundlage avisierten höchst komplizierten Verteilungsmechanismus zwischen den EU-Staaten unnötig machen. Zudem würden die derzeit möglichen Maßnahmen zur „Steuerplanung", d.h. zur legalen Steuerverringerung, weitgehend uninteressant, weil eben die gesamte Wertschöpfung schon am Sitz der Betriebsstätte ausreichend besteuert wäre. Damit gäbe es einen inhärenten Druck auf andere Staaten, sich dem neuen System anzuschließen, weil ihnen die bisherigen Möglichkeiten der Besteuerung von nicht in ihrem Land erzielter Wertschöpfung (vgl. Österreich, Irland, Schweiz etc.) weitgehend genommen wären.

Allgemein kann gefolgert werden, dass bei einem solchen Systemwechsel die bislang stark belasteten Steuerzahler entlastet werden könnten, dass allerdings jene, die bisher ihre Steuerbelastung über ausländische Firmen- und Wohnsitze senken konnten, zukünftig angemessen an der Finanzierung der Staatsaufgaben beteiligt würden. Die in Abschnitt 1.2 beschriebenen Spekulationen würden weniger interessant.

---

[2] Seit 2008 unterliegt ein Viertel der geleisteten Schuldzinsen der Gewerbesteuer; für 100 € geleistete Schuldzinsen müssen typischerweise 3,50 € Gewerbesteuer bezahlt werden.

2.2 Vermögen angemessen besteuern

Derzeit werden in Deutschland grundsätzlich nur die Vermögenserträge mit pauschal 25% besteuert, die dem privaten Vermögensbesitzer *tatsächlich zufließen* (Ausnahme: Grundsteuer). Erträge aus *Wertsteigerungen* werden dagegen nur besteuert, wenn sie vor Ablauf von Haltefristen (z.B. bei Immobilien zehn Jahre) anfallen. Dauerhaft unbesteuert bleiben Wertsteigerungen, die nicht durch Verkauf realisiert werden. Demgegenüber unterliegen Gewinne zumindest nominal einem Steuersatz von bis zu 45%.

Vermögen können also insbesondere dann ganz von Steuern freigestellt werden, wenn sie kein laufendes Einkommen erwirtschaften, also etwa, wenn der Eigentümer das Vermögen brachliegen lässt (z.B. Baugrundstücke) oder die laufenden Betriebserträge als Wertsteigerungen ausgewiesen werden (z.b. Kapitalanlage in Dachfonds, siehe Jarass/ Obermair 2002, Kap. 10). Grund dafür ist, dass die *Vermögenssteuer* seit 1997 ausgesetzt ist, weil das Bundesverfassungsgericht 1995 zwar eine Vermögenssteuer ausdrücklich für zulässig erklärt, aber eine gleichmäßige Besteuerung aller Vermögenswerte bis spätestens Ende 2006 verlangt hat und die seitherigen Bundesregierungen dieser Forderung nicht nachgekommen sind.

Hier wird vorgeschlagen, auf das regelmäßig zu Verkehrswerten bewertete Nettovermögen eine Vermögenssteuer von z.B. 1% zu erheben; das entspräche bei einem typischen Vermögensertrag von 4% pro Jahr einem Steuersatz von 25%; ggf. könnte man bezahlte Einkommensteuern auf die Zahlung von Vermögenssteuern anrechnen (Jarass/Obermair 2002, Kap. 10).

Eine weitere Möglichkeit für eine faire und effiziente Steuerpolitik bietet die Erbschaftsteuer. Derzeit werden in Deutschland über 200 Mrd. € pro Jahr vererbt, darauf werden rund 4 Mrd. € *Erbschaftsteuer* bezahlt; der tatsächlich bezahlte Erbschaftsteuersatz liegt also bei knapp 2%. Die Erbschaftsteuer wurde in den letzten Jahren immer weiter ausgedünnt: seit 2009 z.B., indem die Steuersätze für Geschwister gesenkt wurden und die Steuerbefreiung von Firmenerben erleichtert wurde. Dabei könnten Finanzprobleme bei Firmenübernahmen wegen der Erbschaftsteuer durch Steuerstundung für das betriebsnotwendige Firmenvermögen gelöst werden; eine generelle Steuerbefreiung beim Firmenübergang ist also unnötig und führt zu einer enormen Verkomplizierung des Steuerrechts.

Es steht zu erwarten, dass die Erbschaftsteuer, so wie 1995 schon die Vermögenssteuer, letztlich vom Bundesverfassungsgericht wegen einer Vielzahl ungerechtfertigter Vergünstigungen außer Kraft gesetzt wird. Die Einnahmeausfälle werden v.a. über die erhöhten Steuern und Abgaben aktiver Unternehmen und ihrer Mitarbeiter zu kompensieren sein, was man kaum als faire und effiziente Steuerpolitik bezeichnen wird. Vielmehr wäre es sinnvoll, *alle* Erbschaften mit einem einheitlichen Steuersatz von beispielsweise 15% zu belasten und dadurch etwa die Sozialversicherungsbeiträge abzusenken.

2.3 Löhne entlasten

Derzeit nimmt der deutsche Staat über Steuern und Sozialabgaben bereits ab einem Bruttolohn von 1500 € pro Monat von den resultierenden Lohnkosten (also Bruttolohn zzgl. Arbeitgeberbeiträge zur Sozialversicherung) durchschnittlich fast die Hälfte weg und von einer Lohnerhöhung fast zwei Drittel. Deshalb stoßen Forderungen wie „Mehr Netto vom Brutto" gerade auch bei den „kleinen" Leuten auf massive Zustimmung (die FDP erreichte in der Bundestagswahl 2009 bei den Arbeitern einen Stimmenanteil von 13%).

Bei Einstellung eines neuen Mitarbeiters erhält dieser nur gut die Hälfte der Lohnkosten auf sein Konto, der Rest geht an den Staat für die Steuern und v.a. in die Sozialversicherungen; dies demotiviert Neueinstellungen und es ist ein starker staatlich gesetzter Anreiz, Mitarbeiter wegzurationalisieren. Hier besteht erheblicher Handlungsbedarf. Gerade in einer Postwachstumsgesellschaft, also in einer durchschnittlich nicht mehr wachsenden Wirtschaft, sind Erhalt und Schaffung von Arbeitsplätzen von entscheidender Bedeutung, insbesondere wenn die Wirtschaft dauerhaft nicht mehr wächst. Eine bessere Steuerpolitik könnte dazu beitragen, den politischen Druck, Wirtschaftswachstum zu realisieren, zu mindern.

Sozialversicherungsbeiträge, die der Staat vom Lohn automatisch abzieht, sind unabdingbar mit der Einkommenserzielung verbunden („Werbungskosten"). Deshalb wird hier vorgeschlagen, dass künftig alle gesetzlich vorgeschriebenen Sozialabgaben von der Steuer abgesetzt werden können. Bei den Rentenbeiträgen wird dies schrittweise bereits umgesetzt, ab 2010 auch für alle Beiträge zur gesetzlichen Kranken- und Pflegeversicherung (aufgrund eines Entscheides des Bundesverfassungsgerichts). Zur Gegenfinanzierung der resultierenden Steuerausfälle könnte die staatliche Förderung für Privatrenten eingeschränkt werden, die primär eine Subvention für Banken und Versicherungen darstellt (Oehler 2009).

3 Sozial-ökologische Steuerreform

Bereits Mitte der 1990er Jahre legten alle damals im deutschen Bundestag vertretenen Parteien Konzepte für eine ökologische Steuerreform vor (Meyer 2006). Der Energieverbrauch wurde seit 1999 bis 2003 schrittweise zusätzlich besteuert und die resultierenden Steuereinnahmen wurden zu ca. 80% zur Absenkung der Sozialabgaben verwendet; mit den restlichen 20% werden Energieeinsparungen und der Ausbau der erneuerbaren Energien gefördert.

2007 entfielen in Deutschland nur 5,7% Abgabenlast (Steuereinnahmen inkl. Sozialabgaben) auf Umweltabgaben. Das ist einer der niedrigsten Anteile in der EU (Nachhaltigkeitsrat 2009, 55; Meyer/Ludewig 2009). Dagegen entfielen 54,5% auf die Arbeit – der dritthöchste Wert in der EU. Die starke Belastung der Arbeit ist auch im Hinblick auf künftige Steuereinkommen problematisch angesichts der zunehmenden Alterung der Gesellschaft und steigender Leistungsansprüche einerseits, andererseits sinkt das Beitragsaufkommen wegen Rückgang der Erwerbsbevölkerung (siehe dazu auch den Beitrag von F. Höpflinger zu Alterssicherung in diesem Band).

„Der heutige Verbrauch fossiler Energieträger und Rohstoffe durch die Industrieländer ist weder weltweit ausdehnbar noch zukunftsfähig. Ohne eine ökologisch und ökonomisch nachhaltige Nutzung von Energieträgern drohen in gar nicht so ferner Zukunft massive Gefahren für die Stabilität des Ökosystems Erde und ernstzunehmende wirtschaftliche, aber auch weltpolitische Probleme." (FÖS 2010, 1).

Gerade in einer Postwachstumsgesellschaft dürfen die Sozialversicherungsbeiträge nicht weiter überwiegend durch die Belastung von Arbeitseinkommen gedeckt werden, sondern müssen stärker von der gesamten in Deutschland erwirtschafteten Wertschöpfung getragen werden. Zusätzliche Umweltabgaben können die Lohnkosten entlasten und damit die Schaffung von Arbeitsplätzen begünstigen.

Eine sozial-ökologische Finanzreform, die auf diesen Überlegungen aufbaut, kann dazu beitragen, einen Teil der erforderlichen Abgabenlast systematisch auf marktwirtschaftliche Lenkungsinstrumente, insbesondere Umweltabgaben, zu verlagern. Dies trägt dazu bei, zentrale Herausforderungen einer Postwachstumsgesellschaft zu bewältigen.

Literatur

Finanzbericht (2009): Finanzbericht 2010, Bundesministerium der Finanzen, Berlin, August 2009

FÖS (2010): Forum Ökologisch-Soziale Marktwirtschaft (abrufbar unter www. foes.de/ueber-uns/ziele, Zugriff: 21.5.2010)

Jarass, L., Obermair, G.M. (2002): Wer soll das bezahlen? Wege zu einer fairen und sachgerechten Besteuerung: Begrenzung der Belastungen für alle, Mindest-Belastung für die Großen, Marburg

Jarass, L., Obermair G.M. (2006): Unternehmenssteuerreform 2008. Kosten und Nutzen der Reformvorschläge, Münster (abrufbar unter www.jarass.com, Publikationen – Steuern – Bücher, Zugriff: 21.5.2010)

Jarass, L. (2008): EBIT statt Gewinn als einheitliche EU-weite Bemessungsgrundlage? Europäisches Wirtschafts- und Steuerrecht, Frankfurt am Main, Heft 9/2008, 352 (abrufbar unter www.jarass.com, Publikationen – Steuern – Aufsätze, Zugriff: 21.5.2010)

Jarass, L., Obermair, G.M. (2007): Steuerliche Aspekte von Private Equity und Hedge Fonds unter Berücksichtigung der Unternehmensteuerreform 2008, Edition der Hans-Böckler-Stiftung, Nr. 202, Düsseldorf (abrufbar unter www.jarass.com, Publikationen – Steuern – Bücher, Zugriff: 21.5.2010)

Meyer, B., Ludewig D. (2009): Zuordnung der Steuern und Abgaben auf die Faktoren Arbeit, Kapital, Umwelt, FÖS-Diskussionspapier 2009/01 (abrufbar unter www.foes.de/pdf/Steuerstruktur.pdf, Zugriff: 21.5.2010, Überblick unter http://www.foes.de/themen/oekologische-steuerreform)

Meyer, B. (2006): Die Zukunft der ökologischen Finanzreform, in: Truger A. (Hrsg.): Die Zukunft des deutschen Steuersystems, Marburg, 167ff.

Nachhaltigkeitsrat (2009): Nachhaltig aus der Krise. Analyse möglicher Beiträge einer ökologischen Finanzreform. Erstellt im Auftrag des Rates für Nachhaltige Entwicklung durch Ecologic Institut (Benjamin Görlach, Nils Meyer-Ohlendorf) und DIW (Michael Kohlhaas). Texte Nr. 28, September 2009 (abrufbar unter http://www.nachhaltigkeitsrat.de/

uploads/media/Broschuere_Nachhaltig_aus_der_Krise_texte_Nr_28_Sept ember_2009_01.pdf, Zugriff: 21.5.2010)

Oehler, A. (2009): Alles „Riester"? Die Umsetzung der Förderidee in der Praxis. Stärken und Schwächen, Risiken und Chancen der staatlich geförderten kapitalgedeckten privaten Altersvorsorge von abhängig Beschäftigten (ohne Beamte) im Kontext der umlagefinanzierten gesetzlichen Rentenversicherung, Gutachten im Auftrag des Verbraucherzentrale Bundesverbandes e.V., Bamberg, 7. Dezember 2009 (abrufbar unter www.vzbv.de/mediapics/altersvorsorge_gutachen_oehler_12_2009.pdf, Zugriff: 21.5.2010)

VGR (2009): Volkswirtschaftliche Gesamtrechnungen, Fachserie 18, Reihe 1.4, Statistisches Bundesamt, Wiesbaden, 3. März 2010

Ressourceneffiziente Wirtschaftsentwicklung unter dem Primat ökologischer Ziele

Bernd Meyer

Zusammenfassung

Wirtschaftswachstum und Nachhaltigkeit sind nur vereinbar, wenn der Ressourcenverbrauch von der ökonomischen Entwicklung absolut entkoppelt wird. Das Niveau von Ressourcenverbrauch und Emissionen darf die Funktionsfähigkeit der Ökosysteme nicht beeinträchtigen. Diese ökologischen Ziele müssen ökonomische Ziele dominieren. Weltweit muss der Ressourcenverbrauch bis 2050 halbiert werden. Dazu muss die Ressourcenproduktivität weltweit um 4 bis 4,5% pro Jahr gesteigert werden. Informations- und Beratungsprogramme können große Kurzfristerfolge erzielen. Die langfristige Umorientierung des technischen Fortschritts hin zu höherer Ressourcenproduktivität gelingt indes nur durch ökonomische Instrumente, die die relativen Preise materialintensiver Güter erhöhen. Europa kann mit einer „dualen Umweltpolitik" von Klima- und Ressourcenschutz im internationalen Wettbewerb erfolgreich sein und eine weltweite Dematerialisierung der wirtschaftlichen Entwicklung einleiten.

1 Entwicklung der Wirtschaft innerhalb ökologischer Grenzen

Eine Entwicklung wird als nachhaltig bezeichnet, wenn sie die Bedürfnisse der gegenwärtigen Generation befriedigt, ohne zu riskieren, dass die Bedürfnisse der zukünftigen Generation nicht befriedigt werden können (WCED 1987). Dabei werden eine ökonomische, eine soziale und eine ökologische Dimension der Nachhaltigkeit unterschieden. Seit dem Uno-Erdgipfel in Rio de Janeiro 1992 hat es sich eingebürgert, von drei Dimensionen der Nachhaltigkeit zu sprechen. In dem hier zu diskutierenden Kontext interessiert besonders die ökologische Dimension. Ökologische Nachhaltigkeit bedingt, der Natur ihre Ressourcen nur begrenzt zu entnehmen. Wirtschaftswachstum stellt sich in einer kapitalistischen Marktwirtschaft u.a. mit Wettbewerb ein. Wettbewerb zwingt die Unternehmen, technischen Fortschritt zu realisieren, um Kapital zu akkumulieren. Binswanger (2006) identifiziert einen Wachstumszwang in Unternehmen, den er auf die Verzinsung von Fremd- und Eigenkapital, das insbesondere in der Phase zwischen Produktion und Verkauf der produzierten Ware notwendig ist, zurückführt. Hinzu kommt Wachstumsdrang: Dieser ist bei Aktiengesellschaften in der Regel höher als bei Stiftungen oder Genossenschaften (Binswanger 2006, 2009), bei internationalen Unternehmen größer als bei regionalen (Bakker et al. 1999). Wachstumsdrang ist auch in staatlicher Wachstumspolitik verkörpert.

Passen Wachstum und das normative Politikonzept der Nachhaltigkeit zusammen – und wenn ja, wie?

Wirtschaftliche Produktion ist ohne die Nutzung natürlicher Ressourcen nicht denkbar. Wenn das Nachhaltigkeitskonzept eine Begrenzung des Ressourcenverbrauchs verlangt, so ist Wirtschaftswachstum nur vertretbar, wenn eine Entkoppelung von Wirtschaftswachstum und Ressourcenverbrauch gelingt. Oder anders formuliert: Eine nachhaltige Entwicklung verlangt entweder ein Ende des Wachstums oder eine Entkoppelung von Wirtschaftswachstum und Ressourcenverbrauch, die zu einem absoluten Rückgang des Ressourcenverbrauchs führt. Man spricht auch von einer absoluten Entkoppelung.

Eine Begrenzung des Wachstums erscheint im Rahmen einer kapitalistischen, marktwirtschaftlichen Ordnung, wie wir sie heute kennen, schwer denkbar. Dieses Buch stellt mögliche Wege in und für eine Postwachstumsgesellschaft zur Diskussion. Für eine Volkswirtschaft, die sehr eng mit der Weltwirtschaft verflochten ist, ergeben sich bei einer Wachstumsbegrenzung Probleme, wenn sie mit Strategien verbunden ist, die preissteigernd wirken und damit die internationale Wettbewerbsfähigkeit gefährden. Im Falle Deutschlands gilt dies in besonderem Maße: Die Exportquote (Anteil der Exporte am Bruttoinlandsprodukt) lag vor ca. zwanzig Jahren schon bei 25% und ist seitdem dank deutlicher Anstrengungen kontinuierlich auf über 50% im Jahre 2008 gestiegen. Hinzu kommt, dass dieser Export nur von wenigen Gütergruppen – Maschinen, Fahrzeuge und andere Investitionsgüter sowie chemische Produkte –

erbracht wird. Die deutsche Volkswirtschaft ist mit ihren Produktions-kapazitäten und den Fähigkeiten ihrer Beschäftigten hoch spezialisiert und auf den internationalen Austausch angewiesen.

Eine Entkoppelung von Wachstum und Ressourcenverbrauch ist mög-lich, wenn es gelingt, den Einsatz von Ressourcen pro Einheit des Brutto-inlandsprodukts zu reduzieren. Dagegen steht der Befund von Jackson (2009) und anderen Kritikern der Entkoppelungsstrategie: Anhaltendes Wirtschaftswachstum sei historisch immer mit steigendem Ressourcen-verbrauch verknüpft gewesen. Allenfalls sei es in Ländern mit einer engagierten Klimapolitik gelungen, den Energieverbrauch auf einem stabilen Niveau zu halten, das aber immer noch viel zu hoch sei, um dem Nachhaltigkeitspostulat genügen zu können.

Es ist richtig, dass eine absolute Entkoppelung von Wirtschaftswachs-tum und Ressourcenverbrauch bislang noch nicht gelungen ist. Allerdings ist dies bis heute auch noch nie ernsthaft und prioritär versucht worden. Der Weg bestünde darin, die Rahmenbedingungen des Wirtschaftens so zu verändern, dass langfristig ein nach ökologischen Kriterien zulässiger Ressourcenverbrauch nicht überschritten wird. Diesen Weg schlägt die Wirtschaft nicht „von selbst" ein. Die Politik muss Instrumente einsetzen, die das Verhalten von Produzenten, Konsumenten und Investoren so weit verändern, dass die ökologischen Ziele erreicht werden, ohne dass die Marktprozesse und der Wettbewerb infrage gestellt werden. Unter diesen Bedingungen, d.h. unter Einhaltung ökologischer Grenzen, muss Wachs-tum nicht von vornherein ausgeschlossen werden (Ekins et al. 2010). Die Einhaltung ökologischer Grenzen ist ein wesentliches Element einer zu fordernden Weiterentwicklung der sozialen Marktwirtschaft zu einer ökologisch-sozialen Marktwirtschaft, die mit der Klimapolitik begonnen wurde und mit der Ressourcenpolitik erweitert werden muss.

2 Emissions- und/oder ressourcenorientierte Umweltziele

Eine emissionsorientierte Umweltpolitik löst das Energie- und Ressour-cenproblem nicht. Sowohl Entnahmen aus der Natur als auch Emissionen belasten die Umwelt. Wenn wir die Entnahmen reduzieren, vermindern sich auch die Emissionen. Aber wenn wir bestimmte Emissionen verhin-dern, werden nicht notwendig die Entnahmen aus der Natur reduziert, sondern es entstehen häufig nur andere Emissionen. Die Politik hat dann möglicherweise ein Problem gelöst, aber neue Probleme geschaffen. Eine solche Politik ist nicht nachhaltig.

Konkret führt beispielsweise die Fokussierung auf das Ziel der Reduktion der CO_2-Emissionen zu Vermeidungsstrategien, die keineswegs den Ressourcenverbrauch mindern. Beispiele hierfür sind die biogenen Treibstoffe, deren pflanzliche Basisprodukte mit der Nahrungsproduktion um Anbauflächen konkurrieren. Hybridfahrzeuge, die sowohl einen Elektromotor als auch einen Verbrennungsmotor besitzen, sind ein zweites Beispiel: Im laufenden Betrieb reduzieren sie gegenüber der herkömmlichen Motorisierung die CO_2-Emissionen, aber gleichzeitig werden für den Bau des zweiten Motors zusätzliche Metalle und weitere Ressourcen benötigt. Ein drittes Beispiel ist die CCS-Technologie (Carbon Capture and Storage), die es erlaubt, das CO_2 bei der Stromproduktion in Kohlekraftwerken abzuscheiden und unter der Erde zu lagern. Selbst wenn man unterstellt, dass dies dauerhaft gelingt, kann man nicht von einer nachhaltigen Technologie sprechen, denn es wird weiter der Luft Sauerstoff entnommen und Kohle verbraucht – und zwar mehr Kohle pro Energieeinheit, da das Verfahren selbst Energie verbraucht. Ein viertes Beispiel ist die Kernenergie, die derzeit eine besondere Aufmerksamkeit erlebt. Kernenergie ist zweifellos weniger CO_2-intensiv als die Stromgewinnung in Kohlekraftwerken. Doch neue Kernkraftwerke substituieren bestenfalls einen problematischen Energieträger (fossilen Kohlenstoff) durch einen anderen problematischen Energieträger (Uran) und schaffen mit den radioaktiven Abfällen ein neues Emissionsproblem. Dies macht deutlich, dass gleichzeitig mit Emissionszielen Verbrauchsziele festgelegt werden müssen.[1]

Die europäische Klimapolitik hat sich auf das Ziel festgelegt, eine Erwärmung der Erdatmosphäre um maximal 2 Grad zuzulassen. Für die Ressourcenpolitik sollte als Ziel festgestellt werden, die globale Ressourcenentnahme bis 2050 zu halbieren, damit die Ökosphäre nicht übermäßig belastet und geschädigt wird (Schmidt-Bleek 2007). Für Europa ergibt sich eine Reduktion der Ressourcenentnahme um 80 bis 90% gegenüber

---

[1] Dieser Ansatz wird von der Lindau Group als „duale Umweltpolitik" bezeichnet (Ekins et al. 2010). Siehe auch http://www.worldresourcesforum.org/lindau-group, Zugriff: 21.5.2010.

der des Jahres 2005[2]. Schmidt-Bleek (2007) spricht für die Industriestaaten von einem Faktor 10 zwischen dem heutigen und dem künftigen Rohstoffverbrauch. Wie vertragen sich solche Emissions- und Ressourcenziele mit Wirtschaftswachstum?

Die Internationale Energieagentur (IEA 2006) erwartet bis 2030 ein globales preisbereinigtes Wirtschaftswachstum von 3,4% pro Jahr, was angesichts der aktuellen weltwirtschaftlichen Probleme als optimistisch erscheinen mag. Bis zum Jahre 2050 dürfte sich dieser Wert ferner abschwächen, weil Länder wie China das Stadium eines Schwellenlandes verlassen und nicht mehr zweistellige Zuwachsraten aufweisen werden. Unterstellen wir also 2,5 bis 3% als durchschnittliches globales Wirtschaftswachstum pro Jahr bis zum Jahr 2050. Dabei dürften die Industrieländer mit 1 bis 1,5% deutlich darunter und Schwellenländer mit 6% und mehr deutlich darüber liegen. Der erforderliche Rückgang des absoluten globalen Ressourcenverbrauchs um 50% bis 2050 erfordert vierzig Jahre lang pro Jahr eine Minderungsrate von 1,5%. Somit muss die durchschnittliche globale Zuwachsrate der Ressourcenproduktivität pro Jahr 4 bis 4,5% betragen. Um in Deutschland bis 2050 Faktor 8 zu realisieren, müssen wir den absoluten Ressourcenverbrauch pro Jahr um 3% vermindern. Bei einem Wirtschaftswachstum pro Kopf von heute weniger als 1,5% pro Jahr und einer abnehmenden Bevölkerung dürfte das durchschnittliche Wirtschaftswachstum in Zukunft etwa bei 1% liegen. Somit muss die Ressourcenproduktivität in Deutschland um 4% pro Jahr steigen. Wir beobachten seit vielen Jahren einen Zuwachs der Ressourcenproduktivität von 1,5%. Die jährliche Zuwachsrate der Ressourcenproduktivität muss bis 2050 also mehr als verdoppelt werden. Das ist die Herausforderung, die in Deutschland umweltpolitisch angegangen werden muss.

[2] Im Rahmen des MOSUS-Projektes (*Modelling Sustainability for Europe*) wurde festgestellt, dass heute inklusive des bei der Materialentnahme entstehenden Aushubs ohne Wasser (*used plus unused extraction*) weltweit jährlich ca. 118 Milliarden Tonnen Ressourcen der Natur entnommen werden (Lutz et al. 2010). Diese Rohstoffentnahme muss aus ökologischen Gründen bis 2050 halbiert werden. Da die Weltbevölkerung von heute ca. 6 Milliarden gemäß der mittleren Variante der Prognose der Vereinten Nationen (United Nations 2005) bis 2050 auf 9 Milliarden steigen wird, ergibt sich ein weltweiter Pro-Kopf-Verbrauch von ca. 6 Tonnen. Je nach heutigem Ausgangsniveau bedeutet dies für die Länder der Welt sehr unterschiedliche Anpassungspfade.

3 Welche Instrumente müssen eingesetzt werden?

Ein erster Ansatz ist eine Ausdehnung von Beratungsprogrammen für Unternehmen zum sparsamen Materialeinsatz. Es gibt erhebliche ungenutzte Einsparpotenziale, sie werden auf 20% der Materialkosten im verarbeitenden Gewerbe eingeschätzt (Fischer et al. 2004). Die Deutsche Materialeffizienzagentur (DEMEA) kommt auf einer breiteren Fallbasis zu dem Ergebnis, dass Materialkosten in Höhe von 2,7% des Umsatzes im verarbeitenden Gewerbe im Durchschnitt eingespart werden können[3]. Grund für diese ungenutzten Einsparpotenziale ist die Tatsache, dass Controlling und Optimierung von Unternehmen bislang sehr viel stärker auf den Faktor Arbeit als auf den Materialeinsatz ausgerichtet sind. Dies liegt daran, dass die Lohnkosten seit vielen Jahrzehnten mehr oder weniger stetig gestiegen sind, während die Rohstoffpreise zwar durchaus erheblichen Schwankungen unterliegen, aber bislang keine ausgeprägten Aufwärtstrends aufweisen. Die Folge sind erhebliche ungenutzte Einsparpotenziale im Material- und Energieverbrauch.

Da die gegebenen Marktpreise die ökologische Knappheit der Ressourcen nicht reflektieren, ist eine Besteuerung der Ressourcen angesagt. Die Ausgestaltung einer Ressourcensteuer könnte in Europa folgendermaßen aussehen: Alle Unternehmen, die Rohstoffe aus der Natur extrahieren, sowie alle Importeure von Rohstoffen entrichten eine Steuer, die das Gewicht der Rohstoffe als Bemessungsgrundlage hat. Dabei ist unterstellt, dass zwischen dem Gewicht des abgebauten Rohstoffes selbst (used) und dem Abraum (unused) jeweils dasselbe Verhältnis herrscht. Ist der Abraum überproportional, könnte man den Steuersatz erhöhen. Damit die Importe von Halb- und Fertigfabrikaten nicht begünstigt werden, zahlen auch die Importeure dieser Güter eine nach dem Gewicht der Importe bemessene Steuer, wobei der zu wählende Steuersatz etwaige Unterschiede in den „Rucksäcken"[4] der Güter zu berücksichtigen hat. Auf diese Weise kann erreicht werden, dass der Rohstoffeinsatz in der laufenden Produktion reduziert wird und bei Investitionsentscheidungen

---

[3] http://www.materialeffizienz.de/pressemitteilungen/materialeffizienz-sparbuchse-fur-unternehmen, Zugriff: 21.5.2010.

[4] Die importierten Halb- und Fertigfabrikate sind im Ausland produziert worden und haben dort zur Entnahme von Rohstoffen geführt. Insofern bringen sie quasi in einem „Rucksack" Rohstoffentnahmen mit. Es handelt sich damit bezogen auf das Inland um einen indirekten Verbrauch von Rohstoffen.

materialschonende Technologien ausgewählt werden. Die beträchtlichen Potenziale des Recyclings von Metallen und nichtmetallischen Mineralien werden dann besser genutzt.

Nach Maßgabe der direkt und indirekt in den Gütern enthaltenen Materialmengen ändern sich die Preisrelationen der Güter. Damit das Steueraufkommen insgesamt neutral bleibt, wird eine andere Steuer – beispielsweise die Mehrwertsteuer – gesenkt.[5] Güter mit einem geringen Ressourcengehalt werden billiger, während die materialintensiven Güter teurer werden. Dies führt zu einem veränderten Konsumverhalten. Wenn im Umfang des Aufkommens dieser Ressourcensteuer die Mehrwertsteuersätze aller Güter gesenkt werden, so kann damit eine allgemeine Preissteigerung vermieden werden. Gleichzeitig wird erreicht, dass sich die Besteuerung des Mehrwerts, die den Faktor Arbeit einschließt, vermindert, während der nicht nachhaltige Ressourcenverbrauch die Steuerlast mehr und mehr trägt, wenn man sich die Umstrukturierung als einen längeren Prozess vorstellt.

Eine andere Variante der Ausgestaltung der Ressourcensteuer ist eine Besteuerung des Materialwertes, die von jeder Unternehmung zu tragen wäre. Sie wäre ohne hohe administrative Kosten einzurichten. Ein weiterer Vorteil liegt darin, dass importierte Güter nicht gesondert behandelt werden müssen. Sie hätte den Nebeneffekt einer kumulativen Wirkung, weil die Steuerbelastung von Produktionsstufe zu Produktionsstufe weitergetragen wird. Welche der beiden Steuervarianten den Vorzug verdient, müsste unter anderem in Modellrechnungen und steueradministrativen Überlegungen geprüft werden.

Welche Konsequenzen hätte eine solche Besteuerung der Ressourcen – zusätzlich zu den Maßnahmen der Klimapolitik – für die internationale Wettbewerbsfähigkeit der europäischen Wirtschaft? Die vorgeschlagene Ressourcensteuer – in Kombination mit Beratungsprogrammen von Unternehmen – bietet auch Potenziale zur Senkung der Produktionskosten. In einem Modellexperiment für Deutschland haben Meyer et al. (2007) gezeigt, dass die Senkung des Materialverbrauchs durch ein Informations- und Beratungsprogramm erhebliche Steigerungen der Materialproduktivität bringt, die die Kosten senkt und das Wirtschaftswachstum

---

[5] Für weitere Möglichkeiten, Aufkommensneutralität z.B. über Lohnkostensenkung durch sinkende Sozialbeiträge sicherzustellen, siehe den Beitrag von L. Jarass in diesem Band.

anregt. Durch dieses Wirtschaftswachstum kann aber die Senkung des Materialverbrauchs teilweise oder vollständig kompensiert werden. Dieser sogenannte Rebound-Effekt ist laut seinen Kritikern verantwortlich für das Scheitern der Entkoppelungsstrategie (Jackson 2009, 95). Viele der Politikinstrumente zum Ressourcen- und Klimaschutz lösen aber keinen besonders starken Rebound-Effekt aus, sondern führen zu erhöhten Produktionskosten bzw. Produktpreisen und damit zu einer höheren Abschöpfung von Kaufkraft. Im Hinblick auf die Entstehung des Rebound-Effekts kommt es also auch auf die richtige Mischung der politischen Maßnahmen an. Bleiben die volkswirtschaftlichen Produktionskosten in etwa konstant, entfällt oder reduziert sich auf der einen Seite der Rebound-Effekt; auf der anderen Seite bleibt die betrachtete Volkswirtschaft im internationalen Wettbewerb konkurrenzfähig.

4 Die Wirkungen einer kombinierten Emissions- und Ressourcenpolitik: Ein Experiment mit dem globalen Modell GINFORS

Im Rahmen des MOSUS-Projektes (*modelling sustainability for Europe*) ist erstmalig für Europa die Anwendung einer kombinierten Emissions- und Ressourcenpolitik modelliert worden. Instrument der Analyse war das globale umweltökonomische Modell GINFORS (*Global Interindustry Forecasting System*) (Lutz et al. 2010). Es ist ein globales Modell mit einer tiefen Gliederung nach 50 Ländern und 41 Branchen.[6] Im Folgenden sollen nur die für die Argumentation dieses Beitrags zentralen Modellannahmen und Ergebnisse angesprochen werden:

Das Klimaziel wird vor allem durch das EU-Emissionshandelssystem ETS (*Emissions Trading Scheme*) angesteuert, das Ressourcenziel durch ein Informations- und Beratungsprogramm sowie durch verschiedene spezifische Ressourcensteuern wie etwa eine Besteuerung der Verkehrsleistungen. Es wurde keine allgemeine Ressourcensteuer eingebaut.

Die Simulationen hatten als Startjahr 2005 und als Endjahr 2020. Die Wirkungen der Instrumente wurden aus dem Vergleich einer Modell-

---

[6] Im Rahmen des Projektes wurden umfangreiche Politikszenarien formuliert und es wurden mit dem Modell ihre ökonomischen und ökologischen Wirkungen berechnet. Eine ausführliche Darstellung der Szenarien und der Ergebnisse findet sich in Giljum et al. (2008), eine Zusammenfassung in Meyer (2008).

rechnung mit Instrumenteneinsatz und einer Modellrechnung ohne Instrumenteneinsatz als Referenzentwicklung ermittelt. Für das Jahr 2020 ergab sich als Folge des Instrumenteneinsatzes ein im Vergleich zum Referenzwert des Jahres 2020 um 4% höheres preisbereinigtes Bruttoinlandsprodukt für die damals 25 Länder der EU insgesamt. Die CO_2-Emissionen waren um 18,2% und die Ressourcenentnahmen um 15,0% niedriger als in der Referenz, obwohl das Bruttoinlandsprodukt 4% höher war als in der Referenz. Im Vergleich zu den realen Werten von 1990 ergaben sich bei den CO_2-Emissionen Minderungen um 12,3% und bei der Ressourcenentnahme von 15,2 %. Das heißt, dass eine absolute Minderung von Ressourcenverbrauch und CO_2-Emissionen erreicht werden konnte, obwohl das tatsächliche Wirtschaftswachstum noch etwas stärker als in der Referenzentwicklung war. Ein Minus von 15,2% ist natürlich erst ein bescheidener Teil der erforderlichen Minderung von 80 bis 90%.

5 Schlussfolgerungen

Das Modellexperiment ist nur ein erster Schritt zur Abschätzung des Erfolges einer kombinierten Klimaschutz- und Ressourcenschutzpolitik. Hier muss noch erhebliche Arbeit zur Konkretisierung des Instrumenteneinsatzes geleistet werden, speziell auch im Hinblick darauf, dass sowohl im Ressourcen- wie im Klimaschutz ökonomische Instrumente wichtig sind und sich gegenseitig beeinflussen. Das Modell zeigt zumindest perspektivisch, dass eine Umweltpolitik, die auf gleichzeitige Emissions- und Ressourcenreduktion abzielt, in Europa eine absolute Entkoppelung von Wirtschaftswachstum auf der einen und CO_2-Emissionen sowie Ressourcenverbrauch auf der anderen Seite erreichen kann, ohne die internationale Wettbewerbsfähigkeit durch Preissteigerungen gefährden zu müssen. Die Ergänzung der Klimapolitik durch ein Ressourcenziel und den dafür notwendigen Instrumenteneinsatz ermöglicht zum einen den europäischen Alleingang in der Umweltpolitik, der nach Kopenhagen wohl die einzige realistische Option für eine Weiterentwicklung der Klimapolitik sein wird (Keohane/Victor 2010). Zum anderen kann der Ressourcenverbrauch absolut vermindert werden, ohne dass grundsätzlich auf Wachstum verzichtet werden muss. Gleichzeitig wird die Versorgungssicherheit mit Rohstoffen erhöht. Der Erfolg einer solchen Politik in Europa wird die anderen Industrieländer und die Schwellenländer über den von neuen Produkten und Produktionsverfahren ausgehenden Druck im internationalen Wettbewerb schließlich dazu bringen, einen ähnlichen Weg zu gehen. Dieser Wettbewerb wird aber nur eröffnet, wenn Europa vorangeht.

Der Politikvorschlag impliziert, dass die Ziele der Klimaschutz- und Ressourcenschutzpolitik die ökonomischen Ziele dominieren. Es müssen Zeitpfade formuliert werden, deren Einhaltung jährlich zu kontrollieren ist.

Literatur

Bakker, L., Loske, R., Scherhorn, G. (1999): Wirtschaft ohne Wachstumsstreben – Chaos oder Chance?, Berlin

Binswanger, H.-C. (2006): Die Wachstumsspirale. Geld, Energie und Imagination in der Dynamik des Marktprozesses, Marburg

Binswanger, H.-C. (2009): Vorwärts zur Mäßigung. Perspektiven einer nachhaltigen Wirtschaft, Hamburg

Ekins, P., Meyer, B., Schmidt-Bleek, F. (2010): Reducing Resource Consumption. A Proposal for Global Resource and Environmental Policy, in: Lehmann, H. (Hrsg.): Factor X: Strategies and Instruments for a Sustainable Resource Use, Berlin

Fischer, H., Lichtblau, K., Meyer, B., Scheelhaase, J. (2004): Wachstums- und Beschäftigungsimpulse rentabler Materialeinsparungen, in: Wirtschaftsdienst. Zeitschrift für Wirtschaftspolitik, 84. Jahrgang, Heft 4, 247-254

Giljum, S., Behrens, A., Hinterberger, F., Lutz, C., Meyer B. (2008): Modelling scenarios towards a sustainable use of natural resources in Europe, in: Environmental Science and Policy, Nr. 11, 204-216

IEA (International Energy Agency) (2006): World Energy Outlook, Paris

Jackson, T. (2009): Prosperity without Growth. Economics for a Finite Planet, London

Keohane, R., Victor, V. (2010): The Regime Complex for Climate Change. The Harvard Project on International Climate Agreements, Discussion Paper 10-33, The Harvard Kennedy School, Cambridge Mass.

Lutz, C., Meyer, B. Wolter, M.I. (2010): The Global Multisector/Multicountry 3E-Model GINFORS. A Description of the Model and a Baseline Forecast for Global Energy Demand and CO_2-Emissions, in: International Journal of Global Environmental Issues 10, Nr. 1-2, 25-45

Meyer, B., Distelkamp, M., Wolter, M.I. (2007): Material Efficiency and Economic-Environmental Sustainability. Results of Simulations for Germany with the Model PANTA RHEI, in: Ecological Economics, 63, Nr. 1, 192-200

Meyer, B. (2008): Wie muss die Wirtschaft umgebaut werden? Perspektiven einer nachhaltigeren Entwicklung, Frankfurt am Main

Schmidt-Bleek, F. (2007): Nutzen wir die Erde richtig? Die Leistungen der Natur und die Arbeit des Menschen, Frankfurt am Main

United Nations (2005): Population Division of the Department of Economic and Social Affairs of the United Nations Secretariat: World Population Prospects. The 2004 Revisions. Highlights, New York

WCED (World Commission on Environment and Development) (1987): Our common future. New York/Oxford

Staatsfinanzen und Wirtschaftswachstum

Irmi Seidl und Angelika Zahrnt

Zusammenfassung

Die hohe bisherige Staatsverschuldung und die aktuelle Neuverschuldung im Zuge der Finanz- und Wirtschaftskrise sind häufig vorgetragene Argumente für Wirtschaftswachstum. Doch die Vergangenheit zeigt, dass diese Hoffnung nicht gerechtfertigt ist. Wachstum, so es denn überhaupt noch realisierbar ist, dürfte kaum einen spürbaren Beitrag zur Sanierung der Staatsfinanzen beitragen. Vielmehr sollten endlich die Kosten der Wachstumsförderung und die sozialen und ökologischen Folgekosten des Wachstums berücksichtigt werden. Die dadurch realisierbaren Ausgabenentlastungen in einer Postwachstumsgesellschaft und das durchaus vorhandene Potenzial auf der Einnahmen- und Ausgabenseite sollten die öffentlichen Finanzen ins Lot bringen können. Unverzichtbare Voraussetzungen dafür sind institutionelle Veränderungen, insbesondere mehr Partizipation und direktdemokratische Entscheidungskompetenzen im Finanzbereich sowie eine Selbstbindung der Haushaltspolitik.

1 Zum Zusammenhang von Wirtschaftswachstum und Staatsfinanzen

Die Finanzkrise, die 2007 ihren Anfang nahm, hatte innerhalb weniger Monate die Realwirtschaft erfasst. Die Regierungen vieler betroffener Länder sahen sich veranlasst, mit hohen staatlichen Stützungsmaßnahmen das Finanzsystem vor dem Zusammenbruch zu retten und die Wirtschaft wieder anzukurbeln. Das Resultat ist, dass die Finanz- und Wirtschaftssysteme zwar einigermaßen stabilisiert sind, dafür nun aber zahlreiche Staaten in einer veritablen Schuldenkrise stecken. Staatsdefizite, die bereits vor 2007 vielerorts beträchtlich waren, sind in die Höhe geschnellt. Diese Defizite, verstärkt durch die Finanz- und Wirtschaftskrise, machen Finanzmärkte, Wirtschaft, Politik und Gesellschaft nervös: Staatspleiten oder Umschuldungen sind in die Reichweite des Möglichen gerückt; Währungen rutschen ab oder stehen unter Aufwertungsdruck; die Kreditaufnahme der öffentlichen Hand ist vielerorts deutlich teurer geworden und die Angst geht um, manche Länder könnten sich durch Inflation entschulden. Die Schuldenberge lösen Verwunderung und Hilflosigkeit aus.

Vor diesem Hintergrund gilt Wirtschaftswachstum in Politik, Expertenkreisen und Wirtschaftspresse einhellig als der zentrale Ansatzpunkt für die Lösung der dreifachen Krise (Finanzen, Wirtschaft, öffentliche Haushalte). Wirtschaftswachstum soll insbesondere a) die staatlichen Einnahmen durch höheres Steueraufkommen steigern, b) die staatlichen Ausgaben für die Sozialversicherungen senken (weniger Erwerbsarbeitslose und höhere Sozialversicherungseinnahmen) und c) die Zuversicht in die wirtschaftliche Lage verbessern und so zu Investitionen und Konsum anregen.

Die Meinungen darüber, welche Haushaltspolitik zu Wachstumsankurbelung geeignet ist, gehen auseinander. Eine Argumentationslinie besagt, die öffentliche Verschuldung müsse abgebaut werden: So könnten Private und Unternehmen Vertrauen schöpften, was sie zu mehr Konsum und Investitionen anregen würde. Gegenstimmen wenden ein, Sparmaßnahmen könnten das Wirtschaftswachstum abwürgen.

Die andere Argumentationslinie besagt, dass der Staat seine Ausgaben erhöhen und sich weiter verschulden solle. Dies schaffe Impulse für Nachfrage und Investition. Mit den späteren zusätzlichen Einnahmen aus Wachstum könne die Neuverschuldung zurückbezahlt werden. Skeptische Stimmen meinen, das habe schon früher nicht funktioniert.[1]

Beiden Argumentationslinien ist gemeinsam, dass mit Wirtschaftswachstum die Verschuldung zurückgefahren werden soll – bei den einen früher, bei den anderen später. Dabei sollten wir es besser wissen: Seit

---

[1] Der Chef des Internationalen Währungsfonds, O. Blanchard, und C. Cottarelli vertreten in ihren „10 Geboten" eine mittlere Position mit stärkerer Neigung zur ersten Argumentationslinie. Insgesamt empfehlen sie vehement mindestens mittelfristig eine fiskalpolitische Konsolidierung, sprich einen Abbau der hohen öffentlichen Verschuldung, und empfehlen ebenso nachdrücklich eine Förderung des Wirtschaftswachstums (http://blog-imfdirect.imf.org/2010/06/24/ten-commandments-for-fiscal-adjustment-in-advanced-economies).

rund sechzig Jahren ist die Wirtschaft stark gewachsen, während die Staatsverschuldung teils deutlich stärker gestiegen ist.[2] Reinhart und Rogoff (2010) zeigen auf, dass Staaten über Jahrhunderte bis heute immer wieder hohe Verschuldungen ignoriert und ihre Sanierung hinausgeschoben haben – mit der Folge von Krisen und Zusammenbrüchen. Die Hoffnung auf ein „Herauswachsen" ist weit verbreitet, doch ist dies ohne strukturelle Korrekturen der oftmals vielgestaltigen Verschuldungskrisen (private und öffentliche Schulden, von inländischen oder ausländischen Geldgebern) unrealistisch.

2 Warum Finanz- und Haushaltspolitik am Wirtschaftswachstum festhalten

Hinter den Argumenten aus Haushaltspolitik und Finanzökonomie zugunsten von Wirtschaftswachstum stehen Sachzwänge und Strukturen, die die Fixierung auf Wirtschaftswachstum erklären:

Kreditwürdigkeit und -konditionen: Wirtschaftswachstum gilt als ein zentraler makroökonomischer Indikator, der – neben anderen Indikatoren – die Kreditwürdigkeit von Schuldnerländern und damit die Konditionen der Kreditaufnahme durch die öffentliche Hand bestimmt.[3]

---

[2] Das Verhältnis zwischen öffentlicher Verschuldung (brutto) und BIP entwickelte sich in Deutschland wie folgt: 1950: 19%, 1970: 18%, 1990: 41%, 2006: 64%, 2010: 71%. Hinzu kommen die impliziten Schulden (v.a. Renten- und Pensionsverpflichtungen), so dass sich eine Schuldenlast von mehr als 250% des BIP ergibt (Köhler 2010, 19). In der Schweiz variierte dieses Verhältnis in dieser Zeitspanne stärker: 1950: 73%, 1970: 37%, 1990: 30%, 2004: 54%, 2010: 45%. Datenquellen: Statistisches Bundesamt, Fachserie 14, Reihe 5 (https://www-ec.destatis.de); Statistisches Bundesamt, Volkswirtschaftliche Gesamtrechnungen, Bruttoinlandsprodukt, Bruttonationaleinkommen, Nationaleinkommen, Lange Reihen ab 1950 (www. destatis.de/jetspeed/portal/cms), siehe auch Bourcarde 2007; Bundesrat 2006.

[3] Die Abwertung der Kreditwürdigkeit Spaniens durch die Rating-Agentur Fitch von AAA auf AA+ Ende Mai 2010 wurde mit der Aussage begründet, die tatsächlichen Wachstumsraten dürften geringer ausfallen als von der spanischen Regierung projektiert (http://blogs.wsj.com/marketbeat/2010/05/28/fitch-heres-why-we-stripped-spain-of-aaa-rating).

Schuldendienst: Viele Industrieländer begeben sich seit Jahren in eine Schuldenspirale. Um die Schuldzinsen[4] zu bedienen, werden neue Kredite aufgenommen; an Tilgung ist gar nicht zu denken. Wirtschaftswachstum hält die Hoffnung wach, irgendwann könnten die Schulden in den Griff gebracht werden.

Destabilisierung bis hin zum Staatsbankrott: Die derzeitige dreifache Krise und die Labilität des internationalen Finanzsystems schüren die Angst vor weiterer Destabilisierung. Um Krisen und Schocks aufzufangen, wurde in der Vergangenheit regelmäßig auf Wirtschaftswachstum durch eine expansive Geld- und Fiskalpolitik gesetzt. Jetzt mahnen die hohe öffentliche und vielerorts auch private Verschuldung zu Zurückhaltung, aber das Setzen auf Wirtschaftswachstum bleibt und wird hartnäckig vertreten.

Finanzierung der öffentlichen Haushalte: Die Industrieländer stehen vor einem demographischen Wandel, der ihre Sozialausgaben steigen lässt. Sozialausgaben sind bereits jetzt beträchtliche Ausgabenblöcke (in Deutschland und der Schweiz sind es 57%, in Österreich 54% der öffentlichen Ausgaben, Stand 2005)[5] und sie sind oft gesetzlich festgeschrieben, d.h. sie können nicht einfach reduziert werden. Bei steigenden Sozialausgaben wird der politische Handlungs- und Gestaltungsspielraum ohne zusätzliche Einnahmen eng.

Ungebrochener Wachstumsglaube: Wachstumsprognosen halten der tatsächlichen Wachstumsentwicklung selten stand. Doch auf den Prognosen basieren i.d.R. die Haushaltspläne.[6] In der Folge hinken die Einnahmen den Ausgaben hinterher, Zusatzverschuldung deckt die Löcher, weitere kostenträchtige Anstrengungen zur Ankurbelung des Wachstums werden unternommen. Doch auch die Wachstumsziele sind unrealistisch: Die im

---

[4] Die Schuldzinszahlungen sind verteilungswirksam: von allgemeinen Steuermitteln zu Besitzerinnen und Besitzern von Staatsanleihen.

[5] http://stats.oecd.org/Index.aspx?datasetcode=SOCX_AGG. Zu beachten ist, dass die Staatsquoten dieser Länder unterschiedlich sind.

[6] In Deutschland lag seit 1971 lediglich in der 2. Hälfte der 1980er Jahre das tatsächliche Wachstum über dem erwarteten, ansonsten immer darunter (Bourcarde 2007).

Jahre 2000 formulierte Lissabon-Strategie der EU setzte ein Wachstumsziel von durchschnittlichen 3% des BIP bis 2010. Die einzelnen Länder engagierten sich in der Folge durchaus für dieses Ziel und wendeten hierfür Haushaltsmittel auf. Doch in Deutschland wuchs im Zeitraum 2000-2008 das BIP um durchschnittlich 1,38% p.a., in Österreich um 2,91% (Frankreich: 1,88%, Italien: 1,13%, Großbritannien: 2,48%; Schweiz: 1,57%)[7]. Die unrealistischen Ziele kommen daher, dass Tatsachen verdrängt werden: Die Wachstumsraten in den hochentwickelten Industrieländern sinken mit dem wirtschaftlichen Fortschritt und nichts weist darauf hin, dass ein Zurück zu den Wachstumsraten der 1950er bis 1980er Jahren möglich ist.

3 Politische Handlungslogiken im Zusammenhang mit Wirtschaftswachstum und Staatsverschuldung

Politikerinnen und Politiker werden oft danach beurteilt, wie viel Geld sie für ihr Ressort oder für ihre politische Einheit (Kommune, Land/ Kanton und Bund) „herausholen". Erfolg bei der Akquisition von Mitteln zeigt Durchsetzungsvermögen, gute Beziehungen und Identifikation mit dem Ressort oder der politischen Einheit. Mit steigendem Budget wachsen Macht und Ansehen. Gleichzeitig sind finanzielle Kürzungen äußerst unpopulär: sie sind konfliktträchtig, rufen Lobbyisten auf den Plan, gefährden den sozialen Frieden, machen das Regieren schwierig und gefährden möglicherweise gar die eigene politische Position. Der bequeme Ausweg besteht darin, zusätzliche Mittel verteilen zu können, ohne an anderen Stellen kürzen zu müssen. Und um diese Mittel zu beschaffen, sind Verschuldung und Wirtschaftswachstum ein einfacherer Weg als Abgaben- und Steuererhöhungen.

4 Die ganze Rechnung machen

Das unbedingte Festhalten an Wirtschaftswachstum in der Finanz- und Haushaltspolitik lässt sich dadurch erklären, dass die Kosten der Wachstumspolitik und -förderung ausgeblendet werden. Dazu folgende Überlegungen:

---

[7] Zahlengrundlage: www.ggdc.net/maddison.

Kosten des Wirtschaftswachstums: Schon Ende der 1980er Jahre zeigte Leipert (1989), dass rund 20% des BIP-Wachstums aus Defensivkosten (Kompensation von Schäden und Verschlechterungen der Lebens-, Arbeits- und Umweltbedingungen) bestehen. In China sind die Umweltkosten so hoch wie der Zuwachs des BIP (NZZ 2010). Für Deutschland hätte ein Null-Wachstum gegenüber einem „durchschnittlichen" Wirtschaftswachstum im Jahr 2008 einen Einnahmeausfall der öffentlichen Hand von 8,1 Mrd. €/Jahr bedeutet.[8] Dieser Summe stehen Ausgaben von mind. 20% des BIP-Wachstums (6,8 Mrd. €) gegenüber, die in Form von Defensivkosten anfallen. Einen größeren Teil davon dürfte die öffentliche Hand aufzubringen haben;

die *Kosten der Wachstumsförderung* durch die öffentliche Hand sind durchaus beachtlich (z.B. Verschrottungsprämie, Straßenbau und Bau anderer Infrastrukturnetze, Unternehmens- und Exportförderung) und dürften beträchtliche Verteilungseffekte haben. Kosten-Wirksamkeitsanalysen zur Wachstumsförderung fehlen.

Ein Finanzhaushalt, dessen Einnahme- und Ausgabenpositionen so gestaltet sind, dass er auch ohne Wirtschaftswachstum im Lot ist, wird bislang von Haushaltspolitikern und Finanzökonomen nicht ernsthaft erwogen. Dabei gibt es erhebliche Potenziale auf der Einnahme- und Ausgabenseite:

1. in Deutschland belaufen sich die umweltschädigenden Subventionen auf 34 bis 48 Mrd. €/Jahr,[9] also auf das vier- bis sechsfache des Einnahmeausfalles, der durch ein ausbleibendes Wirtschaftswachstum im Jahre 2008 entstanden wäre;

---

[8] Annahmen: BIP 2008: 2,5 Bill. €; BIP-Wachstum: 1,37% (durchschnittliche Wachstumsrate 2000-2008); Steuerquote 2009: 23,7% (siehe: Bundesministerium für Finanzen: „Entwicklung der Steuer- und Abgabenquoten" http://www. bundes finanzministerium.de/DE/Wirtschaft__und__Verwaltung/Finanz__und__Wirtschaft spolitik/Oeffentlicher__Gesamthaushalt/0509011a4019.html).

[9] Das Forum ökologisch-soziale Marktwirtschaft (FÖS) spricht von 34 Mrd. € (Prange et al. 2008), das Umweltbundesamt von 48 Mrd. € (Umweltbundesamt 2010).

2. der deutsche Bundesrechnungshof geht davon aus, dass innerhalb von nur fünf Jahren Entlastungen von rund 21 Mrd. € möglich sind.[10] Darüber hinaus besteht weiteres beträchtliches Entlastungspotenzial;

3. die OECD spricht davon, dass Deutschland Milliarden durch lasche Steuerprüfung verliert, insbesondere bei den Banken;[11]

4. in Deutschland besteht ein beträchtliches Einnahmepotenzial etwa durch folgende Maßnahmen: gleichmäßiges Besteuern von inländischen und ausländischen Unternehmen; Schließen von Steuerschlupflöchern; Besteuerung von Finanztransaktionen und anderer steuerwürdiger Aktivitäten; Wiedereinführung der Vermögenssteuer und progressives Abschöpfen der enormen Vermögenszuwächse der letzten Jahre, die durch eine expansive Fiskal- und Geldpolitik – eine Ursache der derzeitigen Krise – ermöglicht wurden.

5 Institutioneller Rahmen für einen sparsamen Umgang mit öffentlichen Geldern

Beim derzeitigen Bestreben, über Wirtschaftswachstum die Staatsfinanzen in Zaum zu halten oder gar in Ordnung zu bringen, kommt kaum – ebenso wenig wie die Jahre davor – zur Sprache, welcher politisch-institutionelle Rahmen zu einem sparsamen Umgang mit öffentlichen Geldern führen kann. Dabei gibt es durchaus Erfahrungen, Ansätze und Ideen. Von den folgenden Beispielen beziehen sich zwei auf Partizipation und basisdemokratische Entscheidungskompetenz in Fragen des öffentlichen Haushaltens, die weiteren drei auf Selbstbindung der Haushaltspolitik:

Bürgerhaushalt: Das aus Gründen knapper Haushaltsmittel entstandene Konzept des kommunalen Bürgerhaushaltes zeigt, dass eine Partizipation der Bürgerinnen und Bürger zu einem sparsameren und effizienteren Umgang mit öffentlichen Geldern führen kann (Pinzler 2010);

---

[10] Pressemitteilung des Präsidenten des Bundesrechnungshofes (2009, 5).

[11] Owens (2010). Owens leitet die OECD-Steuerabteilung.

Direktdemokratisches Referendumsrecht für Finanzangelegenheiten: Die Beobachtungen zu Bürgerhaushalten bestätigen sich in verschiedenen empirischen Untersuchungen zum Schweizer Referendumsrecht im Finanzbereich und den Auswirkungen auf Steuerbelastung und öffentliche Verschuldung auf kantonaler und kommunaler Ebene. Eine stärkere Ausprägung des Referendumsrechts führt zu niedrigerer Steuerbelastung und niedrigerer öffentlicher Verschuldung (z.b. Feld/Kirchgässner 2001, Freitag et al. 2003; Untersuchungen in den USA kommen zu vergleichbaren Resultaten). Direktdemokratische Strukturen und Institutionen begrenzen öffentliche Verschuldung wirksamer als top-down-Ansätze, z.b. ein starkes Finanzministerium bei der Budgetfestlegung (Feld/Kirchgässner 2001).

Die Erfahrungen mit Bürgerhaushalten und die Erfahrungen in der Schweiz zeigen, dass eine Beteiligung der Bürgerinnen und Bürger an öffentlichen Finanzfragen ihr bürgerschaftlich-gemeinnütziges Engagement stärkt, was die Finanzhaushalte etwas entlasten oder die Qualität öffentlicher Leistungen verbessern kann.

Schuldenbremse: Seit 2003 wird in der Schweiz die haushaltspolitische Selbstbindung der Schuldenbremse auf Bundesebene angewendet.[12] Mit dieser Ausgabenregel soll die Verschuldung über die Konjunkturzyklen hinweg konstant gehalten werden. Die Verschuldung sank seither. 2009 verabschiedete der Deutsche Bundestag eine Schuldenbremse, die die Nettokreditaufnahme auf max. 0,35% des BIP begrenzt (Ausnahmen sind möglich). Nach einer Übergangsphase von 2011 bis 2015 ist sie ab 2016 anzuwenden. Eine andere, wenig konsequent verfolgte Schuldenbremse stellt die im EU-Stabilitäts- und Wachstumspakt festgeschriebene Verpflichtung der Mitgliedsländer dar, die Neuverschuldung auf maximal drei Prozent des Bruttoinlandsprodukts und den Schuldenstand auf maximal 60 Prozent des Bruttoinlandsprodukts zu begrenzen. Solche Selbstbindungen können, wenn umgesetzt, durchaus geeignet sein, die oben beschriebenen Logiken und Sachzwänge hinsichtlich Verschuldung und Wachstumsförderung zu begrenzen;

---

[12] 2001 stimmten die Schweizer Stimmberechtigten in einer Volksabstimmung mit einem Ja-Stimmenanteil von 85% für die Vorlage Schuldenbremse.

Begrenzung des Finanzhaushaltes: Dem EU-Haushalt sind vertraglich enge Grenzen gesetzt. Er darf kein Defizit aufweisen, die Einnahmequellen sind klar geregelt und der Haushaltsbetrag ist über Mitgliedstaaten und Parlamente auf gegenwärtig 1,23 % des Bruttonationaleinkommens der EU begrenzt;[13]

Gegenfinanzierung benennen: Eine weitere Möglichkeit der Selbstbindung ist, dass jede neue Ausgabe durch eine Minderausgabe gedeckt sein muss.

Insgesamt zeigt sich: die Mutmaßung, Wirtschaftswachstum sei für die Bewältigung der dreifachen Krise, nämlich der Finanzen, der Wirtschaft und der öffentlichen Haushalte, unverzichtbar, steht auf einem wackeligen und trügerischen Fundament. Vielmehr muss in der jetzigen Krise und beim Übergang in eine Postwachstumsgesellschaft damit begonnen werden, was über Jahrzehnte versäumt wurde: die Etablierung von ausgeglichenen öffentlichen Haushalten und ein Abbau der Verschuldung. Ein Abschied von der Illusion steht an, mit Wirtschaftswachstum könne haushaltspolitischer Schlendrian wieder gut gemacht werden. Dies hat bislang nicht funktioniert und wird immer weniger funktionieren.

Literatur

Bourcarde, K. (2007): Lineares Wachstum – exponentielle Staatsverschuldung, in: Zeitschrift für Wachstumsstudien, Nr. 3, S. 4-7, online: www.wachstumsstudien.de/Inhalt/Zeitschrift/Heft3/Wirtschaftswachstum_Staatsverschuldung.pdf

Bundesrat (2006): Bericht des Bundesrates über die Schuldenentwicklung der öffentlichen Hand, 23.08.2006, online: www.efd.admin.ch

Feld, L.P., Kirchgässner, G. (2001): Does Direct Democracy Reduce Public Debt? Evidence from Swiss Municipalities, in: Public Choice, Nr. 107 (3-4), S. 347-370

Freitag, M., Vatter, A., Müller, C. (2003): Bremse oder Gaspedal? Eine empirische Untersuchung zur Wirkung der direkten Demokratie auf den Steuerstaat, in: Politische Vierteljahreszeitschrift, Nr. 44 (3), S. 348-369

---

[13] http://ec.europa.eu/budget/budget_glance/index_de.htm.

Köhler, H. (2010): „Wir müssen uns eigentlich vor unseren Kindern schämen". Interview mit Bundespräsident H. Köhler, in: Fokus Nr. 12, 22.03.2010, S. 19

Leipert, C. (1989): Die heimlichen Kosten des Fortschritts, Frankfurt a.M.

NZZ (2010): Rasantes Wachstum zerstört Chinas Umwelt, 5.6.2010

Owens, J. (2010): „Die Banken zahlen weniger Steuern als andere Branchen". Interview mit J. Owens, in: Berliner Zeitung, 12.07.2010

Pinzler, P. (2010): Aus der Not in die Tugend, in: Die Zeit, 01.07.2010.

Prange, F., Meyer, B. Ahlswede, J. (2008): Umweltschädliche Subventionen und Steuervergünstigungen des Bundes, herausgegeben von Greenpeace Deutschland, Hamburg

Pressemitteilung des Präsidenten des Bundesrechnungshofes (2009): Bundesrechnungshof unterbreitet Vorschläge zur Entlastung des Bundeshaushaltes, 08.12.2009.

Reinhart, C.M., Rogoff, K.S. (2010): Dieses Mal ist alles anders. Acht Jahrhunderte Finanzkrisen, München

Umweltbundesamt (Hrsg.) (2010): Umweltschädliche Subventionen in Deutschland, Dessau-Roßlau

Demokratie, gleichberechtigte Bürgerschaft und Partizipation

Claudia von Braunmühl

Zusammenfassung

Die Diskussion über die demokratische Gestaltung einer Postwachstumsgesellschaft steckt noch in den Anfängen. Die vorhandenen theoretischen und handlungspraktischen Ansätze weisen auf die Notwendigkeit demokratischer Deliberation hin, also auf Formen umfassender bürgerschaftlicher Beratung und Entscheidungsfindung. Diese müssen Raum bieten für die Bearbeitung der Widerstände, die auf dem Weg zu einer Postwachstumsgesellschaft zu erwarten sind. Zugleich müssen von der lokalen bis zur internationalen Ebene Formen von Partizipation gefunden werden, die einen wachstumsunabhängigen Pfad der Gesellschaft ermöglichen und begleiten.

Seit der Club of Rome 1972 mit seinem Bericht „Die Grenzen des Wachstums" (Meadows et al. 1972) die Menschen zunächst verschreckte, dann langsam zum Nachdenken brachte, verfügen wir über eine anschwellende Fülle von Literatur, die mit vielfältigen Argumenten die in den westlichen Industriegesellschaften gängige Annahme infrage stellt, Wirtschaftswachstum könne und solle beständig weitergehen (siehe z.B. Daly 1999, Biesecker et al. 2000, Jackson 2009). In jüngerer Zeit werden die vorherrschenden Produktions- und Konsummuster v.a. vor dem Hintergrund der Klimakrise, der zur Neige gehenden Rohstoffvorräte und der abnehmenden Fähigkeit der Erde, Schadstoffe zu absorbieren, hinterfragt.

Allerdings haftet vielen dieser Darlegungen ein gewisser menchanistischer und technizistischer Zug an. Die Gefahren des „Weiter So!" werden mit großer Dringlichkeit ausgemalt, vorhandenes Veränderungspotenzial wird aufgezeigt und vorgerechnet und intelligentes Umsteuern oder ethisch motivierte Umkehr angemahnt. Was dem geforderten Paradigmenwechsel allzu selten beigegeben wird, das ist eine Auseinandersetzung mit der Frage, wie er sich mit den menschenrechtlichen Grundvereinbarungen – Freiheit, Gleichheit, individuelle Entfaltung und demokratische Selbstbestimmung – verbindet. Häufig wird in durchsichtigem Status-quo-Interesse das Schreckensbild einer Ökodiktatur beschworen, die mittels politischer Vorschriften oder durch gesellschaftlichen Druck den Menschen Verzicht auf die Befriedigung ihrer materiellen Bedürfnisse und auf ihre an Wachstum gebundenen Lebensvorstellungen abverlangt. Eine positiv gewendete Debatte, die Phantasieräume eröffnet, in denen wir neu vermessene Lebenssphären abschreiten, im Weniger an Gütern und Geschwindigkeit ein Mehr an Ermöglichung von Selbstentfaltung erkennen und Lust auf aktives Mitgestalten gewinnen könnten, steckt noch in den Anfängen.

Wenn die BürgerInnen am Um- und Rückbau der Wachstumsdynamik umfänglich teilhaben können, wird ihnen der Wandel nicht als aufgezwungene Verzichtsleistung begegnen. Lebensweltliche, milieuspezifische und kulturelle Einbettungen und Sinnstiftungen werden unter Veränderungsdruck geraten. Gerade deswegen müssen sie voll berücksichtigt werden. Auf die grundlegenden demokratischen Fragen – „Wer bestimmt über Technologieentwicklung, Investition und Produktion?", „Wer verfügt über die entsprechenden Mittel und den Zugang zu dem erforderlichen Wissen?", „Wer sichert die Nachhaltigkeit eines wachstumsmindernden Pfades?" – gibt es noch kaum auch nur annähernd vertrauenserweckende Antworten.

1 Suchbewegungen

Anfänge einer nachdenklichen Diskussion und theoretische wie handlungspraktische Anätze lassen sich gleichwohl ausmachen. Allenthalben finden wir Debatten über das gute Leben, Suffizienz, vorsorgendes Wirtschaften, eine solidarische Ökonomie und die Umgestaltung von Bildungsprozessen (siehe dazu den Beitrag von C. Ax in diesem Band), die jeweils demokratietheoretische Aspekte aufweisen. Die in Erzeuger-Verbraucher-Gemeinschaften, alternativen Geldsystemen, regionaler Energieversorgung, Genossenschaften, selbst verwalteten Betrieben u.Ä. praktizierten Ansätze einer solidarischen Ökonomie versuchen, sich diesen

Grundsätzen anzunähern. Die Beteiligten greifen dabei Erfahrungen auf, die in gesellschaftlichen Kämpfen für die Möglichkeit eines solidarischen Miteinanders gemacht wurden – Erfahrungen mit Anstrengungen, die ein grundlegend anderes Verhältnis zur außermenschlichen Natur einschließen und sich Konkurrenz und Wachstumszwang zu entziehen suchen. Zudem kommen hier Denkanstöße zum Tragen, die sich einer fundamentalen Kritik an Umweltzerstörungen und sozialen Klüften verdanken; Probleme, die sich mit intensivierten Wachstumsanstrengungen eben gerade nicht beantworten lassen. In jedem Fall geht es darum, eine zerstörerische Dynamik zu überwinden und sich einen demokratisch strukturierten politischen Prozess neu anzueignen (siehe auch BUND et al. 2008).

Die jüngeren Debatten zu den Konturen einer Postwachstumsgesellschaft, zu *de-growth* resp. *décroissance*, gehen in der Tat davon aus, dass es mit ökonomisch-technischen Skizzen eines weniger wachstumsabhängigen Wirtschaftspfades nicht getan sein kann: Die demokratische Gestaltung dieses Pfades muss integral mitgedacht werden (Latouche 2007, Cheynet 2008). Das setzt die Einbettung in die Vision einer vom Wachstumszwang befreiten, gerechten Gesellschaft voraus. Wiederkehrende zentrale Eckpunkte sind dabei: Relokalisierung wirtschaftlichen Handelns, Umbau der Steuer- und Sozialsysteme, Umverteilung und Umstrukturierung von Arbeit einschließlich des vollen Einbezugs der Sorgearbeit, demokratische Entscheidungsmodalitäten über die Entwicklung und den Einsatz von Technologien, ein breit gefächertes Spektrum von Partizipationsmodellen, die ihrem jeweiligen Gegenstand gerecht werden, und ein in den Menschenrechten begründeter, auf Globalität bezogener normativer Rahmen.

Aus dem reichen Fundus langjähriger demokratietheoretischer Debatten können ebenfalls Markierungen gewonnen werden. Zu Zeiten der Globalisierung, in denen nationale Parlamente an Entscheidungsgewalt einbüßen, politische Entscheidungsprozesse zunehmend privatisiert und informalisiert werden und politische Parteien an Bindungskraft verlieren, wird die parlamentarische Repräsentation den demokratischen Ansprüchen von Bürgerschaftsstatus und Volkssouveränität nicht (mehr) gerecht. Zugleich wird zunehmend deutlich, dass die scheinbaren Sachgesetzlichkeiten des wissenschaftlich-technischen Fortschritts politisch sind und als solche öffentlicher Debatte und Entscheidung unterliegen sollten. Der Begriff der Deliberation ist daher stärker in das Zentrum der Debatte gerückt. Er bezeichnet Formen einer umfassenden bürgerschaftlichen Beratung und Entscheidungsfindung, die über den parteipolitischen, parlamentarischen Prozess hinaus alle Bereiche der Wirtschafts- und Gesellschaftsorganisation umschließt, dabei zugleich auch auf die verfasste Demokratie und das Parteiensystem selbst zurückwirkt (Lösch 2005).

2 Demokratische Deliberation

Über die Frage, was Deliberation genau bedeuten solle, wird intensiv gestritten. Gemeinsamkeiten existieren aber. Im diskurstheoretisch grundierten Konzept von deliberativer Demokratie wird Demokratie zur Lebensform und begibt sich auf die Suche nach neuen Gesellschaftsverträgen und Formen neuer politischer Gemeinschaftsbildung, die in der Lage sind, Wachstumsminderung und letztendlich Wachstumsunabhängigkeit zu beherbergen. Dazu gehört, Arbeit als geschlechtergerecht organisiertes, sozial eingebundenes Tätigsein zu verstehen. Die Suche findet im Medium eines Diskurses statt, der auf den ethischen Prämissen der universellen Menschenrechte und wechselseitiger Anerkennung von Gleichheit und Freiheit beruht und bemüht ist, diese auf immer weitere Arenen des sozialen Lebens auszudehnen. Ein solcher Diskurs wird notwendigerweise auch den Wandel des mit dem Wachstumsmodell verbundenen Wertesystems vorantreiben. Fehlgelenkte Konsumnormen, unsolidarisches Wettbewerbsdenken, vernutzender Umgang mit der Natur, Entkoppelung von Eigentum und Verantwortung und die zentrale Bedeutung der Erwerbsarbeit erhalten in diesem Diskurs lebenszugewandte und solidarische Alternativen.

Die schattierungsreich geführte Debatte über deliberative Demokratie verzweigt sich deutlich bei der Frage, wo Macht und Konsens zu verorten sind. Für eine an Jürgen Habermas (Habermas 1998) orientierte Lesart ist eine Gesellschaft umso demokratischer, je weniger die sozialen Beziehungen durch Macht konstituiert sind – je größer also der Konsensbereich ist. Demgegenüber skizzieren Ernesto Laclau und Chantal Mouffe (Laclau/Mouffe 1991) eine Logik des Politischen, in der Macht prozessural gebändigt und mit demokratischen Werten vereinbar ist. Konsens ist in dieser Sichtweise stets nur temporäres Ergebnis eines Kampfs um Definitionshoheit, Sinnstiftung und Hegemonie.

Im Hinblick auf das Ziel der Postwachstumsgesellschaft und mit Blick auf die tiefgreifenden, lange währenden Konflikte, die damit verbunden sein dürften, stellt der Ansatz von Mouffe und Laclau ein anspruchsvolles, aber vielversprechendes Instrumentarium bereit. Mouffe und Laclau verstehen das Soziale und das Politische als diskursive Räume, in denen spezifische, interessengebundene Deutungen sich als der Allgemeinheit dienliche Problemlösungen zu installieren suchen, sich im Diskurs über gesellschaftliche Wirklichkeit aber immer wieder infrage stellen lassen müssen. Für dieses Verständnis von Demokratie ist grundlegend, den politischen Prozess nicht als Annäherung an eine im Prinzip auffindbare „wahre" Bestimmung des Gemeinwohls zu verstehen, sondern Konflikt – auch Macht und Machtstreben – als konstitutiv für demokratische Politik zu betrachten. Ein solches Demokratieverständnis setzt stark auf die Vielfalt sozialer Bewegungen und also auf eine lebendige Zivilgesellschaft. Der Gegner ist nicht der Feind und jeder Konsens bleibt ob möglicher (selbst-)unterdrückender Qualitäten hinterfragbar und erneuter Öffnung zugänglich. Die Gesellschaft muss sich mit immer neu eingebrachten Themen und Ansprüchen auseinandersetzen. Ohne die Bereitschaft dazu wird ein emanzipatorischer Prozess weg vom Wachstumszwang nicht möglich sein.

3 Demokratie und gleichberechtigte Bürgerschaft

Gibt es in den gegenwärtig praktizierten Formen von Bürgerpartizipation Anknüpfungspunkte, die einem solchen Entwurf von deliberativer Demokratie nahekommen und somit die Möglichkeit eröffnen, Politik nicht länger als Exekution eines zunehmend aberwitzigen Wachstumszwangs misszuverstehen? Und verfügen wir über ausreichend Öffnungen und Einladungen an die BürgerInnen, sich aktiv an Beratungs- und Entscheidungsprozessen zu beteiligen? In den letzten Jahren hat in Deutschland die Zahl direkter Bürgerbeteiligungen erheblich zugenommen. Diese sind teils experimenteller Art und thematisch gebunden, wie etwa im Rahmen der „Agenda 21", teils in Gemeindereformen festgelegt. In Planungszellen, Bürgerforen oder runden Tischen können BürgerInnen über lokale Belange beraten; sie können mittels Bürgerbefragung, Bürgerentscheid, Bürgerhaushalt, Bürgerbegehren jenseits parteigebundener parlamentarischer Verfahren in kommunale Belange intervenieren. Summarisch und als Trendaussage ist die Rede von der Bürgerkommune (Bogumil et al. 2003). Ihre Vorzüge sind vielfältige: Der Informationsgrad über öffentliche Entscheidungen und ihre Transparenz nehmen zu, Irritationen zwischen Verwaltung und BürgerInnen kann frühzeitig entgegengewirkt werden, ggf. auch mit positiven Rückwirkungen auf Verwaltungsabläufe und -strukturen, Dienstleistungen können besser und zielgerichteter erbracht werden.

Ob die Modalitäten der Bürgerkommune über die Optimierung kommunaler Steuerungsleistungen hinaus tatsächlich an systemische Fragen heranreichen, zu einem Zusammenhänge erfassenden Denken einladen und Alternativen zu einer Handlungslogik bieten, die von der Krise der kommunalen Finanzen dominiert wird, wird unterschiedlich gesehen und mag sich in lokalen Zusammenhängen verschieden darstellen. Die Antworten auf diese Fragen hängen auch von den jeweiligen lokalen Umständen ab. Die demokratische Bilanz von Bürgerbeteiligungen gibt aber durchaus Anlass zur Hoffnung: Die BürgerInnen sind weniger in der Bittstellerrolle. Sie fühlen sich besser informiert, räsonieren reflektierter und politisch wacher, lernen, von Autoritäten Rechenschaft einzufordern und mit offenen Situationen und einer Vielfalt moralischer Vorstellungen umzugehen. Zusätzliche, ggf. auch alternative Thematisierungen können aufkommen und, selbst wenn sie es nicht auf die Tagesordnung schaffen, unter den BürgerInnen weiter ihre Kreise ziehen. Es wächst die Tendenz, Beteiligung nicht mehr als opfervollen Dienst an der Gemeinschaft, sondern als wesentlichen Teil von Selbstverwirklichung und weltverbindender gesellschaftlicher Teilhabe zu verstehen.

Das sind wichtige Anknüpfungspunkte. Von hier aus gilt es, den Begriff des Politischen zu weiten. Technikoptionen müssen dabei genauso berücksichtigt werden wie die geschlechterpolitische Organisation der Arbeit in Privathaushalten und in der Wirtschaft insgesamt. Privat erbrachte Sorgeleistungen und gemeindliche Tätigkeiten müssen in flexible Arrangements eingebettet werden (siehe dazu den Beitrag von N. Reuter in diesem Band), die auch staatliche und privatwirtschaftliche Akteure in die Pflicht nehmen. Schließlich wird eine auf Wachstumsminderung zielende Strategie, wenn sie Einfluss auf die Steuerung des Wirtschaftsprozesses gewinnen soll, zum einen auf die großen Mitbestimmungsdebatten und auf die Erfahrungen mit Mitbestimmungsstrukturen in Betrieben zurückkommen müssen; zum anderen muss sie die in Genossenschaften und anderen Modellen demokratischer Selbstverwaltung gemachten Erfahrungen auswerten und ausweiten.

4 Räumliche Ebenen gleichberechtigter Bürgerschaft

Im Lokalen lassen sich Alternativen zum unhinterfragten Wachstumszwang mit seinen Handlungslogiken vermutlich leichter aufzeigen als auf nationaler und internationaler Ebene. Auf jeden Fall ist es unerlässlich, die Parameter und Legitimierungen, die der gegenwärtigen Wirtschaftsund Gesellschaftsordnung zugrunde liegen, selbst zur Debatte zu stellen. Um die Bereiche dessen, worüber bürgerschaftlich beraten und entschieden werden kann, zu erweitern und zu vertiefen, und um auf einen wachstumsunabhängigeren Pfad gesellschaftlicher Reproduktion hinwirken zu können, sind wiederum Transparenz und Rechenschaftslegung unverzichtbar.

Doch die lokale Ebene allein wird nicht genügen: Sie ist in regionale, nationale, internationale und globale Zusammenhänge und nicht zuletzt in die Konkurrenz auf internationalen Märkten eingebunden, die allesamt auf die Lokalitäten zurückwirken. Während eine Fülle von Beispielen kleinteiliger demokratischer Mit- und Selbstbestimmung existiert, in denen Formen eines egalitären und naturverträglicheren Umgangs erprobt werden, sieht es damit auf höheren und komplexeren Ebenen karger aus. Mit jeder höheren Ebene sind die notwendigen Verständigungen über die ethisch-politischen Prinzipien, die den deliberativen Diskurs leiten, schwieriger herzustellen, sind strategische Zielorientierungen heterogener und für Missverständnisse anfälliger, während politische Koalitionen komplexeren Zerreißproben ausgesetzt sind. Das hat nicht zuletzt damit zu tun, dass die unverzichtbaren und im Prinzip nicht kontroversen ethischen Dimensionen von Menschenwürde, Menschenrecht und menschlicher Entfaltung in konkreten politischen und gesellschaftlichen Zusammenhängen sehr unterschiedlich gedeutet werden.

Die großen Debatten der 1990er Jahre um denkbare Strukturen einer globalen demokratischen Weltordnung und einer kosmopolitischen Demokratie sind heute weitgehend verstummt. Der Niedergang der Vereinten Nationen und der rasante Aufstieg transnationaler privatwirtschaftlicher Unternehmen zu politisch gewichtigen globalen Akteuren haben die Hoffnungen auf institutionalisierte überstaatliche, gar globale Demokratie gedämpft. Parallel entfalteten sich widersprüchliche Prozesse. Auf der einen Seite werden zivilgesellschaftliche Organisationen als Repräsentanten gesellschaftlicher Interessen und Belange zunehmend zu den Beratungen multilateraler Akteure zugezogen, respektive haben sich diese Rolle erkämpft. Das gilt manchen als erfolgreiche Demokratisierung. Auf der anderen Seite bieten sich *Private Public Partnerships* und *Private Governance* mit ihrer selektiven Beteiligung anschlussfähiger regierungsunabhängiger Organisationen (NGOs) als legitime Formen globalisierten Regierens an und gewinnen mangels genuin demokratischer Lösungen in wachsendem Maße internationale Akzeptanz.

Umrisse globaler demokratischer Lösungen und Forderungen an die Staaten der industrialisierten Welt hinsichtlich einer ökologisch und sozial ausgewogen gestalteten Abkehr vom Wachstumspfad und eines sorglichen und gerechten Umgangs mit Gemeinschaftsgütern finden sich in der feministisch inspirierten politischen Philosophie und den Diskussionen der sozialen Bewegungen nicht zuletzt in den Ländern des globalen Südens (Nussbaum 1999, Benhabib 2000, Kabeer 2005, Fraser 2008). Hier löst sich der Begriff von Bürgerschaft aus vorgegebenen räumlichen Zuordnungen. Gefordert wird eine öffentliche Debatte über alle den Alltag der Menschen berührenden Ebenen und Angelegenheiten. Gegenüber untransparenten, fragmentierten, privatwirtschaftlich dominierten Formen von Governance und ungenügender Rechenschaftslegung seitens machtvoller Akteure insistiert dieser Ansatz auf gleichberechtigter Bürgerschaft und inklusiver Partizipation, die auch materiell ermöglicht werden muss. Die Forderung lautet also: Bestehende Institutionen, staatliche, markt- und zivilgesellschaftliche Akteure müssen in systematischer, anhaltender öffentlicher Deliberation demokratisiert werden; neue Institutionen müssen eine gerechte Teilhabe der BürgerInnen sichern. Dieser Vision von umfassender demokratischer Partizipation liegt ein Konzept von Gerechtigkeit zugrunde, das Verteilung, Anerkennung und Mitsprache einschließt.

Literatur

Benhabib, S. (2000): Kulturelle Vielfalt und demokratische Gleichheit. Politische Partizipation im Zeitalter der Globalisierung, Frankfurt am Main

Biesecker, A., Mathes, M., Schön, S. (2000): Vorsorgendes Wirtschaften. Auf dem Weg zu einer Ökonomie des guten Lebens, Bielefeld

Bogumil, J., Holtkamp, L., Schwarz, G. (2003): Das Reformmodell Bürgerkommune. Leistungen – Grenzen – Perspektiven, Berlin

BUND, EED, Misereor (2008): Zukunftsfähiges Deutschland in einer globalisierten Welt. Ein Anstoß zur gesellschaftlichen Debatte, Frankfurt am Main

Cheynet, V. (2008): Le choc de la décroissance, Paris

Daly, H.E. (1999): Wirtschaft jenseits von Wachstum. Die Volkswirtschaft nachhaltiger Entwicklung, Salzburg/München

Fraser, N. (2008): Scales of Justice. Re-imagining Political Space in a Globalizing World, Cambridge

Habermas, J. (1998), Die post-nationale Konstellation. Politische Essays, Frankfurt am Main

Jackson, T., Sustainable Development Commission (2009): Prosperity without Growth? The transition to a sustainable economy, London (abrufbar unter www.sd-commision.org.uk/publications/downloads/prosperity_without_growth_report.pdf)

Kabeer, N. (Hrsg.) (2005): Inclusive Citizenship. Meanings and expressions, London

Laclau, E., Mouffe, C. (1991): Hegemonie und radikale Demokratie. Zur Dekonstruktion des Marxismus, Wien

Latouche, S. (2007): Petit traité de la décroissance sereine, Paris

Lösch, B. (2005): Deliberative Politik. Moderne Konzeptionen von Öffentlichkeit, Demokratie und politischer Partizipation, Münster

Meadows, D.H., Meadows, D.L., Randers, J., Behrens, W.W. (1972): Die Grenzen des Wachstums. Bericht des Club of Rome zur Lage der Menschheit, Stuttgart

Nussbaum, M. (1999): Gerechtigkeit oder Das gute Leben, Frankfurt am Main

Internationaler Blick

„Inzwischen kennt die französische Öffentlichkeit den Begriff ‚Décroissance'"

Interview mit Serge Latouche, Frankreich[1]

Herr Latouche, gibt es in Frankreich eine kritische Debatte zum Wirtschaftswachstum?

Serge Latouche: Eigentlich seit 1972, als das Buch *Grenzen des Wachstums* von Meadows erschien. Zunächst wurde in sehr engen Zirkeln diskutiert, bis wir 2002 mit einer Zeitschrift und öffentlichen Auftritten das Schlagwort „Décroissance"[2] lancierten. Décroissance sprach ehemalige Aktivisten der 1968er und junge Leute unter dreißig sofort an. Von Anfang an war es eine politische, keine intellektuelle Debatte. Das politische Establishment stellt Décroissance als etwas Verrücktes dar. Präsident Sarkozy hat vor kurzem die Sozialisten beschuldigt, Anhänger der Décroissance zu sein. Politiker bezichtigen sich dessen gegenseitig; die Grünen weisen Décroissance von sich. In der Politik wächst das Interesse aber, und inzwischen kennt die französische Öffentlichkeit den Begriff. Allerdings haben die Politiker, auch die Grünen, nicht wirklich verstanden, was Décroissance ist. Zunächst ist es ein Slogan. Doch es geht nicht darum, dass alles und jedes schrumpfen soll. Vielmehr müssen wir aus dem Kult und der Religion des Wachstums heraustreten und die Logik unserer Gesellschaft hinterfragen, die auf ständigem Wachstum und der Unbegrenztheit von Produktion und Konsum basiert. Diese

---

[1] Die Fragen stellten Irmi Seidl und Angelika Zahrnt.
[2] Auf Englisch „degrowth", im Deutschen wird „Wachstumsrücknahme" verwendet.

Logik ist absurd. Ich sage immer: „Décroître pour décroître c'est absurde, mais croître pour croître aussi."[3]

Wer beteiligt sich an der Debatte und welches sind die zentralen Argumente?

Aktivisten aus Verbänden, Mitglieder der Partei der Décroissance und v.a. junge Leute machen mit. Junge Leute organisieren sich selbst, bilden lokale Gruppen, demonstrieren und sind lose in der Bewegung „Objecteurs de croissance" (Verweigerer des Wachstums) organisiert. Diese jungen Leute haben verstanden, dass wir auf eine ökologische Katastrophe zusteuern und sind überzeugt, dass sich in einer weniger konsumorientierten Gesellschaft viel besser leben lässt. Eine der Wurzeln der Décroissance-Bewegung bilden die Gruppen gegen Werbung; sie übermalen, demolieren und entfernen Werbung.

Wie ist die Resonanz in Öffentlichkeit und Politik?

Die Massenmedien spotten normalerweise, doch wenn Vertreter der Décroissance zu Sendungen oder Interviews eingeladen werden, stößt dies meist auf gute Resonanz.

Gibt es in Frankreich Vorstellungen, wie eine Postwachstumsgesellschaft aussehen sollte?

Das versuche ich in meinen verschiedenen Büchern aufzuzeigen, u.a. im neusten, *Le temps de la décroissance*. Wir wollen aus der Religion des Wachstums aussteigen, die Dominierung der Welt durch die Ökonomie beenden, die Fessel der weltweiten Uniformierung abwerfen und wieder Platz für Vielfalt schaffen. Eines ist klar: Décroissance ist kein Alternativmodell. Man kann kein Modell einer Gesellschaft der Décroissance entwickeln, weil eine solche der Logik der Planbarkeit und der technokratischen Gestaltbarkeit widerspricht. Eine Gesellschaft der Décroissance, der glücklichen Einfachheit oder bescheidenen Fülle lässt sich

---

[3] Sinngemäß übersetzt: Schrumpfen um des Schrumpfens willen ist absurd, aber wachsen um des Wachsens willen ebenfalls.

nicht auf dem Reißbrett entwerfen. Vielmehr sollte jede Gemeinschaft und jeder Einzelne auf Basis der eigenen Werte, Innerlichkeit und Kultur eine solche Gesellschaft denken und mitgestalten. Ich versuche über eine Negation der vorherrschenden Logik minimale Fundamente für eine solche Gesellschaft zu formulieren. Dazu habe ich die acht „R"-Begriffe formuliert: réévaluer, reconceptualiser, restructurer, redistribuer, relocaliser, réduire, réutiliser, recycler.[4] In meinem *Petit traité de la décroissance sereine* (Kleine Abhandlung zur heiteren Décroissance) habe ich die Hauptherausforderungen formuliert: Es geht um eine Dekolonialisierung unserer Vorstellungswelt, um ein Ent-Ökonomisieren unserer Realität, um eine Aufhebung des fiktiven Warencharakters von Boden, Arbeit und Geld. Es ist ein reformatorisches Programm.

Sind diese Ideen und Lösungsansätze auf andere Länder übertragbar?

In einem bestimmten Ausmaß ja, eventuell mit Anpassungen. Die acht „R" gelten für alle wachstumsorientierten Länder. In einem afrikanischen Land aber geht es um das Entwickeln einer Gesellschaft der bescheidenen Fülle aus der Armut heraus.

Was macht in Ihrem Land eine Abkehr vom ständigen Wachstumswachstum besonders schwierig?

Als erstes ist es die Macht der Lobbygruppen. Dann die Kolonialisierung der Vorstellungswelt und unsere toxische Abhängigkeit vom Konsum.

Was könnte eine Abkehr von der Wachstumsorientierung befördern?

Die derzeitige ökonomische Krise, die meines Erachtens einen Kollaps einleiten könnte. Dann könnten grundlegende Änderungen einfacher werden. Es gibt die Pädagogik der Katastrophe, wie ich es nenne, aber sie funktioniert nicht immer: Zurzeit strömen im Golf von Mexiko täglich mindestens 800 000 Liter Öl ins Meer – und dennoch wollen die USA mit Tiefseebohrungen weitermachen.

---

[4] Neu bewerten, neue Konzepte entwickeln, restrukturieren, umverteilen, zurück verlagern/regionalisieren, reduzieren, wieder verwenden, recyceln.

Welche politischen Aufgaben sind in Frankreich vordringlich, um von der starken Wachstumsorientierung wegzukommen?

Das sind die von mir formulierten Punkte eines politischen Programms: Ressourcennutzung innerhalb eines nachhaltigen Fußabdrucks, Verwirklichung des Verursacherprinzips, Internalisierung der externen Kosten, Zurückverlagern der Ökonomie in die Region, Zurücknehmen der Globalisierung, Verringerung der Werbeflächen, Bestimmung der Forschungsthemen durch die Bürger statt durch transnationale Unternehmen, Kontrolle des Geldes und Abschaffung des globalen Finanzmarktes.

Zu welchen Themen einer Postwachstumsgesellschaft besteht dringender Forschungsbedarf?

Am wenigsten weiß man darüber, wie die Vorstellungswelt entkolonialisiert werden kann. Dieses große Problem betrifft uns alle. Zweifellos muss man bei der Werbung ansetzen. Wichtig, aber nur begrenzt hilfreich ist die Schule, denn die Vorstellungswelten der Lehrer sind auch kolonialisiert und manipuliert. Es geht auch darum, wie gesellschaftliche Bindungen wieder hergestellt werden können. Eine Devise lautet „Le lien plutôt que le bien" – lieber die Bindung als das Produkt. Wie lassen sich Bindungen wieder herstellen in einer Gesellschaft, die sehr individualistisch ist, deren Strukturen aufgelöst sind, in der Kinder keine Bezugspunkte mehr haben, weil ihre Familien zerbrochen sind? Außerdem müssen sich viele Forschungsgebiete wieder an den tatsächlichen Bedürfnissen der Menschen ausrichten. Die Wissenschaft ist prometheisch, sie arbeitet an großtechnischen Lösungen statt die Probleme an der Ursache anzugehen und mit der Natur zu arbeiten.

Serge Latouche ist emeritierter Professor für Ökonomie der Universität Paris-Sud (Orsay). Seine Forschungsgebiete waren ökonomische und kulturelle Beziehungen zwischen Nord und Süd sowie sozialwissenschaftliche Erkenntnistheorie. Er ist ein Vordenker der Bewegung der Décroissance und aktiv in der Öffentlichkeitsarbeit. Buchpublikationen: *Le pari de la décroissance*, Paris 2006 (engl. *Farewell to Growth*, New York 2009); *Petit traité de la décroissance sereine*, Paris 2007; *Le temps de la décroissance* (mit Didier Harpagès), Paris 2010. Übersetzungen ins Deutsche liegen bislang keine vor. www:decroissance.org.

„In Großbritannien fängt eine ernsthafte Debatte an"

Interview mit Tim Jackson, Großbritannien[1]

Herr Jackson, gibt es in Großbritannien eine kritische Debatte zum Wirtschaftswachstum?

Tim Jackson: Es gibt immer eine Debatte über Wirtschaftswachstum – vor allem in der Folge einer Rezession! Aber in den letzten zehn Jahren wurde viel mehr hinterfragt, welche Art von Wachstum wir haben wollen. Die Labour-Regierung unter Gordon Brown setzte rhetorisch auf „nachhaltiges Wachstum". Es bleibt abzuwarten, wie sich die liberal-konservative Regierung von David Cameron dazu positioniert. Doch dieser Begriff wurde niemals klar definiert und die Idee, das Wachstumsmodell selbst zu hinterfragen, traf bislang auf großen Widerstand. Mit der Rezession, der Veröffentlichung meines Buches *Prosperity without Growth*[2] und einigen weiteren Beiträgen wurde die Debatte merklich breiter und differenzierter. Jetzt ist es möglich, eine ernsthafte politische Diskussion über das Thema Wachstum zu führen.

Wer ist beteiligt und was sind zentrale Argumente?

Reaktionen auf *Prosperity without Growth* kamen aus vielen Richtungen: von Gruppen der Zivilgesellschaft wie Umweltverbänden, sozialen Hilfsorganisationen und religiösen Gruppen, aus der öffentlichen Verwaltung, Politik, Wirtschaft und sogar aus dem Finanzsektor. Inzwischen ist es

---

[1] Die Fragen stellten Irmi Seidl und Angelika Zahrnt. Aus dem Englischen von Dominik Zahrnt.

[2] London 2009. Mehr Informationen zum Buch unter www.earthscan.co.uk/pwg.

mehr oder weniger anerkannt, dass die bisherige Art des Wirtschaftswachstums nicht nachhaltig und das Bruttoinlandsprodukt kein guter
Maßstab für Lebensqualität ist. Die wesentlichen Auseinandersetzungen
betreffen die Frage, inwieweit es möglich ist, die wirtschaftliche Aktivität von Umweltbelastungen zu entkoppeln. Die Technikgläubigen insis-
tieren darauf, dass mit Effizienzgewinnen – etwa dank kohlenstoffarmer
Techniken – ökologische Ziele erreicht werden, während die Wirtschaft
weiter wächst. Viele Einwände gegen eine Postwachstumswirtschaft
haben ihren Grund in einer strukturellen Abhängigkeit vom Wachstum;
Beispiele sind die Rückzahlung öffentlicher Schulden, die Aufrecht-
erhaltung von öffentlichen Leistungen und die Sicherung der Renten.

Wie ist die Resonanz in Öffentlichkeit und Politik?

Die politischen Reaktionen auf die Wachstumsdebatte haben sich verändert. Bis vor Kurzem weigerten sich politische Entscheidungsträger
und Politiker völlig, die wachstumsbasierte Wirtschaft infrage zu stellen.
Es gibt immer noch große Bedenken hinsichtlich der Auswirkungen einer
Wirtschaft, die insgesamt nicht mehr wächst. Zudem stößt man bei Einzelnen immer noch auf eine reflexartige Ablehnung der Debatte. Doch
eine breite, informierte Öffentlichkeit ist über das Versagen der Politiker,
offensichtliche Probleme anzugehen, irritiert und verstört und zeigt deshalb größere Bereitschaft, die Debatte zu führen. Dass die Einkommen
nicht weiter wachsen könnten, löst indes allgemein Ängste aus.

Gibt es in Großbritannien Vorstellungen, wie eine Postwachstums-
gesellschaft aussehen sollte?

Mein Buch zeigt einige Visionen für Veränderungen auf: eine weniger
konsumorientierte Gesellschaft, in der die Betonung auf den Entfaltungs-
möglichkeiten der Menschen liegt – vor allem darin, am gesellschaftlichen Leben auf eine sinnvollere, weniger materialistische Weise teil-
zunehmen; eine Stärkung nachhaltiger Investitionen sowie der Erhalt und
der Schutz ökologischer Werte; Unternehmen, die sich weniger auf die
Massenproduktion von schnell verschleißenden Verbrauchsgütern und
mehr auf lokale, dienstleistungsorientierte Aktivitäten konzentrieren; Unternehmensformen, welche die Interessen der Gesellschaft in ihre Strate-

gie mit einbeziehen und schließlich eine größere Aufmerksamkeit für den öffentlichen Raum und vor allem für Grünflächen.

Sind diese Ideen und Lösungsansätze auf andere Länder übertragbar?

Ja, zweifellos.

Welche Gegebenheiten machen eine Abkehr vom ständigen Wachstumswachstum in Ihrem Land besonders schwierig?

Die hohe öffentliche Verschuldung, steigende Kosten für Gesundheit und Sozialversicherung, die Abhängigkeit von Importen, das Vertrauen der Wirtschaft in die Aktivitäten des Finanzsektors und schließlich das Vertrauen, dass Produktivitätsgewinne Arbeitsplätze schaffen.

Was könnte eine Abkehr von der Wachstumsorientierung befördern?

Eine Reihe von Dingen muss geschehen: Politische Maßnahmen für eine bessere Verteilungsgerechtigkeit müssen ergriffen, ökologisch vertretbare Dienstleistungen gefördert und die Stabilität lokaler Gemeinschaften gestärkt werden. Die exzessiven Freiheiten und perversen Anreize der Kapitalmärkte müssen eingeschränkt und bessere Finanzierungsinstrumente für lokale Aktivitäten geschaffen werden. Es braucht flexiblere Arbeitszeiten und Möglichkeiten, Auszeiten in verschiedenen Phasen des Berufslebens wahrzunehmen. Die Bewertung von sozialem und ökologischem Kapital muss verbessert und die volkswirtschaftliche Gesamtrechnung reformiert werden, die Preispolitik muss fehlleitende Anreize reduzieren und die Ressourcenproduktivität stimulieren, die öffentliche Verschuldung muss umstrukturiert und eine höhere Sparquote der Bevölkerung angestrebt werden.

Welche politischen Aufgaben sind in Großbritannien vordringlich, um von der starken Wachstumsorientierung wegzukommen?

Zuerst braucht es einen öffentlichen Raum, in dem umfassende und anspruchsvolle Debatten über eine Postwachstumsgesellschaft geführt werden können. Diese Debatten müssen Fragen der Ressourcenbegrenztheit, der Struktur der Wirtschaft und der gesellschaftlichen Logik des Konsumverhaltens umfassen. Es ist insbesondere notwendig, Kompetenzen für eine ökologische Perspektive auf die Makroökonomie aufzubauen und Institutionen im Finanzbereich, in Verwaltung und Regierung zu reformieren.

Zu welchen Themen einer Postwachstumsgesellschaft besteht dringender Forschungsbedarf?

Unabdingbar sind die Entwicklung einer ökologischen Postwachstums-Makroökonomie sowie die Einführung klarer Ressourcen- und Umweltgrenzen für das ökonomische Handeln.

Tim Jackson ist Professor für Nachhaltige Entwicklung an der University of Surrey. Seine Forschungsschwerpunkte sind: Nachhaltigkeit des Lebensstils, des Konsums, der Produktion und des ökonomischen Wohlergehens; kohlenstoffarme Energiesysteme; Religion und Nachhaltigkeit. Seit 2004 ist er Economics Commissioner in der Sustainable Development Commission, die die britische Regierung berät. Sein jüngstes Buch *Prosperity without Growth. Economics for a Finite Planet* erschien 2009 bei Earthscan. t.jackson@surrey.ac.uk.

„Momente des Wandels"

Über die österreichische Art, die Wachstumsdebatte zu führen[1]

Interview mit Rita Trattnigg, Österreich[2]

Frau Trattnigg, findet in Österreich eine kritische Debatte zu Wirtschaftswachstum statt?

Rita Trattnigg: Die Wachstumsdebatte wird in Österreich vor allem im Rahmen und Umfeld der Initiative „Wachstum im Wandel" geführt, die das österreichische Bundesministerium für Land- und Forstwirtschaft, Umwelt und Wasserwirtschaft (kurz: Lebensministerium) 2008 ins Leben gerufen hat. Im Mittelpunkt der Initiative, die als „Stakeholder-Dialog" organisiert ist, steht die Frage, *welches* Wirtschaftswachstum langfristig ökologisch und sozial verträglich sei und welche Maßzahlen in Zukunft für die Messung von gesellschaftlichem Wohlstand und Lebensqualität zusätzlich zum Bruttoinlandsprodukt (BIP) genutzt werden sollen. Dahinter steht auch der Wunsch nach einer krisenfesteren Ökonomie. Die Initiative ist im Kontext der vielfältigen Aktivitäten auf europäischer und internationaler Ebene zur Diskussion über und zur Änderung von Wohlstandsindikatoren zu sehen.

Wer nimmt an der Debatte teil und welches sind die zentralen Argumente?

Im engeren Sinne sind an der Initiative „Wachstum im Wandel" derzeit fünfzehn Partnerinstitutionen, darunter fünf Bundesministerien, das Bun-

---

[1] Eine Langfassung dieses Beitrags sowie Informationen rund um das Thema inkl. einer Konferenzdokumentation sind online abrufbar unter www.wachstumim wandel.at.

[2] Die Fragen stellten Irmi Seidl und Angelika Zahrnt.

deskanzleramt, zwei Bundesländer, Institutionen der österreichischen Sozialpartnerschaft, die österreichische Nationalbank und andere Organisationen aus Wirtschaft und Zivilgesellschaft beteiligt. Im weiteren Umfeld gibt es noch eine Vielzahl anderer engagierter Akteure. Der Stakeholder-Dialog wurde 2008 mit kleineren Gesprächsrunden und Workshops begonnen, danach folgte die Veröffentlichung des Buchs *Welches Wachstum ist nachhaltig? Ein Argumentarium* (2009). Bisheriger Höhepunkt der Initiative war die internationale Konferenz „Wachstum im Wandel" im Jänner 2010 mit rund 600 Teilnehmenden aus fünfzehn verschiedenen Ländern in Wien. Die Frage danach, welches Wachstum langfristig ökologisch und sozial verträglich ist, scheint nach der Konferenz salonfähiger geworden zu sein. Präsenter als vorher ist auch die Frage, welche Ziele uns als Gesellschaft – neben den viel klarer formulierten wirtschaftspolitischen Zielen – wichtig sind.

Wie ist die Resonanz in Öffentlichkeit, Politik und Wirtschaft?

Wir haben mit der Initiative „Wachstum im Wandel" erreicht, das Thema auf die Agenda zu setzen. Viel Anerkennung erhalten wir gerade dafür, dass Ministerien die Rolle des Agenda-Settings übernehmen. Interessant ist auch die Perspektive des Bundeskanzleramtes: Mit „Wachstum im Wandel" sei es gelungen, das Nachhaltigkeitsthema aus der Umweltecke herauszuholen und zu zeigen, welche Bandbreite an relevanten Themen im Konzept der nachhaltigen Entwicklung steckt – von Fragen des Wirtschafts- und Finanzsystems bis hin zu sozial- und arbeitsmarktpolitischen Fragen. Es lassen sich immer mehr Akteure und Institutionen dazu anregen, sich am Dialog zu beteiligen. Sehr aktiv zeigt sich die Sphäre der Zivilgesellschaft durch Veranstaltungen, Publikationen, Vorträge, Positionspapiere usw. Auch in Wirtschaftskreisen sind erste vorsichtige Versuche zu erkennen, die Wachstumsfrage zu thematisieren. Beispielsweise machen sich engagierte Unternehmerinnen und Unternehmer im Rahmen des „Bad Blumauer Manifests"[3] Gedanken darüber, wie die Wirtschaft zu einem guten Leben für alle Menschen beitragen kann. Politisch interessant ist das „Update der Ökosozialen Marktwirtschaft"[4], zwanzig Jahre

---

[3] Siehe http://badblumauermanifest.blogspot.com.

[4] Buczko, C., Giljum, S., Hickersberger, M., Hinterberger, F., Picek, O., Pirgmaier, E., Riegler, K., Schratzenstaller-Altzinger, M., Stocker, A., Thoman, J. (2010), Öko-

nachdem Josef Riegler, der damalige Vizekanzler (ÖVP), die Idee der ökosozialen Marktwirtschaft für Österreich formuliert hat.[5] Der inner-österreichische Meinungsbildungsprozess zeigt auch nach außen Wir-kung: So forderte Österreich – neben zahlreichen anderen EU-Mitglieds-staaten – im Kontext der Neuformulierung der Lissabonner Strategie für Wachstum und Beschäftigung eine Neuausrichtung des quantitativen Wachstumspfades der EU in Richtung „nachhaltig, grün, qualitativ und fair". Die neue wirtschaftspolitische Strategie der EU *Europa 2020*[6] bleibt nun zwar bei Wachstum als zentraler Zielsetzung, es soll aber ein „intelligentes, nachhaltiges und inklusives Wachstum" sein. Wachstum bleibt also bis auf Weiteres die zentrale politische Zielsetzung und wich-tigstes politisches Instrument; was sich allerdings verändert hat, sind die möglichen Lesarten und Schwerpunktsetzungen. Es besteht ein erhöhtes Bewusstsein dafür, dass Wachstum nicht beliebig oder rein quantitativ angetrieben werden kann und dass jene Bereiche, die zukünftig wachsen sollen, sorgfältiger definiert werden müssen.

Gibt es in Österreich Vorstellungen, wie eine Postwachstumsgesellschaft aussehen sollte?

Die Post-Wachstumsperspektive wird derzeit tendenziell nicht so sehr als Positiv-Szenario für eine andere Art des Wirtschaftens und gesellschaft-lichen Zusammenlebens diskutiert, sondern eher als notwendiges Aus-wegs-Szenario für einen Notfall. Zu sehr sind mit „Post-Wachstum" Be-griffe wie „Verzicht" oder „Schrumpfung" verbunden, die alles andere als attraktiv sind. In diesem Sinne ist auch die Studie im Auftrag von drei Bundesministerien zu verstehen, die mittels makroökonomischer Model-lierung Szenarien im Fall einer länger anhaltenden Wachstumsschwäche entwerfen soll (die Studie läuft seit Anfang 2010). Die Studie soll aber durchaus auch untersuchen, welche positiven Auswirkungen ein solches Szenario hätte. Andere Akteure, wie das Bundesministerium für Wissen-schaft und Forschung und die Wirtschaftsuniversität Wien, sind bestrebt,

soziale Marktwirtschaft für eine zukunftsfähige Gesellschaftsordnung. Wissenschaft-liches Hintergrundpapier zum Update der Ökosozialen Marktwirtschaft, Wien.

[5] Riegler, J. (1996), Ökosoziale Marktwirtschaft. Denken und Handeln in Kreisläu-fen, hrsg. vom Ökosozialen Forum Steiermark, Graz.

[6] Siehe http://ec.europa.eu/eu2020, KOM (2010) 2020.

die wirtschaftswissenschaftliche Forschung dahingehend zu intensivieren. Die Debatte über alternative Lebens- und Wirtschaftsweisen *jenseits* des Wachstums wird vor allem von zivilgesellschaftlichen Think-Tanks, Plattformen, selbstorganisierten Gemeinschaften, Pioniergruppen der solidarischen Ökonomie (Tauschkreise, Kooperativen, Regionalwährungen) und engagierten Gemeinden und Regionen in ganz Österreich vorangetrieben. Sehr unterstützend, weil breitenwirksam, sind alternative Medien und Dokumentarfilme von österreichischen, aber auch deutschen Filmemachern, die eine andere Welt begreifbar machen.

Welche Gegebenheiten machen eine Abkehr vom ständigen Wirtschaftswachstum besonders schwierig, und was könnte eine solche Abkehr befördern?

Die Wachstumsfrage ist aus meiner Sicht ein Vorstellungsproblem. Die weitgehend fehlenden Vorstellungen und Bilder, wie eine Postwachstumsökonomie und -gesellschaft aussehen könnte und ob ein gutes Leben für alle, heute und morgen, auch ohne Wachstum zu erreichen ist, machen meiner Meinung nach eine Abkehr schwierig. Die Politik braucht jedoch eine gewisse Sicherheit, um über die Brücke der Veränderung gehen zu können. Hier hat auch die De-Growth-Bewegung derzeit erst wenig anzubieten. Es zeichnet sich jedoch ab, dass im Gefolge der Wirtschafts- und Finanzkrise zentrale Begriffe wie Arbeit, Verteilung und Leistung in der öffentlichen Debatte intensiver thematisiert werden. Auch die Wertediskussion wird über den Begriff der Lebensqualität oder auch des Glücks angeregt.

Welche politischen Aufgaben müssten vordringlich angepackt werden, um von der starken Wachstumsorientierung wegzukommen?

Ich denke, es braucht in einem ersten Schritt ein kollektives Innehalten und Nachdenken darüber, ob „wir es so wollen, wie wir es uns als Gesellschaft eingerichtet haben", wie es der Philosoph Peter Heintel von der Universität Klagenfurt formuliert. Gesellschaftliche Nachdenkprozesse sind essentiell, um überhaupt einmal auf die Idee zu kommen, dass es auch anders gehen könnte. Diese Prozesse zu initiieren und zu unterstützen sehe ich als Aufgabe von Politik und Verwaltung. Der zweite Schritt beinhaltet zum einen Visionen, die Orientierung geben, wie etwa die von

Bundesminister Niki Berlakovich formulierte Vision eines energieautarken Österreich[7], und zum anderen konkrete Beispiele und Vorstellungen darüber, wie unser System ohne Wachstum funktionieren könnte. Der dritte Schritt besteht in der Schaffung von geeigneten Rahmenbedingungen, um die *Transition*, den Übergang hin zu anderen Wirtschafts- und Lebensweisen, zu erleichtern: beispielsweise massive Investitionen in den öffentlichen Verkehr, in erneuerbare Energien, Änderungen im Steuersystem usw.

Was sind Themen einer Postwachstumsgesellschaft, zu denen dringender Forschungsbedarf besteht?

Die Postwachstumsgesellschaft ist aus meiner Sicht ein kulturelles Projekt. Jetzt wären insbesondere die Geistes-, Sozial- und Kulturwissenschaften gefordert, in den Diskurs einzusteigen. Zusätzlich dazu sollten die Wirtschaftswissenschaften an neuen, Mainstream-Ökonomie fähigen makroökonomischen Modellen arbeiten, die die Grenzen des Wachstums in ihre Überlegungen mit einbeziehen. Dazu zählt auch die Hinterfragung ökonomischer Prämissen. Forschungsbedarf sehe ich auch hinsichtlich der Entwicklung von geeigneten Methoden, die es uns zukünftig besser ermöglichen sollen, gesellschaftliche Interessen kollektiv auszuhandeln. Zusammenfassend würde ich meinen: Auch wenn das Alte in vielen Bereichen noch fröhliche Urständ feiert, bahnt sich das Neue bereits seine Wege. Es zeigen sich viele Momente des Wandels, die abseits der politischen Wahrnehmung Bewegung erzeugen und den Boden für die politische Debatte aufbereiten. Die Initiative Wachstum im Wandel wird mit verschiedenen Aktivitäten – Studien, Folge-Veranstaltungen, Stakeholder-Diskussionsrunden usw. – fortgeführt.

Rita Trattnigg, Politologin, arbeitet im österreichischen Lebensministerium[8] als Expertin für nachhaltige Entwicklung; darüber hinaus ist sie als Prozessbegleiterin/Moderatorin und freie Forscherin tätig.
Rita.Trattnigg@lebensministerium.at

---

[7] Vgl. Pressemitteilung www.ots.at/presseaussendung/OTS_20090529_OTS0341.

[8] Die in diesem Beitrag geäußerte Meinung der Autorin ist nicht notwendigerweise die Meinung des Ministeriums.

„In der US-amerikanischen Öffentlichkeit und Politik ist Wachstumskritik ein Tabu"

Interview mit Juliet Schor, USA[1]

Frau Schor, gibt es in den USA eine kritische Debatte zum Wirtschaftswachstum?

Juliet Schor: In den USA gibt es wenig Diskussion dazu, doch ein paar Personen versuchen, dieses Thema in die öffentliche Debatte einzubringen.

Wer ist beteiligt und was sind zentrale Argumente?

Im Mai 2010 nahm ich an einigen Treffen von Fachleuten aus der Wirtschaftswissenschaft und der Ökologie teil, die an Positionspapieren arbeiten, welche die Wünschbarkeit von dauerhaftem Wirtschaftswachstum infrage stellen. Die Finanzkrise war ein Anlass, das Modell der freien Marktwirtschaft zu hinterfragen und die Frage des Wirtschaftswachstums anzusprechen. Motiviert haben uns die europäische Bewegung der Wachstumsrücknahme (*degrowth*), Peter Victors Buch *Managing without Growth*[2], die britische Klimadebatte und die fortlaufend schlechten Nachrichten zum Zustand der Erde. Ebenfalls im Mai

---

[1] Die Fragen stellten Irmi Seidl und Angelika Zahrnt.

[2] Victor, P.A. (2008), Managing without growth; Slower by Design, Not Disaster. Cheltenham.

2010 veröffentlichte ich das Buch *Plenitude: The New Economics of True Wealth* (Penguin Press), in dem ich für eine Alternative zum zerstörerischen Wachstumsmodell plädiere. Unsere Arbeit baut auf den Pionierarbeiten von Personen wie Donella und Dennis Meadows sowie Herman Daly auf, die vor Jahrzehnten Wachstum kritisch infrage gestellt haben.

Wie ist die Resonanz in Öffentlichkeit und Politik?

In der Politik und der öffentlichen Verwaltung gibt es keine Resonanz. Wirtschaftswachstum ist ein Tabu in der US-Politik. Es ist schwierig, selbst Freunde aus der Klimabewegung von der Notwendigkeit einer verkürzten Arbeitszeit zu überzeugen. Amerikanerinnen und Amerikaner tendieren stark zu technologischem Optimismus und dem Glauben, dass harte Arbeit alle Probleme lösen wird. Die Debatte in den USA fällt weit hinter das zurück, was in Deutschland, Skandinavien oder sogar Großbritannien geschieht, wo führende Intellektuelle wie Lord Nicholas Stern und Anthony Giddens die Machbarkeit von Wachstum im Globalen Norden infrage stellen.

Gibt es in den Vereinigten Staaten Vorstellungen, wie eine Postwachstumsgesellschaft aussehen sollte?

Ich habe dafür den Begriff „*Plenitude*" (Fülle) vorgeschlagen. Er basiert auf vier Hauptprinzipien: Erstens sollten Produktivitätszuwächse für eine Ausweitung der Freizeit und nicht zur Steigerung der Produktion genutzt werden. Dies erlaubt es, die Nachfrage graduell zu reduzieren und das Wachstum zu verlangsamen. Zweitens sollte Arbeitszeit, die durch kürzere Arbeitstage in der herkömmlichen Wirtschaft frei wird, für den Aufbau überschaubarer und umweltfreundlicher Strukturen zur Produktion von Nahrung, Energie, Wohnraum und sogar auch von Industriegütern eingesetzt werden. Der visionäre deutsche Philosoph Frithjof Bergmann hat dafür den Begriff „High-Tech-Eigenproduktion" eingeführt. Drittens sollte die Konsumnachfrage reduziert werden, indem eine Verlagerung von der Produktion neuer Güter zur Wiederverwendung gebrauchter Güter stattfindet und der Lebenszyklus der Güter verlängert wird. Viertens sollte die neu verfügbare Zeit genutzt werden, um den sozialen Zusammenhalt durch eine neue ökonomische Unabhängigkeit zu stärken. Dazu gehören die Gemeinschaftsnutzung von Gütern, Zeitbörsen, gemeinsame Wohnprojekte und Ähnliches. In meinem Buch zeige ich auf, dass Veränderungen dieser Art begonnen haben und dass eine steigende Zahl von Menschen einem solchen Lebensstil folgt.

Glauben Sie, dass diese Ideen und Lösungsansätze auf andere Länder übertragbar sind?

Das Modell *Plenitude* ist auf alle Länder anwendbar – wobei Produktivitätssteigerungen in armen Ländern nicht zur Verringerung der Arbeitszeit, sondern für Einkommenssteigerungen der Armen genutzt werden sollten.

Welche Gegebenheiten machen eine Abkehr vom ständigen Wirtschaftswachstum in Ihrem Land besonders schwierig?

Das größte Hindernis ist die politische Macht der großen Konzerne und des Finanzsektors, die sich dem Wirtschaftswachstum verschrieben haben. Das zweite Hindernis sind extreme Ungleichheiten bei Einkommen und Vermögen, was wegen des Strebens nach Status zu längeren Arbeitszeiten führt und den Konsum antreibt. Das dritte Hindernis ist eine Kultur der unbegrenzten materiellen Wünsche und harter Arbeit. Unsere auf fossilen Brennstoffen basierende Wirtschaft und die Macht des Energiesektors spielen auch eine Rolle.

Was könnte eine Abkehr von der Wachstumsorientierung befördern?

Anhaltend hohe Arbeitslosigkeit ist eine Möglichkeit – aber eine solche Situation kann auch zu autoritären, faschistischen Antworten führen.

Welche politischen Aufgaben sind in Ihrem Land vordringlich?

Wir brauchen mehr angewandte Modelle zu Ökonomien, die nur wenig oder gar nicht wachsen; Modelle, die sich mit den dazugehörigen Dynamiken beschäftigen. Außerdem müssen Alternativen zu den keynesianischen und neoklassischen Theorien entwickelt werden. Eine ökologisch ausgerichtete Wirtschaftswissenschaft wird diese Debatte vorantreiben.

Juliet Schor ist Professorin für Soziologie am Boston College; ihre Forschungsschwerpunkte sind Arbeit, Freizeit und Konsum, die Beziehung zwischen Familie und Arbeit, Frauenthemen und ökonomische Gerechtigkeit. Sie ist Autorin verschiedener Bücher. Ihr jüngstes Buch *Plenitude: The New Economics of True Wealth* erschien 2010 bei Penguin Press. Juliet.Schor@bc.edu

Ausblick

Verbindungslinien: Inhaltliche Zusammenhänge zwischen den Themen

Irmi Seidl und Angelika Zahrnt

Die Situationsanalysen in den Buchbeiträgen und die aufgeworfenen Fragen und Lösungsansätze sind erste Puzzleteile für die Gestaltung einer Postwachstumsgesellschaft. In diesem Kapitel wollen wir aufzeigen, welche inhaltlichen Verbindungslinien es zwischen den Beiträgen gibt, ob und wie die Puzzleteile zusammenpassen und ob es Widersprüche gibt. Dies und die sich ergebenden weiteren Ansatzpunkte für die Gestaltung einer Postwachstumsgesellschaft geben auch Einblicke, wie eine Postwachstumsgesellschaft aussehen könnte und welche Möglichkeiten und Freiräume sich öffnen könnten. Das Kapitel wird mit einigen Überlegungen zur gesellschaftlichen Diskussion abschließen.

1 Verbindungslinien zwischen den Themen

1.1 Soziale Sicherungssysteme

Bei der Gestaltung der Sicherungssysteme für Alter und Krankheit geht es im Grunde um die individuelle und gesellschaftliche Gestaltung des Lebens und Zusammenlebens. Deshalb bedarf die Weiterentwicklung dieser bislang stark wachstumsabhängigen Systeme einer breiten gesellschaftlichen Diskussion und Beteiligung. Eine solche Beteiligung wird die Wechselwirkungen dieser Systeme mit der Arbeitswelt, mit Bildung, mit der Lebensführung des Einzelnen, mit individuellen und kollektiven Risiken deutlich machen. Gerade unter finanziellen Restriktionen stellt sich die Frage neu, in welchem Verhältnis die Eigenverantwortung zur Verantwortung der Solidargemeinschaft stehen soll.

1.2 Bildung

Bildung muss in einer Postwachstumsgesellschaft neben Wissen die vielfältigen Begabungen von Menschen fördern, insbesondere auch praktische Fähigkeiten zur Lebensgestaltung. Bildung kann die Grundlage dafür schaffen, dass die individuelle Gesundheit verbessert wird und längere erwerbsfreie Zeiten produktiv gestaltet werden; sie kann zur gesellschaftlichen Mitbestimmung und Mitwirkung befähigen und Wissen für einen gesellschaftlich und ökonomisch erfolgreichen Wandel hin zu einer Postwachstumsgesellschaft vermitteln. Bildung kann auch ein kritisches Bewusstsein gegenüber dem vorherrschenden Konsummodell fördern und dazu befähigen, partiell die Versorgung mit Marktgütern durch Güter zu ersetzen, die in Eigenarbeit hergestellt werden. Schließlich ist Bildung eine Grundlage für „lebenslanges Lernen", das in unseren älter werdenden Gesellschaften an Bedeutung gewinnt. Dabei muss Bildung nicht zwangsläufig in formalen Institutionen erfolgen; neue Bildungsbeziehungen – intergenerationell, informell, erfahrungsbasiert – sind denkbar, vermitteln neue Qualitäten und sollten den Ausbau von Bildungsmöglichkeiten auch aus ökonomischen Überlegungen begleiten.

1.3 Arbeit

Statt die Erwerbsarbeitslosigkeit senken zu wollen, indem das Wirtschaftswachstum weiter forciert wird, bieten Arbeitszeitverkürzung und ein Ausbau des Dienstleistungssektors wichtige alternative Ansatzpunkte. Eine Arbeitszeitverkürzung dürfte weitere Veränderungen auslösen, die im Hinblick auf eine Postwachstumsgesellschaft relevant sind: ein weniger gesundheitsbelastendes Leben, eine intensivere Partizipation an politischen und gesellschaftlichen Prozessen und ehrenamtlichem Engagement, mehr freie Zeit für Eigen- und Subsistenzarbeit, eine ausgeglichenere Arbeitsaufteilung zwischen Männern und Frauen. Veränderungen, die von einem Ausbau des Dienstleistungssektors ausgehen dürften, sind: eine verbesserte Qualität des Gesundheits- und Bildungsbereichs sowie ein vermehrtes Dienstleistungsangebot, das materialintensive Produkte ersetzen kann. Eine Arbeitszeitverkürzung muss begleitet sein von (Aus-) Bildungsangeboten, um einen produktiven und selbstbestimmten Umgang mit der gewonnenen nicht erwerbsbestimmten Zeit zu fördern. Wegen des demographischen Wandels und möglicher steigender Ressourcenpreise könnte die Nachfrage nach Erwerbsarbeit in Zukunft steigen. Dies und absehbare Finanzierungsprobleme des Sozialversicherungssystems könnten zu einer verlängerten Lebensarbeitszeit führen, was in Widerspruch zur geforderten Arbeitszeitverkürzung steht. Dem Widerspruch kann zumindest teilweise begegnet werden, indem Arbeitsmarktstrukturen und Erwerbsarbeitsbedingungen flexibel gestaltet werden.

1.4 Sozialer Ausgleich und Verteilungsgerechtigkeit

In der Postwachstumsgesellschaft kann nicht mehr darauf gehofft werden, dass mit den Zuwächsen des Bruttoinlandsprodukts die Einkommen aller gesellschaftlichen Schichten steigen und Ungleichheiten konfliktfrei ausgeglichen werden könnten. Verteilungsungleichheiten werden politisch brisanter.

Verteilungsgerechtigkeit hat in einer Postwachstumsgesellschaft einen hohen Stellenwert im Steuerbereich, im Bereich der Arbeit, bei der Ausgestaltung des Bildungssystems. Eine gerechte Verteilung entlastet das Gesundheits- und Bildungssystem, indem es die Gesundheitssituation der Bevölkerung verbessert und die Ausgangsbedingungen von Kindern und Jugendlichen angleicht. Verbessert werden kann die Verteilungsgerechtigkeit auch durch ein breites Angebot allgemein zugänglicher Güter und Dienstleistungen im kulturellen, sozialen und sportlichen Bereich.

Gerade auch beim Übergang in eine Postwachstumsgesellschaft ist soziale Gerechtigkeit nötig, um die Zustimmung der Mehrheit der Bevölkerung zu erhalten: für einen Abschied vom Wirtschaftswachstum und für eine Umorientierung auf eine Politik der intergenerationellen und internationalen Gerechtigkeit.

1.5 Öffentliche Güter und Infrastruktur

Verschiedene Beiträge gehen davon aus, dass es in einer Postwachstumsgesellschaft mehr allgemein zugängliche und öffentliche Güter und Dienstleistungen geben muss und diese z.T. die Bedürfnisbefriedigung mit privaten, häufig materialintensiven Gütern ersetzen können (z.B. öffentlicher versus privater Verkehr; gemeinsam genutzte Werkstätten statt privater Hobbykeller). Daraus folgt die Frage, wer diese Güter und Dienstleistungen bereitstellen soll, was die Rolle von Staat, Bürgergesellschaft, Unternehmen, Stiftungen, Vereinen und Verbänden ist und auf welcher politisch-gesellschaftlichen Ebene Entscheidungen über die Produktion solcher Güter getroffen werden. Die Antworten müssen auch in die Gestaltung des Steuersystems eingehen.

Es ist zu erwarten, dass zunehmend Mischformen zwischen privaten, öffentlichen und halböffentlichen Koproduzenten öffentlicher Güter entstehen werden. Dafür sprechen Effizienzüberlegungen, eine zunehmende Nachfrage nach gesellschaftlicher Partizipation, verkürzte Erwerbsarbeitszeit und in der Folge vermehrte informelle Arbeit, ehrenamtliches Engagement sowie neue Formen von sozialem Unternehmertum.

1.6 Unternehmen

Eine Postwachstumsgesellschaft, wie sie in den Buchbeiträgen skizziert ist, stellt viele Unternehmen vor beträchtliche Herausforderungen: Sie müssen sich auf verkürzte Arbeitszeiten und möglicherweise längere Lebensarbeitszeiten einstellen; auf Steuersysteme, die nicht weiter Wachstum fördern, sondern die Arbeit weniger, Energie und Kapital stärker belasten; auf Vorschriften für eine Reinvestition in das Natur- und Sozialkapital; auf veränderte Wettbewerbsbedingungen. Damit werden sich Kosten, Preise und auch Konsummuster verändern. Der resultierende ökonomische Strukturwandel wird u.a. ressourcenleichte Produktion und Produkte und länger haltbare Güter hervorbringen und Instandhaltung gegenüber Neuproduktion favorisieren. Daraus ergeben sich veränderte Anforderungsprofile an Mitarbeitende und ihre Ausbildung, ein verändertes Einsatzverhältnis von Arbeit und Kapital, eine veränderte räumliche Lokalisierung der Märkte. Bisher erfolgreiche Unternehmensstrategien werden zu revidieren sein. Gleichzeitig dürften viele Unternehmen von einem „geordneten" Übergang zu einer Postwachstumsgesellschaft profitieren, weil dies den zunehmenden Wachstumsdruck, der sich bereits jetzt am Markt kaum mehr materialisieren lässt, reduziert. Für regionale Betriebe und das Handwerk dürfte der Strukturwandel eine besondere Chance darstellen. Und wenn sich das Bankengeschäft wieder auf die Realwirtschaft konzentriert, dürften Klein- und Mittelbetriebe davon profitieren.

1.7 Steuersystem und Finanzen

Der aus verschiedenen Gründen notwendige Umbau des Steuersystems sollte die folgenden Punkte umfassen: Internalisierung externer Kosten und Förderung positiver externer Effekte, Gleichbehandlung nationaler und internationaler Unternehmen, Abschaffung von Anreizen zu Unternehmens- und Wirtschaftswachstum, Stärkung der Verteilungsgerechtigkeit – in den nächsten Jahren insbesondere durch die Belastung jener Gewinne und Vermögenszuwächse, die die jüngste expansive Geld- und Fiskalpolitik ermöglichte.

Solche steuer- und finanzpolitischen Anpassungen haben vielfältige Effekte auf Unternehmen, Konsum und die Bereitstellung von Gemeingütern. Sie führen zu einer Verschiebung von Produkten zu Dienstleistungen, zu einer Stärkung der regionalen Produktion und einer Verschiebung von Neuproduktion zu werterhaltender Instandsetzung. Diese Effekte werden eher Zustimmung finden, wenn soziale Gerechtigkeit vermehrt über geringere Unterschiede in den Erwerbseinkommen, über Steuerpolitik und Sozialmaßnahmen angestrebt wird.

Der Spielraum der öffentlichen Haushalte wird auf der Einnahmeseite durch das Steuersystem und die Steuerbasis bestimmt, auf der Ausgabenseite durch die Ausgabenpolitik. Die Entscheidung über prioritäre Ausgaben sollte sich an den Charakteristiken einer Postwachstumsgesellschaft orientieren (keine Wachstumsimpulse, Reduktion des Energie- und Ressourcenverbrauchs auf ein nachhaltiges Niveau). Ein erster Ansatzpunkt für eine Ausgabenreduktion ist der Abbau ökologisch schädlicher Subventionen.

Zum Verhältnis von Wirtschaftswachstum und öffentlicher Verschuldung gibt es derzeit zwei gegenläufige Argumente: Verschuldung müsse abgebaut werden, um Wachstum zu ermöglichen; eine weitere Verschuldung wäre nötig, um Wirtschaftswachstum zu fördern. Angesichts der ohnehin rückläufigen Wachstumsraten und der Notwendigkeit eines Übergangs zu einer Postwachstumsgesellschaft sind solche Argumente trügerisch. Vielmehr steht die Aufgabe an, die Staatsverschuldung bei rückläufigem oder ausbleibendem Wirtschaftswachstum zu reduzieren.

1.8 Mitwirkung, individuelle Beteiligung und Eigenverantwortung

Mitwirkung, individuelle Beteiligung und Eigenverantwortung sind zentral für die Entwicklung und Gestaltung einer Postwachstumsgesellschaft. Denn wenn es um die Rücknahme von Gewohnheiten, Ansprüchen und Erwartungen geht, lässt sich eine gesellschaftliche Bereitschaft nur dann finden, wenn diese ausgehandelt und breit abgestützt und darüber abgestimmt wird – auf verschiedenen politischen Ebenen, in Unternehmen, bei der Gestaltung der sozialen Sicherungssysteme. Diese Beteiligung muss deutlich über das heutige Maß hinausgehen: Ein Ausbau von Beteiligungsrechten und Basisdemokratie ist angesagt. Ein engerer finanzieller Rahmen, wie er in einer Postwachstumsgesellschaft zu erwarten ist, braucht auch mehr Eigenverantwortung. Um diese wahrzunehmen, kommt der Bildung eine wichtige Rolle zu.

1.9 Einhalten ökologischer Grenzen

Die ökologischen Grenzen sind ein wesentlicher Anlass, sich vom Paradigma des unbegrenzten Wirtschaftswachstums zu verabschieden. Ihre Einhaltung ist ein konstitutives Merkmal einer Postwachstumsgesellschaft. Verschiedene Politik- und Gesellschaftsbereiche sind davon berührt: Das Steuersystem muss über eine ökologische Finanzreform so umgestaltet werden, dass die externen Kosten internalisiert werden. Für die Einhaltung ökologischer Grenzen werden auch Bildung und Partizipation im gesellschaftlichen Diskussionsprozess von großer Bedeutung sein, da das bisherige Leitbild grenzenloser Freiheit zurückgenommen und die ökologischen und sozialen Kosten dieser Freiheit breit thematisiert werden müssen.

1.10 Systemflexibilität

Eine Anpassung der sozialen und wirtschaftlichen Systeme an neue Bedingungen ist umso einfacher, je mehr Flexibilität und Belastbarkeit sie aufweisen. Die bisherigen Systeme waren flexibel, soweit sie qua Wachstum Veränderungsspielräume hatten. Künftige Systeme müssen bei geringem und ausbleibendem Wachstum oder gar rückläufiger Wirtschaftsleistung flexibel und belastbar bleiben. Flexibilität und Anpassungsfähigkeit müssen eine Postwachstumsgesellschaft auszeichnen. Wie sich mit der Entwicklung hin zur Postwachstumsgesellschaft die kapitalistischen Grundstrukturen der Wirtschaftsverfassung ändern werden, ist offen.

2 Wie geht es weiter?

Kritik an der allgemeinen Orientierung am Wirtschaftswachstum wird inzwischen in unterschiedlichen gesellschaftlichen Gruppierungen geübt. Dies sind zum Teil keine neuen Debatten, aber sie werden verschärft und dringlicher geführt angesichts zunehmender ökologischer Probleme und sozialer Ungleichheit, rückläufigen Wachstumsraten, Staatsverschuldung, demografischem Wandel und Sättigung der Konsumgesellschaft. Eine von vielen gesellschaftlichen Gruppen getragene Kritik ist notwendig, um das seit Jahrzehnten fest verankerte Leitbild Wirtschaftswachstum zu thematisieren, zu entzaubern und sich dann von ihm zu verabschieden. Über diesen Grundkonsens hinaus und was die Gestaltungsvorstellungen für die Postwachstumszeit anbelangt, dürften unterschiedliche Interessenlagen und gesellschaftliche Werte offenkundig werden. Hierüber ist eine weitere gesellschaftliche Diskussion angesagt. Dazu will das vorliegende Buch einladen.

Der Ersatz des Bruttoinlandsprodukts durch einen korrigierten Indikator für wirtschaftliche und gesellschaftliche Entwicklung oder die Ergänzung des BIPs um weitere Indikatoren ist nötig. Dies allein wird aber die Prioritätensetzung in Politik und Wirtschaft nicht ausreichend ändern, wie die Erfahrungen mit den Zielen und Indikatoren bei der Umsetzung von Nachhaltigkeitsstrategien gezeigt haben. Deshalb muss die Expertendiskussion um die statistischen Indikatoren von einer breiten gesellschaftlichen Diskussion um eine Neuorientierung der wirtschaftlichen und gesellschaftlichen Entwicklung begleitet werden. Nur dann kann eine Korrektur des Bruttoinlandsprodukts oder die Ergänzung um weitere Indikatoren auch zu einer neuen Gewichtung politischer Ziele führen.

Die Debatte um das Wirtschaftswachstum hat große Schnittmengen mit zwei anderen gesellschaftlichen Debatten: mit jener über nationale Nachhaltigkeitsstrategien (in Großbritannien hat die Nachhaltigkeitskommission diese Verbindung thematisiert) und mit jener über die Weiterentwicklung des marktwirtschaftlichen Ordnungsrahmens hin zu einer nachhaltigen Marktwirtschaft (eine Diskussion, die im Zusammenhang mit der jetzigen Wirtschafts- und Finanzkrise geführt wird).

Die Abkehr von einer Politik des ständigen Wirtschaftswachstums ist nur möglich mit tief greifender Transformation. Je länger aber die Notwendigkeit der Transformation ignoriert oder geleugnet wird, desto schwieriger wird der Prozess. Abrupte Transformationsprozesse – wie Anfang der 1990er Jahre in den Ländern des Ostblocks – haben gezeigt, mit welchen Schwierigkeiten, Unsicherheiten und Schäden solche Prozesse verbunden sein können. Die Transformation der Länder des Ostblocks war nicht vorhersehbar, es gab keine Beispiele. Dagegen ist die Notwendigkeit einer Transformation zu einer Postwachstumsgesellschaft absehbar. Dies macht sie gestaltbar; die Einleitung dieser Transformation sollte klugerweise möglichst bald begonnen werden.

Forschungslandkarte für eine Postwachstumsgesellschaft

Irmi Seidl und Angelika Zahrnt[1]

Die Fragen und Themen, die die Autorinnen und Autoren der Beiträge in diesem Buch aufgezeigt haben, können Ansatzpunkte sein für eine Diskussion mit Blick auf einen Übergang von der Wachstums- in eine Postwachstumsgesellschaft. Davon ausgehend und darauf aufbauend wollen wir im Folgenden skizzieren, wo weiterer Forschungsbedarf besteht. Der heutige Forschungsstand ist, je nach Thema, unterschiedlich weit gediehen; hierauf wird nicht eingegangen.

1 Sozialversicherungssysteme

Die gesellschaftlichen Entwicklungen der letzten Jahrzehnte, die Alter und Gesundheit betreffen, müssen in die Entwicklung eines wachstumsunabhängigen Sozialversicherungssystems eingebracht und für ein solches nutzbar gemacht werden. Damit erweitert sich der Gestaltungsspielraum des Systems und bislang systemfremde Erweiterungen werden möglich: beispielsweise mit einem nichtmonetären, sozialen Generationsvertrag, der den bisherigen monetären Generationenvertrag ergänzt und z.B. Elemente bürgerschaftlichen Engagements enthält oder die Möglichkeit, Pflegegutschriften zu erarbeiten. Forschung zur Weiterentwicklung des Gesundheitssystems sollte sich u.a. mit den folgenden Punkten befassen: Potenzial stärkerer Eigenverantwortlichkeit, erhöhte Systemeffizienz, ver-

---

[1] Wir danken den Autorinnen und Autoren für ihre Anmerkungen zur Präzisierung der Forschungslandkarte.

besserte Gesundheitsvorsorge, Gesundheitserziehung und Gesundheitsbildung. Zentral ist die Frage, wie eine grundlegende Umorientierung von Krankheit auf den Erhalt der Gesundheit gelingen kann.

2 Verteilungsgerechtigkeit

Gängige Theorien zu Verteilungsgerechtigkeit gehen von Wirtschaftswachstum aus. Verteilungsgerechtigkeit bzw. -ungleichheit werden bisher sowohl als Ergebnis von wie auch als Impuls für Wirtschaftswachstum angesehen. In einer Postwachstumsgesellschaft dagegen ist Verteilungsgerechtigkeit ein von Wachstumsfragen unabhängiges Ziel. Entsprechend besteht Forschungs- und Entwicklungsbedarf zu Theorien und Konzepten über Verteilungsgerechtigkeit, die ohne die Grundannahme auskommen, dass die Wirtschaft wächst.

In einer Postwachstumsgesellschaft stellt sich die Frage der Verteilungsgerechtigkeit verstärkt, einerseits, weil keine Zuwächse mehr in Aussicht gestellt werden können, und andererseits, weil der Übergang zu einer Postwachstumsgesellschaft die Menschen unterschiedlich betreffen wird. Es ist zu untersuchen, wie sich ein solcher Übergang verteilungspolitisch auswirken kann und welche politischen und anderen Maßnahmen geeignet sind, soziale Gerechtigkeit sicherzustellen. Gleichzeitig stellt sich die Frage, welche Verteilungssituation einen Übergang zu einer Postwachstumsgesellschaft befördern kann. Hieran schließt auch die Frage an nach dem Zusammenhang von nationaler und internationaler Verteilungsgerechtigkeit.

Es ist auch zu untersuchen, wie sich Verteilungsgerechtigkeit auf gesellschaftlichen Zusammenhalt, Bildungsstand, Sicherheit, Gesundheit und Lebensqualität auswirkt. Welcher Zusammenhang besteht zwischen Verteilungsgerechtigkeit und den Kosten für Sozialversicherung und Bildung?

3 Arbeit und Erwerbsarbeit

Erwerbsarbeit wird auch in einer Postwachstumsgesellschaft eine zentrale Rolle im Leben der Menschen und ihrer Existenzsicherung einnehmen. Zugleich wird und muss im Sinne einer Tätigkeitsgesellschaft eine stärkere Verzahnung mit anderen Formen von Arbeit (Familien-, Freiwilligen-, Eigenarbeit) stattfinden.

Um einen breiteren und damit gerechteren Zugang zu Erwerbsarbeitsmöglichkeiten zu schaffen, ist die vorhandene Erwerbsarbeit auf mehr Menschen zu verteilen. Dazu braucht es auf Unternehmensebene grundlegende und begleitende Forschung über Strukturen und Modelle für reduzierte Arbeitszeit (Wochen-, Jahres- und Lebensarbeitszeit und ihre Verrechnung) und über diesbezügliche Anreizsysteme. Solche Anreizsysteme können z.b. in Steueranreizen bestehen oder in der Umgestaltung des Lohn- und Beförderungssystems. Dabei sind auch genderspezifische Widerstände bzw. Präferenzen sowie das Primat von Erwerbsarbeit gegenüber anderen Kategorien von Arbeit zu untersuchen. Wichtig im Zusammenhang mit verringerter individueller Erwerbsarbeit sind die Auswirkungen auf die Sozialversicherungssysteme und die Frage des Lohnausgleiches: Welcher Lohnausgleich ist notwendig, um Reduktionen der Erwerbsarbeit sozial verträglich zu gestalten? Ein Verteilen der vorhandenen Erwerbsarbeit auf mehr Menschen erfordert ein Vorhandensein der nötigen Qualifikationen. Wie kann das nötige Qualifikationsniveau erreicht werden? Hierzu ist eine kritische Evaluation von Integrationsmaßnahmen und berufsqualifizierender Ausbildung nötig. Wie schaffen es die Länder in Skandinavien und die Schweiz, eine hohe Beteiligung am Arbeitsmarkt zu erreichen?

Da in einer Postwachstumsgesellschaft der Umfang wirtschaftlicher Aktivität stärker variieren könnte als jetzt, sind Maßnahmen zu entwickeln, wie gleichwohl Stabilität auf dem Arbeitsmarkt gesichert werden kann (z.B. analog zum Kurzarbeitergeld) bzw. wie eine schnelle Wiedereingliederung in den Arbeitsmarkt möglich wird.

Für die Stabilität der Alterssicherungssysteme wird häufig eine Ausdehnung der Lebensarbeitszeit gefordert. Eine andere Position besagt, dass es auch bei alternder Bevölkerung und verringertem bzw. ausbleibendem Wachstum keinen Sachzwang zur Verlängerung der Lebensarbeitszeit gibt, sondern dass es um Verteilung geht: Wie kann es in reichen Gesellschaften gelingen, die nicht erwerbstätige Bevölkerung (Rentnerinnen und Rentner, Kinder, Erwerbsarbeitslose) aus dem hohen Sozialprodukt ausreichend zu versorgen? In jedem Fall ist zu untersuchen, ob eine generelle Erhöhung der Lebensarbeitszeit nötig ist oder eine flexible Ausdehnung für diejenigen, die länger arbeiten wollen, ausreicht. Wie sind Unternehmensstrukturen zu gestalten und Unternehmenskulturen zu entwickeln, um ältere Menschen im Erwerbsarbeitsbereich beschäftigen zu können, und wie kann lebenslanges Lernen gefördert werden? Wie kann die Forderung nach verringerter Erwerbsarbeitszeit und verlängerter Lebensarbeitszeit vereinbart werden?

Die Orientierung am Wachstum und damit einhergehend an Effizienz hat in der Arbeitswelt eine Arbeitsverdichtung und Standardisierung bewirkt, die die Gesundheit der Erwerbstätigen beeinträchtigt. Welche Arbeitsformen, welche Arbeitsorganisation, welche Tätigkeiten und Fähigkeiten und welches Tempo sind geeignet, damit Menschen nicht gesundheitlich beeinträchtigt werden und sie in ihrer Arbeit Sinn und Zufriedenheit finden zu lassen? Die immaterielle Befriedigung bei der Erwerbsarbeit ist in einer Postwachstumsgesellschaft noch wichtiger als bisher, da es für Erhöhungen des Erwerbseinkommens weniger Spielraum geben wird.

Weiter ist zu untersuchen, welche Strukturen aufgebaut werden können, um Lebenszeit über die Erwerbsarbeitszeit hinaus produktiv, individuell befriedigend und gesellschaftlich gewinnbringend zu gestalten. Wie können Freiwilligenarbeit, Eigenarbeit, Subsistenzarbeit und bürgerschaftliches Engagement für eine Mehrheit der Bevölkerung zugänglich gemacht werden, wie können entsprechende Strukturen finanziert werden und wie kann das Verhältnis von Staat und privater Initiative dabei aussehen? Mit welchen Anreizen kann eine Beteiligung an diesen Formen der Arbeit gefördert werden und welche Möglichkeiten bestehen, Nichterwerbsarbeit in die soziale Sicherung einzubauen?

4 Konsum

Forschungsbedarf besteht zu Ansätzen und Instrumenten, die Konsum ändern, stabilisieren und reduzieren, und damit zur Frage, wie die menschlichen Bedürfnisse weniger ressourcenintensiv und wachstumsabhängig befriedigt werden können. Es ist zu untersuchen, wie ein Wertewandel vom heutigen Leitbild der materiellen Grenzenlosigkeit zum Akzeptieren materieller Grenzen stattfinden kann, wie sich die bisherige Standardisierung hoher Konsumnormen rückgängig machen lässt und welche neuen, weniger ressourcenintensiven Positionsgüter wie etabliert werden können. Es ist zu prüfen, welche Auswirkungen eine Verteuerung ressourcenintensiven Konsums in sozialer Hinsicht hat. Wie könnte eine gestaffelte

Konsumsteuer aussehen und was würde sie bewirken? Weiter ist zu fragen, unter welchen Voraussetzungen teurere, weil langlebigere Produkte sowie gemeinsam genutzte Produkte von den Konsumentinnen und Konsumenten besser angenommen werden.

5 Produktion von Gemeingütern

Das Verhältnis von privaten Gütern und Gemeingütern wird in einer Postwachstumsgesellschaft neu auszuhandeln sein. Dies zum einen wegen der angespannten finanziellen Situation der öffentlichen Haushalte, zum anderen, weil sich die gesellschaftlichen Bedürfnisse ändern und neue Strukturen entstehen werden. So könnte ein stärker ausgebautes Netz der sozialen Infrastruktur die Sozialsysteme entlasten und die Verfügbarkeit von Gemeingütern könnte Teile des privaten Konsums ersetzen. Wie kann neuere Forschung zu den Gemeingütern (z.B. von Elinor Ostrom) aufgenommen und umgesetzt werden? Es besteht Bedarf an Forschung über Angebot, Nachfrage und Wirkung von Gemeingütern u.a. auf die Verteilungsgerechtigkeit sowie über das Potenzial von Gemeingütern zur Schaffung von Erwerbsarbeitsplätzen. Weiter stellt sich die Frage, welche Rolle der Staat bei der Produktion von Gemeingütern haben soll und wie und auf welcher räumlichen Ebene Gemeingüter effizient bereitgestellt werden können. Welche Rolle haben Institutionen wie Stiftungen, Sozialunternehmen, Genossenschaften, private Unternehmen, Vereine, Initiativen oder Verbände bei der Produktion von Gemeingütern? Wie können vorteilhafte Koproduktionen zwischen staatlichen und privaten Trägern aussehen? Als Gemeingüter gelten auch immaterielle Güter wie kulturelles Erbe, handwerkliche Fertigkeiten, Traditionen, Künste. Was kann ihr Potenzial und ihr Verhältnis zu privaten Gütern in einer Postwachstumsgesellschaft sein?

6 Wachstumsabhängigkeit von Unternehmen

Bislang weiß man wenig darüber, inwieweit Unternehmen auf ein Wachstum des eigenen Unternehmens und der Wirtschaft insgesamt angewiesen sind und wie sie selbst zur Wachstumsdynamik beitragen. Da diese Wirkung vom Sektor und der Unternehmensgröße und Unternehmensform abhängen dürfte, sind differenzierte Untersuchungen nötig. Weiter ist zu

fragen, welche Anreize im Steuersystem oder in verschiedenen Sektoral-
politiken eingebaut sind, die Unternehmenswachstum fördern. In diesem
Zusammenhang erkenntnisreich dürfte eine historische Analyse darüber
sein, wie und aufgrund welcher ökonomischer Veränderungen und Politiken sich im 20. Jahrhundert die Wachstumsorientierung von Unternehmen geändert hat. Speziell sollte auch gefragt werden: Wie stellt sich
Unternehmenswachstum im Handwerk dar, was begrenzt und was fördert
es? Wie ist dies heute, wie war es in der langen Geschichte des Handwerks?

Auf Unternehmensebene wird es in einer Postwachstumsgesellschaft –
wie bisher – unterschiedliche Entwicklungsprozesse geben: Wachstum,
Sättigung, Rückgang und Schrumpfung von einzelnen Unternehmens-
leistungen und Unternehmen. Es stellt sich die Frage, wie sich die volkswirtschaftliche Neuorientierung von einer Wachstumswirtschaft zu einer
Postwachstumsgesellschaft auf den Produkt- und Unternehmenslebens-
zyklus auswirkt und welche neuen Unternehmensstrategien daraus resultieren.

Das Wirtschaftswachstum beruht derzeit stark auf der Externalisierung privat verursachter Kosten sowie auf dem Verzehr der Substanz von
Gemeingütern des Natur- und Sozialkapitals. Wie kann eine Strategie der
Internalisierung aussehen, die Folgendes kombiniert: staatliches Ord-
nungsrecht, ökologische Steuern, Abschaffung umweltschädigender Subventionen, internationale Vereinbarungen über Umwelt- und Sozialstan-
dards und ökologische Reduktionsziele? Wie gehen Unternehmen mit
einem durch die Verhinderung der Externalisierungsstrategie bewirkten
Rückgang der Gewinne um? Welchen Einfluss darauf haben die Unternehmensformen (AG, GmbH, KG, Genossenschaft, Stiftung, Personal-
gesellschaften, Einzelfirmen) mit ihren spezifischen Kapitalabhängig-
keiten und unterschiedlichen Haftungsregeln? Welche Markt- und Unternehmensverfassung kann das Kapital in einen Zyklus des Werdens und
Vergehens einbeziehen?

Wie kann die Rechnungslegung verändert werden, damit die von Unternehmen verbrauchten Gemeingüter und der Erfolg von Reinvestitionen
zu ihrem Erhalt sichtbar werden? Wie kann das Prinzip der werterhaltenden Kosten (d.h. Kosten zum Erhalt des Natur- und Sozialkapitals) in der
betrieblichen Praxis verankert werden? Welche Indikatoren erweisen sich
hierfür als geeignet?

7 Steuersystem

Die derzeitigen nationalen Steuersysteme basieren auf der Annahme nationaler, international wenig vernetzter und ständig wachsender Ökonomien sowie unbegrenzter natürlicher Ressourcen. Es besteht Forschungsbedarf für die Entwicklung eines Steuersystems, das keine Anreize zu Wirtschaftswachstum bietet. Es soll zugleich der Gesellschaft einen Teil der Kaufkraft und der Profite entziehen, die durch hohe Produktivitätsgewinne erwirtschaftet werden, um so allen Bürgerinnen und Bürgern einen angemessenen Konsum zu ermöglichen, zukunftsorientierte Investitionen sicherzustellen und schrittweise öffentliche Schulden abzubauen. Weiter muss das Steuersystem dazu beitragen, die ökologischen Grenzen zu respektieren und ein neues Verhältnis zwischen den derzeit hohen Kosten des Faktors Arbeit und den niedrigen Kosten der Faktoren Kapital, Energie und Ressourcen herzustellen. Änderungen des Steuersystems, die diese Elemente aufgreifen, werden deutliche Auswirkungen auf Produktion und Konsum haben. Diese Auswirkungen sind abzuschätzen und steuerliche Maßnahmen zu entwickeln, um die Schwierigkeiten des Überganges in Unternehmen und privaten Haushalten abzufedern.

8 Strukturwandel, Investitionspolitik und Transformationsprozess

Die Postwachstumsgesellschaft und der Übergang dahin werden einen Strukturwandel mit sich bringen. Es besteht Forschungsbedarf, wie dieser Strukturwandel aussehen könnte und wie eine Förderung von Forschung, Innovation und Investition ihn voranbringen und lenken kann. Insbesondere die Frage der weiteren Entwicklung zur Dienstleistungsgesellschaft ist hier von zentraler Bedeutung.

Weiter stellt sich die Frage, wie sich Maßnahmen zur Erhaltung der Infrastruktur auf Investition und Beschäftigung auswirken, welche Neuinvestitionen in die Infrastruktur in einer Postwachstumsgesellschaft nötig sind und welchen Umfang Neuinvestitionen gegenüber Erhaltungsinvestitionen haben sollen.

Tiefgreifender Strukturwandel findet immer wieder statt (z.B. Zusammenbruch der Schwerindustrie in Deutschland, der Textil- und Uhrenindustrie in der Schweiz, Ausweitung des Dienstleistungssektors zulasten des Primär- und Industriesektors). Solche Veränderungen sollten daraufhin untersucht werden, was sich daraus für den Übergang in eine

Postwachstumsgesellschaft lernen lässt. Weiter ist zu fragen, wodurch sich ökonomische Entwicklung und „schöpferische Zerstörung" in einer Postwachstumsgesellschaft auszeichnen können und wie wirtschaftliche Dynamik gesichert werden kann.

9 Geld- und Finanzsystem

Die ökonomische Forschung, zu deren Kerngebiet das Geld- und Finanzsystem gehört, beschäftigt sich gegenwärtig kaum mit der Verbindung dieser Bereiche mit dem Wirtschaftswachstum. Entsprechend gibt es nur vereinzelte bzw. aus früheren Arbeiten abgeleitete Ansätze, wie der vom Geld- und Finanzsystem ausgehende Wachstumszwang reduziert werden könnte (z.B. Vollgeld, Zinsverzicht, Schwundgeld, Regionalgeld).

Es besteht also Forschungsbedarf zur Frage, wie ein nationales und internationales Geld- und Finanzsystem aussehen könnte, und insbesondere welche Regulierungen nötig sind, damit das Geld- und Finanzsystem nicht das Wirtschaftswachstum antreibt. Die Bedeutung von Zins sowie Geld- und Kreditschöpfung für Wirtschaftswachstum ist dabei ein zentrales Forschungsthema. Ein Lösungsansatz, um die Geldschöpfung zu begrenzen und in die Hände des Staates zu geben, ist das Vollgeld. Ist dieser Ansatz für eine Postwachstumsgesellschaft geeignet?

Die derzeitige Finanzkrise zeigt, dass der Bankensektor vorrangig der Realwirtschaft dienen muss und wie nötig eine Abkehr der Banken von spekulativen und auf exzessiver Kreditschöpfung basierenden Geschäften zur eigenen Profitmaximierung ist. Die Forschung sollte sich dieses Themas sowie der Frage annehmen, wie eine Rückführung des Bankengeschäftes auf die Realwirtschaft einschließlich einer Reduktion der Wachstumsimpulse möglich ist, insbesondere auch in einer globalisierten Ökonomie.

10 Ökonomische Theorie und Modelle

Die derzeitigen makroökonomischen Modelle, die Volkswirtschaften abbilden, Wirkungen von Eingriffen errechnen und Wirtschaftsprognosen zugrunde liegen, sind durchwegs Wachstumsmodelle. Diese Modelle sind zu ergänzen bzw. abzulösen durch Modelle und Theorien, die eine Ökonomie ohne Wachstum abbilden – eine sogenannte Golden-age-Ökonomie nach Keynes. Wie sehen Modelle aus, die Ökonomien darstellen, die nach nachhaltiger Entwicklung und Verteilungsgerechtigkeit streben? Ausdruck des Wachstumsparadigmas der ökonomischen Theorie ist auch die Tatsache, dass die beobachtbaren, deutlich sinkenden Wachstumsraten hoch entwickelter Industriegesellschaften weder theoretisch thematisiert noch empirisch erforscht sind. Eine weitere Forschungsaufgabe ist eine dogmenhistorische Aufarbeitung des ökonomischen Wachstumsparadigmas.

11 Rolle des politischen Systems

Das Wachstumsparadigma unserer Gesellschaften wird wesentlich vom politischen System getragen. Es stellt sich die Frage, wie Merkmale des politischen Systems die Förderung von Wirtschaftswachstum beeinflussen. Dazu zählen das Parteiensystem, das Wahlsystem, die horizontale und vertikale Machtverteilung, die Regierungsform, die Rolle und Macht der Opposition und des Volkes, die politische Empfänglichkeit für Lobbyismus. Auch die Rolle einzelner Politikbereiche (z.B. Finanzpolitik, Arbeitsmarktpolitik, Wettbewerbspolitik) im Hinblick auf Wirtschaftswachstum ist zu untersuchen.

Thesen für eine Postwachstumsgesellschaft

Alterssicherung

Der monetäre Generationenvertrag der Alterssicherung muss in einer Postwachstumsgesellschaft durch einen nicht-monetären, sozialen Generationenvertrag ergänzt werden. *(François Höpflinger)*

Gesundheitswesen

Das Gesundheitswesen gehört heute zu den wenigen verbliebenen Wachstumsmärkten. Im Hinblick auf eine Postwachstumsgesellschaft ist es wichtig, es zu einem von Eigenverantwortung mitgeprägten, kosteneffizienten Solidarsystem zu transformieren. Dieses soll sich an der Gesundheit sowohl des Einzelnen als auch der Gesellschaft orientieren und bestrebt sein, Menschen mit Krankheiten auf eine Weise zu heilen, die an den Ursachen ansetzt und langfristig wirkt. *(Hans-Peter Studer)*

Bildung

Bildung ist sowohl Voraussetzung für eine Postwachstumsgesellschaft als auch Selbstzweck. Bildung macht reich jenseits von Ressourcenverschwendung und Statussymbolen. Wissen alleine reicht dabei nicht: Der Bildungsbegriff muss um Aspekte des Könnens und der Lebenskunst erweitert werden. *(Christine Ax)*

Arbeitsmarkt

In allen hoch entwickelten Industrieländern sinken die Wachstumsraten des Bruttoinlandsprodukts bei schrumpfendem Industrie- und wachsendem Dienstleistungssektor längerfristig. Die Wirtschaftspolitik sollte diese Trends erkennen und nutzen. Arbeitszeitverkürzungen und die Schaffung von – vor allem staatsnahen – Dienstleistungen müssen eine entscheidende Rolle spielen. *(Norbert Reuter)*

Verteilungsgerechtigkeit

Das Ziel einer gerechten Verteilung steht einer auf Postwachstum ausgerichteten Wirtschafts- und Gesellschaftspolitik nicht entgegen. Im Gegenteil: Die Orientierung auf Postwachstum ermöglicht es, für die bestehende Situation von geringem oder ausbleibendem Wachstum die Frage nach einer gerechten Verteilung zu stellen, statt diese Frage in die ferne, aber unerreichbare Zukunft hoher Wachstumsschübe zu vertagen. *(Matthias Möhring-Hesse)*

Konsum

Ökonomisches Wachstum wird von wachsendem Konsum angetrieben; dieser wird ermöglicht und geprägt durch das Zusammenspiel von globalen Ungleichheiten, billigen Ressourcen, marktwirtschaftlichem Wettbewerb sowie technologischem Wandel. Eine Postwachstumsgesellschaft muss das Wachstum des Konsums materieller Güter einschränken und soziale Ungleichheiten – global wie national – aktiv begrenzen. *(Inge Røpke)*

Steuerpolitik

Die Steuerpolitik hat wichtige Faktoren kaum berücksichtigt: die Globalisierung von Produktion und Märkten, insbesondere der Märkte des Finanzsektors; die Alterung der Gesellschaft; die zunehmende Umweltbelastung und das verlangsamte Wirtschaftswachstum. Das heutige Steuersystem widerspiegelt die Situation seiner Entstehung in einer weitgehend national organisierten Ökonomie mit starken Wachstumsraten. Eine Postwachstumsgesellschaft erfordert eine angemessene Besteuerung von Einkommen aus Unternehmertätigkeit und Vermögen, eine Steuer- und Abgabenentlastung der Löhne sowie eine sozial-ökologische Steuer- und Finanzreform. *(Lorenz Jarass)*

Ressourceneffizienz

Wirtschaftswachstum und Nachhaltigkeit sind nur vereinbar, wenn es gelingt, neben das Klimaziel ein explizites Ressourcenverbrauchsziel zu stellen, und wenn diese ökologischen Ziele die ökonomischen Ziele dominieren. Die notwendige Steigerung der Ressourcenproduktivität kann in Deutschland mit Informations- und Beratungsprogrammen und ökonomischen Instrumenten erreicht werden. *(Bernd Meyer)*

Unternehmensverfassungen

Das bisherige Wirtschaftswachstum beruht auf der Ausbeutung von Gemeingütern durch Externalisierung privater Kosten. Die Externalisierung wird verhindert, wenn als gesamtwirtschaftliches Ziel die Nachhaltigkeit an die Stelle des Wachstums tritt, sodass einzelwirtschaftlich die jeweils nachhaltigere Produktion in den Grenzen der Substanzerhaltung wächst, während die weniger nachhaltige schrumpft. Das erfordert eine Markt- und Unternehmensverfassung, die das Kapital der Sozialbindung des Eigentums unterwirft. Bleibt es beim Primat der endlosen Kapitalakkumulation, so werden die Gemeingüter auch weiterhin aufgezehrt. *(Gerhard Scherhorn)*

Finanzmärkte und Banken

Es bedarf dringend eines durch finanzwirtschaftliche Aufklärung herbeigeführten Bewusstseinswandels und der ordnungspolitischen Neuordnung des Finanzmarktes. Eine solche muss ein Verbot von Finanzdienstleistungen beinhalten, die nicht der Realwirtschaft dienen. Banken sollten jene wirtschaftlichen Aktivitäten finanzieren und begleiten, die unmittelbar oder mittelbar den Menschen dienen – ihren sozialen Bedürfnissen und ihren Bedürfnissen gegenüber Natur und Umwelt. *(Thomas Jorberg)*

Staatsfinanzen

Trotz des Wirtschaftswachstums der letzten Jahrzehnte ist die öffentliche Verschuldung stark gestiegen. Die Staatshaushalte waren selten ausgeglichen. Die öffentlichen Finanzen ins Lot zu bringen ist unumgänglich, um kurz-, mittel- und langfristig Krisen und Zusammenbrüche zu verhindern. Dazu braucht es indes nicht Wirtschaftswachstum: Eine Postwachstumsgesellschaft kann die große Herausforderung, die Staatsfinanzen zu sanieren, vielleicht sogar besser meistern, weil sie die trügerische Hoffnung auf Wirtschaftswachstum als Problemlöser aufgibt und sich neue Denkräume und Handlungsalternativen erschließt. *(Irmi Seidl und Angelika Zahrnt)*

Demokratie, Bürgerschaft, Partizipation

Der Weg zu einer Postwachstumsgesellschaft muss von umfassender demokratischer Deliberation und Partizipation getragen sein. *(Claudia von Braunmühl)*

Verzeichnis der
Autorinnen und Autoren

Christine Ax, M.A., geb. 1953, lebt in Hamburg. Studium der Politischen Wissenschaften, Philosophie und Volkswirtschaftslehre in Aachen und Straßburg. Seit Mitte der 90er Jahre liegt ihr Arbeitsschwerpunkt im Themenfeld nachhaltige Entwicklung mit den Schwerpunkten nachhaltige Regionalentwicklung, Produktion im Netzwerk, kundenindividuelle Fertigung, Zukunft des Handwerks, Zukunft der Arbeit. Seit Mitte der 90er Jahre zahlreiche Veröffentlichungen und Vorträge zu Aspekten des nachhaltigen Wirtschaftens (Basel). 1997 erschien *Das Handwerk der Zukunft – Leitbilder für nachhaltiges Wirtschaften*, 2009 das Buch *Die Könnensgesellschaft. Mit guter Arbeit aus der Krise* (Berlin).

www.koennensgesellschaft.de

Claudia von Braunmühl, Dr. phil, geb. 1944, Honorarprofessorin für Internationale Politik am Fachbereich Politik- und Sozialwissenschaften der FU Berlin (seit 1996). Studium der Politikwissenschaft an der FU Berlin. 1968 bis 1979 wissenschaftliche Mitarbeiterin im Fachbereich Gesellschaftswissenschaft der Johann Wolfang Goethe Universität Frankfurt. 1976 bis 1977 Gastprofessorin am Department of Politics der University of Edinburgh. 1980 bis 1984 Beauftrage des Deutschen Entwicklungsdienstes in Jamaika. 2002 bis 2005 hatte sie eine Lehrstuhlvertretung Entwicklungssoziologie/Entwicklungspolitik (C4) an der Universität Bielefeld inne, im Sommersemester 2010 eine Gastprofessur für Internationale Entwicklung an der Universität Wien. Seit 1984 außerdem als unabhängige entwicklungspolitische Gutachterin und Beraterin tätig.

www.c-v-braunmuehl.de

François Höpflinger, Prof. Dr., geb. 1948, Titularprofessor für Soziologie an der Universität Zürich (seit 1994). Forschungsschwerpunkte: Altersforschung (Sozialgerontologie), Familiensoziologie, Generationenbeziehungen, Bevölkerungsentwicklung (Demografie). Aktuelle Forschungsprojekte: Wohnen im Alter, informelle und formelle Pflege im

Alter, Belastete Generationenbeziehungen in Burkina Faso, Generationenbericht 2012 (Schweiz). Publizierte zuletzt die Bücher *Enkelkinder und ihre Grosseltern. Intergenerationelle Beziehungen im Wandel* (Zürich 2006, zusammen mit C. Hummel und V. Hugentobler) und *Einblicke und Ausblicke zum Wohnen im Alter* (Zürich 2009).

www.hoepflinger.com.

Lorenz Jarass, Prof. Dr., geb. 1951, Professor für Business Administration an der Hochschule RheinMain Wiesbaden. Ausbildung zum Dipl. Kaufmann an der Universität Regensburg und zum M.Sc. an der School of Engineering der Stanford University. Berät u.a. die Europäische Kommission, das Europäische Parlament sowie den Deutschen Bundestag. Aktuelle Arbeitsschwerpunkte: Steuern und Abgaben im internationalen Vergleich, erneuerbare Energien und Stromnetze. Autor von elf Büchern (auch in Englisch und Russisch), zuletzt: *Steuerliche Aspekte von Private Equity und Hedge Fonds* (Düsseldorf 2007).www.jarass.com

Thomas Jorberg, Diplom-Ökonom, geb. 1957, Vorstandssprecher der GLS Bank in Bochum (seit 2003). Nach der Ausbildung zum Bankkaufmann bei der GLS Bank. Studium der Wirtschaftswissenschaften an der Ruhr-Universität Bochum. Seit 1986 bei der GLS Bank tätig, seit 1993 Vorstand. Zuständig ferner für Beteiligungen der GLS Bank im Konzern (seit 1995 Vorstand der GLS Beteiligungs AG, seit 2003 der GLS Energie AG). Sein Zuständigkeitsbereich umfasst u.a. Strategieentwicklung, Eigenanlagemanagement, Öffentlichkeitsarbeit, Marketing/Vertrieb, Kreditbereich Markt, Vermögens- und Kundenberatung, Beteiligungsfinanzierung.

Bernd Meyer, Prof. Dr. rer. pol., geb. 1946, Professor für Volkswirtschaftslehre (Makroökonomische Theorie) an der Universität Osnabrück und Wissenschaftlicher Leiter der Gesellschaft für Wirtschaftliche Strukturforschung mbH (GWS). Sein Forschungsschwerpunkt ist die Entwicklung tief gegliederter nationaler und internationaler makroökonometrischer Modelle und ihre Anwendung im Spannungsfeld von Wirtschaft und Umwelt. Bernd Meyer war Vorsitzender des Ausschusses Evolutorische Ökonomik der Gesellschaft für Wirtschafts- und Sozialwissenschaften (Verein für Socialpolitik) und Mitglied und Vorsitzender des Beirats zur Umweltökonomischen Gesamtrechnung beim Bundesumweltministerium. Er ist Autor bzw. Mitautor von 16 wissenschaftlichen

Büchern und 91 Aufsätzen. Populärwissenschaftliche Veröffentlichung (2008): *Wie muss die Wirtschaft umgebaut werden?* (Frankfurt). Englische Ausgabe (2009): *Costing the Earth?* (London).

Matthias Möhring-Hesse, Prof. Dr., geb. 1961, Professor für ethische und theologische Grundlagen Sozialer Dienste an der Universität Vechta (seit 2007). Studium der Theologie, Philosophie und Soziologie in Frankfurt am Main und Münster, Promotion in katholischer Theologie an der Phil. Theol. Hochschule Sankt Georgen in Frankfurt am Main, Habilitation im Fach Christliche Sozialwissenschaften an der Universität Münster. Langjähriger Mitarbeiter am Nell-Breuning-Institut für Wirtschafts- und Gesellschaftsethik, einige Jahre politischer Sekretär beim Vorstand der Gewerkschaft IG Metall. Zahlreiche Veröffentlichungen vor allem zur Ethik der Sozialen Dienste und Theologie der kirchlichen Wohlfahrtspflege, zur Sozial- und Arbeitspolitik sowie zur Theorie der (sozialen) Gerechtigkeit, u.a.: *Die demokratische Ordnung der Verteilung. Eine Theorie der sozialen Gerechtigkeit* (Frankfurt/New York 2004), *Ein neues Leitbild für den Sozialstaat* (mit St. Lessenich, 2004).

www.uni-vechta.de/isps/108.html

Joachim Radkau, Prof. Dr., geb. 1943, Professor an der Fakultät für Geschichtswissenschaft der Universität Bielefeld (seit 1980). Studium an den Universitäten Münster, Berlin (FU) und Hamburg, Promotion in Hamburg. Ab 1971 Assistent, ab 1974 Dozent an der Pädagogischen Hochschule Westfalen-Lippe. Arbeitet heute vor allem zur Umwelt- und Technikgeschichte. Zahlreiche Buchveröffentlichungen, u.a.: *Holz. Ein Naturstoff in der Technikgeschichte* (Reinbek 1987, Neuausgabe München 2007); *Technik in Deutschland. Vom 18. Jahrhundert bis zur Gegenwart* (Frankfurt am Main 1989, Neuausgabe 2008); *Natur und Macht. Eine Weltgeschichte der Umwelt* (München 2000); *Max Weber. Die Leidenschaft des Denkens* (Darmstadt 2005); außerdem mehrere Schulbücher.

www.joachim-radkau.de

Norbert Reuter, Priv.-Doz., Dr. rer. pol., geb. 1960, Referatsleiter Wirtschafts- und Finanzpolitik im Bereich Wirtschaftspolitik des Bundesvorstands der Dienstleistungsgewerkschaft Verdi in Berlin (seit 2000). Studium der Volkswirtschaftslehre und der Politischen Wissenschaft an der Rheinisch-Westfälischen Technischen Hochschule (RWTH) Aachen und der University of York (Großbritannien). 1994 Promotion, 2000 Habilitation (Venia Legendi für das Fach Volkswirtschaftslehre). Bis 2002 Oberassistent am Lehrstuhl für Volkswirtschaftslehre der RWTH Aachen. Veröffentlichungen u.a. zur institutionellen Ökonomik, zur Arbeitsmarktpolitik und zur wirtschaftlichen Entwicklung von Industriegesellschaften. Publizierte u.a. die Bücher *Wachstumseuphorie und Verteilungsrealität. Wirtschaftspolitische Leitbilder zwischen Gestern und Morgen* (Marburg 1989, 2. Aufl. 2007) und *Ökonomik der „langen Frist". Zur Evolution der Wachstumsgrundlagen in Industriegesellschaften* (Marburg 2005).

Inge Røpke, PhD, geb. 1953, Associate Professor im Department für Management der Dänischen Technischen Universität in Lyngby. Studium der Wirtschaftswissenschaften an der Universität Kopenhagen, Doktorat in Sozialwissenschaften an der Universität Roskilde. Schwerpunkte in Forschung und Lehre: Ökologische Ökonomik, Konsum und Umwelt sowie Technologie im Alltagsleben. Zur Zeit arbeitet sie zur Integration von Informations- und Kommunikationstechnologien in das Alltagsleben aus einer Umweltperspektive. Herausgabe u.a. von *Recent Developments in Ecological Economics I-II* (Cheltenham 2008, mit J. Martinez-Alier).

Irmi Seidl, Priv.-doz., Dr. oec., geb. 1962, Leiterin der Forschungseinheit Wirtschafts- und Sozialwissenschaften an der Eidg. Forschungsanstalt Wald, Schnee und Landschaft, Birmensdorf. Lehre zu Ökologischer Ökonomik an der Universität Zürich und der ETH Zürich. Seit ihrer Dissertation schwerpunktmäßig inter- und z.T. transdisziplinäre Umweltforschung. Aktuelle Arbeitsschwerpunkte sind: Ökonomik der Flächennutzung und Siedlungsentwicklung, Naturschutz und Biodiversität, umweltökonomische Instrumente, Nutzung und Entwicklung peripherer Gebiete der Schweiz.

Gerhard Scherhorn, Prof. Dr. rer. pol., geb. 1930, em. Professor für Konsumökonomik an der Universität Hohenheim, Stuttgart, und Senior Consultant am Wuppertal Institut für Klima Umwelt Energie. Er war Mitglied des Sachverständigenrats zur Begutachtung der gesamtwirtschaftlichen Entwicklung, des Verbraucherbeirats beim Bundesminister für Wirtschaft, des Verwaltungsrats der Stiftung Warentest und Mitherausgeber des *Journal of Consumer Policy*. Publizierte u.a.: *Arbeit ohne Umweltzerstörung* (Frankfurt 1983, mit H.C. Binswanger u.a.), *Nachhaltiger Konsum* (München 2002, mit C. Weber), *Arbeitsplatzvernichtung und Umweltzerstörung haben die gleiche Ursache* (Wuppertal 1997),

Saubere Gewinne (Freiburg i.B. 2002, mit J. Hoffmann), *Urbane Subsistenz* (München 2008, mit D. Dahm), *Geld soll dienen, nicht herrschen* (Wien 2009).

Hans-Peter Studer, Dr. oec., geb. 1957, selbständiger Gesundheits- und Mitweltökonom. Vortrags-, Seminar-, Forschungs- und Publikationstätigkeit in den Bereichen Gesundheitswesen mit Schwerpunkt Komplementärmedizin, Schulung von Erwerbslosen, Entwicklung von Modellen und Strategien für ein vom Wachstumszwang befreites, nachhaltiges und lebensdienliches Wirtschaftssystem. Publizierte *Jenseits von Kapitalismus und Kommunismus. Kritik der materialistischen Gesellschaft und Wege zu ihrer Überwindung* (Niederteufen, 3. Auflage 1992), *Gesundheit in der Krise. Fakten und Visionen* (Breganzona, 2. Auflage 1996) und *Die Grenzen des Turbokapitalismus* (Bern 2000).

Angelika Zahrnt, Prof. Dr. rer. pol., geb. 1944, Ehrenvorsitzende des Bundes für Umwelt und Naturschutz Deutschland (BUND). Nach beruflicher Tätigkeit u.a. bei Siemens und der Hessischen Staatskanzlei war sie in der Familie, ehrenamtlich und freiberuflich aktiv. Sie engagierte sich in der Frauenbewegung, der Kommunalpolitik und vor allem der Ökologiebewegung. Von 1990 bis 1998 Stellvertretende Vorsitzende des BUND, von 1998 bis 2007 Vorsitzende des BUND. 2006 Verleihung des Bundesverdienstkreuzes, 2009 des Deutschen Umweltpreises. Mitglied im Rat für Nachhaltige Entwicklung der deutschen Bundesregierung und im Strategiebeirat Sozial-Ökologische Forschung des deutschen Bundesforschungsministeriums. Veröffentlichungen zu Nachhaltigkeit, Produktlinienanalyse, Ökologische Steuerreform, Ökologie und Ökonomie, Frauen und Ökologie; Initiatorin der Studien „Zukunftsfähiges Deutschland" (Basel 1997 und Frankfurt a.M. 2008).

Lektor

Marcel Hänggi, M.A., geb. 1969, Historiker, Journalist und Buchautor, Hausmann und Vater in Zürich. Befasst sich vor allem mit Themen aus dem Schnittfeld Wissenschaft und Gesellschaft sowie mit politischer Ökologie und Geschichte. Publizierte *Wir Schwätzer im Treibhaus. Warum die Klimapolitik versagt* (Zürich, 2008) und arbeitet derzeit an einem Buch über Energie und Gesellschaft.   www.mhaenggi.ch